„We need money to make programmes,
they need programmes to make money."

(Alasdair Milne, ehemaliger Generaldirektor der BBC)

# Schöne Fernseh-Aussichten

## Die folgenreiche Demontage einer öffentlichen Institution

**Herausgegeben von
Fredi Hänni
Matthias Loretan
Urs Meier**

**Mit einem Nachwort von Peter Bichsel**

Lenos Verlag

Band 11 der Reihe Mediaprint
Lenos Verlag/Schweizerische Journalisten-Union (SJU)

Copyright © 1988 by Lenos Verlag, Basel
Copyright der einzelnen Beiträge bei den Autorinnen und Autoren
Alle Rechte vorbehalten
Satz und Gestaltung: Lenos Verlag, Basel
Umschlag: Konrad Bruckmann
Foto: Dominik Labhardt
Mitarbeit: Arbeitsgemeinschaft für Kommunikationskultur (AfK)
Printed in Germany
ISBN 3 85787 170 9

# Inhalt

# Die neuen Macher

# Konzepte

## Nachwort

## Anhang

# Vorwort

Im Medienbereich sind wirtschaftliche Entwicklungen im Gange, die für die soziale Kommunikation bereits in naher Zukunft weitreichende Konsequenzen haben werden. Die anstehenden medienpolitischen Entscheidungen sind von grösster Tragweite. Wer aber interessiert sich für die Umwälzungen bei den Medien?

Bis vor kurzem waren sich die medienpolitischen Akteure einig, dass Medien in erster Linie als Instrumente demokratischer Öffentlichkeit funktionieren sollen. Als solche mussten sie zwar immer auch nach wirtschaftlichen Gesichtspunkten betrieben werden, aber ihr Zweck war kein primär wirtschaftlicher. Der Konsens über diese Grundsätze ist am Zerbrechen: Der Trend in den westlichen Industriestaaten geht dahin, die Medien nur noch unter wirtschaftlichen Aspekten zu sehen und den demokratischen Auftrag im Dienst der Öffentlichkeit zu vernachlässigen.

Aus dieser wirtschaftsliberalen Sicht ist Information nichts anderes als Ware, und Kommunikation ist schlicht zu verstehen als Handel mit abstrakten Gütern. Medien haben in diesem Verständnis keine andere Aufgabe, als rationell und profitabel zu wirtschaften. Der pathetisch beschworene freie Fluss der Informationen meint anscheinend, dass der Flut der Werbebotschaften möglichst nichts in den Weg gestellt werden dürfe.

Solche Aussichten müssten weite Bevölkerungskreise alarmieren. Denn es geht nicht um neue Unternehmensstrategien in irgend einer Branche, sondern um die Kultur der Kommunikation, das heisst um die Fähigkeit der Gesellschaft zu kollektiver Wahrnehmung, zu Auseinandersetzung und Orientierung. Nur, die Bewegung, die hier die Signale zum Umdenken setzen könnte, ist noch schwach.

Das Fehlen eines öffentlichen Problembewusstseins in Medienfragen hat damit zu tun, dass die Veränderungen zwar wahrnehmbar, aber in ihren Zusammenhängen nur für Fachleute und besonders Informierte durchschaubar sind. Hier möchte unser Buch aufklärend und diskussionsanregend wirken. Die Positionen der Autorinnen und Autoren sind durchaus nicht einheitlich. Dennoch ergreift das Buch mindestens in einer entscheidenden Frage Partei: Es will mit Informationen und Argumenten dazu beitragen, dass der Kommerzialisierung der Medien klare Schranken gesetzt werden. Es soll — gerade im Hinblick auf die Diskussionen über ein schweizerisches Radio- und Fernsehgesetz — auch als Arbeitsbuch dienen. Deshalb haben wir im Anhang einige Dokumente zusammengestellt.

Seit jeher nehmen die Etablierten jene Bewegungen, die wesentliche gesellschaftliche Prozesse anbahnen, zunächst nicht ernst und drängen sie — mit wachsender Mühe — ab. Bis schliesslich die Signale zum Umdenken sich derart mehren, dass Veränderung weniger unsicher und beschwerlich erscheint als Beharrung. Wenn grosse Brocken bewegt werden sollen, braucht es Unruhe, Erwartungsdruck, Leidenschaft. Das Wissen um die Langfristigkeit solcher Prozesse gibt heutigen Bewegungen die Kraft zum Durchhalten — in Energie- und Umweltfragen, bei der Friedensthematik oder im Einsatz für Menschenrechte genauso wie bei der Sicherung einer Medien- und Kommunikationskultur.

Im März 1988                                        Die Herausgeber

# Die Programme

- ■ Wie sich das Schweizer Fernsehen
  beim Publikum anbiedert

- ■ Die SRG – entpolitisiert und boulevardisiert

- ■ TV DRS verletzt die SRG-Konzession –
  und keiner beschwert sich

- ■ Fernseh-Unterhaltung:
  plump, läppisch, menschenfeindlich

- ■ Action & Softpornos statt Kultur & Information

- ■ Der richtige Kommerz-Mix:
  viel leichte Kost, ja nichts Schwerverdauliches

- ■ Öffentliche Sender mit Leistungsauftrag als Alibi

Urs Jaeggi

# Nur ja kein Risiko
*TV-Strukturplan: Praxis gewordene Programm-Philosophie*

Strukturpläne sind eigentlich die Fahrpläne der elektronischen Medien. Sie verteilen das Angebot eines Programm-Veranstalters auf die zur Verfügung stehende Sendezeit. Die Schwierigkeiten beim Erstellen eines Strukturplanes bestehen darin, dass es erstens zu wenig Sendezeit schlechthin gibt und zweitens wirklich attraktive Sendetermine auf ein paar wenige Stunden im Tag beschränkt bleiben. Die Sendung, die das Privileg hat, zu einem guten Sendetermin ausgestrahlt zu werden, findet in der Regel beim Publikum starke Beachtung. Die anderen Programmteile fristen ein Dasein am Rande.

Mit der Qualität einer Sendung hat dieses Phänomen vorerst wenig zu tun. Ein Beitrag, der abends nach 22 Uhr ausgestrahlt wird, hat ungeachtet seines inhaltlichen und gestalterischen Formats niemals die Chance, auch nur annähernd eine so hohe Einschaltquote zu erzielen wie ein solcher, der im Hauptabend-Programm, das heisst zwischen etwa 19.00 und 21.00 Uhr, verbreitet wird. Interessant in diesem Zusammenhang ist, mit welch erstaunlicher Übereinstimmung die Verantwortlichen des Fernsehens diese Einsicht programmpolitisch umsetzen. Statt nun — was eigentlich gerecht und sinnvoll wäre — das Programm in der begehrten Sendezeit möglichst vielseitig zu gestalten, um den Zuschauern ein breitgefächertes Angebot zu unterbreiten, füllen sie die zwei, drei besten Fernsehstunden mit einem inzwischen geradezu normierten und stereotypen Einheitsbrei aus Quiz und Show, Spiel und Sport, Fernseh-Ulk und Film-Schabernack, Krimi-Serien und endlosen Familienfolgen.

In diesem TV-Unterhaltungsmix — gewürzt wird er geschickterweise mit Fernseh-Nachrichten, die einerseits erwiesenermassen einen hohen Unterhaltungswert, andererseits aber auch den Anstrich des unbestreitbar Seriösen haben — sehen die Strategen des Mediums Fernsehen das Rezept, die Zuschauer an ihren Kanal zu binden. Die Philosophie von der Relation zwischen gesteigerter Ansprechbarkeit eines Massenpublikums und der Drosselung des geistigen Niveaus im Programm hat voll durchgeschlagen. Die Folge davon ist bereits heute sichtbar: Auf immer mehr empfangbaren TV-Kanälen sind 365 Tage im Jahr zumindest in den Hauptsendezeiten die immer gleichen Programme zu sehen — mehr und mehr unabhängig davon, ob es sich um private oder sogenannt öffentlichrechtliche Sender handelt. Das grosse Wort vom Wettbewerb durch Konkurrenz — von den Befürwortern einer Privatisierung und Kommerzialisierung im Bereich der Medien-Kommunikation noch immer salbungsvoll gepredigt — hat sich längst als Farce erwiesen. Die Fernseh-Realität unserer Tage widerlegt es in jeder Beziehung.

Aufschlussreich ist, dass die geltende Programm-Philosophie, welche die Strukturpläne der Fernsehanstalten bestimmt, noch nie auf ihre Richtigkeit hin geprüft worden ist. Sie gilt als Axiom. Würden anspruchsvollere Sendungen im Hauptabend-Programm nicht ebenso hohe Einschaltquoten erzielen wie anspruchslose? Mir ist keine Fernsehanstalt bekannt, die in den letzten Jahren Versuche in dieser Richtung unternommen hätte. Auch die Zuschauerforschung arbeitet nicht in diese Richtung. Sie beschränkt sich — etwas salopp ausgedrückt — auf die quantitative Erhebung dessen, was gesendet wird und übt damit eine reine Bestätigungsfunktion aus. Innovative Aspekte sind von ihr nicht zu erwarten.

Das Beharren einer nahezu weltweit gültigen Programm-Philosophie in der Erstarrung ist leicht zu erklären: Wer bringt denn in einer Phase zunehmender Konkurrenz unter Fernsehanstalten — die überdies von der Auseinandersetzung zwischen öffentlich-rechtlichen und privaten Betreibern gekennzeichnet ist — schon den Mut zur Veränderung festgefügter Grundsätze auf. Risiko ist in solchen Zeiten nicht gefragt; umso weniger, als die Ermittlungen unter den Zuschauern die Richtigkeit dieser Grundsätze ja (scheinbar) bestätigen — und umso weniger auch, als die gelegentlichen Erfahrungen mit etwas anspruchsvolleren Sendungen zur Hauptsendezeit zeigen, dass dann die Zuschauer auf einen Kanal umschalten, der leichter verdauliche Kost anbietet.

## Anbiederung ans Publikum

Dass ein Konkurrenzdenken um eine möglichst grosse Zuschauerbindung an den eigenen Kanal die Strukturpläne kommerzieller Sender wesentlich mitbestimmt, ist einsichtig. Sie brauchen die hohen Einschaltquoten, um die für den Betrieb und die Rendite erforderlichen Werbegelder zu erhalten. In dieser Abhängigkeit, die sich in der Praxis als eine opportunistische Anbiederung an den Medienkonsumenten auf qualitativ bedenklichem Niveau manifestiert, finden die Gegner einer Kommerzialisierung der elektronischen Massenkommunikationsmittel denn auch ihre kräftigsten Argumente. Dass sich aber inzwischen auch der öffentlich-rechtliche Rundfunk in immer stärkerem Ausmass solcher Programm-Philosophie befleissigt, hat indessen wenig logischen Grund. Zwar spielt die Werbung, ohne die heutzutage kaum ein Sender mehr auszukommen glaubt, auch bei diesen Anstalten eine gewisse Rolle. Aber diese muss, soll die Unabhängigkeit als wesentliche Funktion gewährleistet bleiben, immer in einem untergeordneten Rahmen bleiben. Zur Finanzierung solcher Sender dienen hauptsächlich Gebühren. Diese entbinden den Veranstalter zwar nicht von der Verpflichtung, in der Öffentlichkeit wahrgenommen zu werden, wohl aber vom Zwang, diese Wahrnehmung über den Weg des geringsten Widerstandes herzustellen. Im Gegenteil: Der von der Öffentlichkeit erteilte Auftrag, wie er für die Schweizerische Radio- und

Fernsehgesellschaft (SRG) in der Konzession festgeschrieben ist, bindet die Sender des öffentlichen Rechts ja gerade an gewisse Auflagen. Die Vielseitigkeit des Programm-Angebotes, die sachgerechte Vermittlung von Informationen, die Beschäftigung mit der Kultur und den kulturellen Eigenarten des Landes wie auch die Berücksichtigung von Minderheiten (und damit auch der von diesen ausgesprochenen Meinungen) gehören ebenso dazu wie die Forderung nach Unterhaltung.

Der Strukturplan des Fernsehens DRS setzt nun Prioritäten, die unschwer erkennen lassen, dass die Konkurrenzfähigkeit des Senders (vorläufig noch gegenüber ausländischen, aber in der Schweiz empfangbaren Programmen) *über* die konsequente Wahrnehmung des erteilten Auftrages gestellt wird. Als der damalige Fernseh-Programmdirektor Ulrich Kündig die – im wesentlichen heute gültige – Programm-Struktur im November 1984 der Presse vorstellte, tat er dies mit den folgenden Worten: „Mit dem Programm '85 vollzieht das Fernsehen DRS einen wichtigen Schritt, um einen verschärften Konkurrenzkampf bestehen zu können." Die wesentlichste Änderung gegenüber der früheren Programm-Struktur '80 bestand in einer noch klareren Durchsetzung des Prinzips, wonach in den Hauptsendezeiten des Abends jenen Sendegefässen die Priorität zu geben ist, die erfahrungsgemäss eine hohe Einschaltquote garantieren. Sie sind im Bereich der leichten Unterhaltung und der Information zu suchen. Es entspricht also durchaus der eingeschlagenen Programm-Philosophie, dass einerseits die „Tagesschau" verlängert, andererseits das Unterhaltungsangebot verbreitert wurde.

Im wesentlichen setzt die Programm-Struktur '85 nur fort, was mit der Programm-Struktur '80 eingeleitet wurde. Damals nämlich wurde der grosse Schritt in Richtung Konkurrenzfähigkeit und damit auch einer Ausrichtung der Hauptsendezeiten auf ein Mehrheitspublikum getan. Am einschneidendsten wirkte sich bei der Einführung der neuen Struktur die Vorverlegung der „Tagesschau"-Hauptausgabe von 20.00 auf 19.30 Uhr aus. Leider gibt es über die Auswirkungen dieser Massnahme auf die Sehgewohnheiten und damit auf das alltägliche Leben der TV-Zuschauer keine verlässlichen Untersuchungen. (Es ist in diesem Zusammenhang überhaupt der Verwunderung Ausdruck zu verleihen, wie wenig sich die Medien-Wirkungsforschung mit den Einflüssen der Programm-Strukturen auf die Alltagsgewohnheiten der Medienkonsumenten befasst. Sie dürften weitaus gravierendere Folgen beispielsweise aufs Familienleben oder das Freizeitverhalten haben als bisher angenommen. So kann sich etwa eine Verschiebung der Hauptausgabe der „Tagesschau" für sehr viele Menschen massiv auf ihr Alltagsverhalten im Bereich der Essgewohnheiten und/oder der Freizeit auswirken.)

Mit der Vorverlegung der „Tagesschau" wurde es möglich, das Hauptabend-Programm von bisher 20.20 auf 20.00 Uhr vorzuziehen. Dabei wurde darauf geachtet, dass in der ersten Stunde zur Bindung des Publikums an den DRS-Kanal hauptsächlich Sendungen der rekreativen Art − das ist die damals in Mode gekommene Umschreibung für mehr oder weniger anspruchslose Unterhaltung − über den Bildschirm flimmerten. Die Ausnahme bildete der Donnerstagabend, der bereits ab 20.00 Uhr der Dramatik, das heisst dem anspruchsvollen Fernsehspiel (eigeninszenierte oder angekaufte Produktionen, aber auch Koproduktion des unabhängigen schweizerischen Filmschaffens mit dem Fernsehen DRS) gewidmet war. Auch am Mittwochabend war die Ansetzung von Beiträgen ausserhalb des Unterhaltungsbereichs zu bester Sendezeit mitunter möglich. Wenn nicht gerade grosse Sportanlässe zur Live-Übertragung ins Haus standen, programmierte das Fernsehen DRS um 20.00 Uhr grosse Dokumentationen, Sendungen zu Abstimmungen, aufwendige Reportagen wie „Heute abend in ..." und ausnahmsweise auch dramatische Produktionen.

## Dokumentarfilm durch Kästchen-Denken abgedrängt

Vom Zuschauer wahrscheinlich weniger aufmerksam wahrgenommen, aber von vielen Fernsehschaffenden schmerzlich registriert wurde eine andere Massnahme der achtziger Strukturreform: Ebenfalls im Sinne einer besseren Bindung der Zuschauerin und des Zuschauers an den Kanal wurde ein zeitlicher Programm-Raster eingeführt. Dieser Taktfahrplan des Fernsehens sollte es dem Fernsehkonsumenten ermöglichen, das Programm seines Senders praktisch ohne Programmheft intus zu haben. Das Geheimnis eines solchen Rasters sind regelmässige Erscheinungsrhythmen für die einzelnen Sendegefässe sowohl im Wochen- wie auch im Tagesablauf.

Es ist logisch, dass die Erstellung eines leicht fasslichen Programm-Rasters praktisch nur über die Normierung der Sendedauer für die einzelnen Sendungen zu realisieren ist. Genau das wurde mit der Programm-Struktur '80 in Angriff genommen. Damit wurde im Deutschschweizer Fernsehen ein Prozess eingeleitet, wie man ihn bei modern strukturierten und sogenannt „leserfreundlich" gestalteten Zeitungen, aber auch bei vielen Radio- und Fernsehanstalten antrifft: das Kästchen-Denken. Nicht mehr die sachgerechte, vertiefende und informative Darstellung eines Sachverhaltes ist das wichtigste Kriterium bei der Gestaltung eines Beitrages, sondern seine zeitliche Einpassung in das dafür vorgesehene Sendegefäss unter strengster Berücksichtigung des Programm-Rasters. Insbesondere die Dokumentaristen unter den Film- und Fernsehschaffenden – nicht nur die unabhängigen, die plötzlich ihre Filme nicht mehr beim Fernsehen DRS unterbringen konnten, sondern auch die im Hause fest angestellten – bekamen die Folgen des Kästchen-Denkens zu spüren.

Die Limitierung der verfügbaren Zeit hat einschneidende Auswirkungen auf die Gestaltung eines Filmbeitrages. Der Zwang zur Selektion – oft verbunden mit der Notwendigkeit, ein Thema statt umfassend nur noch schwerpunktartig zu behandeln – hat selbstverständlich direkte Auswirkungen auf die journalistische Qualität.

Nur nebenbei kann hier erwähnt werden, dass die Einführung des Zeitrasters in die DRS-Programm-Struktur dem hochentwikkelten Dokumentarfilmschaffen in der Schweiz beinahe den Todesstoss versetzt hätte. Die auf dem Prinzip der Selbstdarstellung durch die Betroffenen beruhenden, sensiblen und deshalb meist ausführlichen und weitausholenden Dokumentationen passten nicht mehr in den Programm-Raster des Fernsehens DRS. Sein Interesse, solche Produktionen mitzufinanzieren und nach ihrer Fertigstellung erst noch auszustrahlen, war entsprechend gering. Ohne die finanzielle Unterstützung des Fernsehens – das übrigens auch ein wesentlicher Kanal für die Verbreitung des Dokumentarfilms ist – waren aber Dokumentarfilme dieser Art kaum mehr zu realisieren. Das Rahmenabkommen zwischen den Filmgestaltern und der SRG hat schliesslich mitgeholfen, die Situation für die Dokumentarfilmer zu mildern. Noch besteht die Möglichkeit, in der Schweiz Dokumentarfilme zu produzieren, die nicht der bald weltweit gültigen Fernsehnorm von 45 Minuten Dauer entsprechen müssen.

## Die Boulevardisierung des Fernsehens

Logischerweise haben die vom Raster vorgegebenen Zeitbudgets ihren Einfluss nicht nur auf das hier als Beispiel erwähnte interne und externe Dokumentarfilmschaffen. Sie wirken sich ganz allgemein „boulevardisierend" auf das Medium aus. Nun wird der Trend zum oberflächlichen Augenkitzel, zum hastigen Sinnesreiz durchaus nicht überall als negativ empfunden. Das Bekenntnis zu einem Boulevard-Fernsehen ist mitunter auch schon aus gewissen Chefetagen im Leutschenbacher Studiokomplex ganz ungeniert zu vernehmen. Die Anlage zur Oberflächlichkeit sei in der Art des Mediums begründet, wird etwa argumentiert. Es lasse eine vertiefende Beschäftigung mit den zu behandelnden Themen gar nicht zu – dies etwa im Gegensatz zu den Printmedien. Solcher Argumentation, die ihren Ursprung in einer etwas allzu freien Interpretation des immerhin nicht ganz unangefochtenen McLuhanschen Grundsatzes hat, wonach das Medium die Botschaft sei, ist zweierlei entgegenzuhalten: Das Medium Fernsehen ist geworden, was man aus ihm gemacht hat. Es gibt keinen vernünftigen Grund, der dagegen spricht, dass es auch anders sein könnte. Und: Wer dem Fernsehen die Funktion eines Boulevard-Mediums zuteilt, geht von der Annahme aus, dass die Television ein Zweitmedium ist, dessen Benützerinnen und Benützer sich umfassend durch ein anderes Medium informieren lassen. Das aber ist, wie die Erfahrung lehrt, nicht richtig. Auch in der Schweiz beziehen sehr viele Menschen − und es werden immer mehr − ihre Basisinformationen über das Fernsehen. Diese Erkenntnis müsste in einem Lande, das sich zur direkten Demokratie bekennt, ein hinreichender Grund sein, für eine Television zu sorgen, die ihren öffentlichen Auftrag in einem umfassenden Sinne wahrnimmt und den Grundsätzen eines verantwortungsvollen Journalismus' gerecht wird.

Die Programm-Struktur '85 − das Resultat der grössten Programmreform, die seit dem Bestehen des Fernsehens durchgeführt wurde, wie Programmdirektor Ulrich Kündig immer wieder mit Stolz betonte − ist, wie bereits erwähnt, die konsequente Weiterführung des Programms '80. Der Zeitraster bestimmt die Struktur noch rigoroser, und das rekreative Element um 20.00 Uhr ist um eine weitere Einheit ergänzt worden: Der Donnerstagabend − auch im Programm '85 anfänglich als Termin für den etwas anspruchsvolleren Spielfilm gedacht − beginnt seit dem 1. Januar 1987 mit einer fiktionalen Fortsetzungsserie zumeist der aufwendigeren Art. Etwas gehobenere Programm-Ansprüche werden zur besten Sendezeit demnach nur noch am Mittwochabend befriedigt − sofern nicht gerade ein Fussball-Länderspiel oder eine der unzähligen Europacup-Begegnungen diesen Termin für sich in Anspruch nimmt.

Natürlich ist es kein Zufall, dass im Zuge dieser Programmreform die zur Verfügung stehende Zeit für Sendegefässe politischen Inhalts reduziert wurde. Das dreiviertelstündige Magazin für Aussenpolitik, die „Rundschau" (im Programm-Schema 1980 am Freitagabend programmiert), und das Inland-Magazin „CH", für das ebenfalls 45 Minuten eingeräumt wurden (Ausstrahlungstermin am Dienstagabend), sind zu einer einzigen einstündigen Sendung zusammengefasst worden. Die am Dienstag um 21.00 Uhr programmierte neue „Rundschau", in der nun sowohl Beiträge über das ausländische wie auch das inländische Geschehen Platz finden müssen, zeichnet sich notgedrungen dadurch aus, dass die aufgegriffenen Themen entsprechend kürzer — und das heisst in der Regel: weniger vertieft — behandelt werden als zuvor. Die journalistische Qualität hat, nicht zuletzt zum Leidwesen auch der Redaktion und der Mitarbeiter, eine deutliche Einbusse erlitten. Dafür entspricht die hektischere Form mit ihrem Hüpfen von Thema zu Thema genau jener Augenkitzel-Mentalität, die das Fernsehen weltweit immer mehr zu prägen beginnt. Dem Ziel, konkurrenzfähig zu bleiben, sind die Programm-Verantwortlichen damit wohl ein Stück nähergerückt.

*Schielen nach rechts: die Entpolitisierung des Programms*
Der Vorstellung eines konkurrenzfähigen Fernsehens lebt man bei der SRG und beim Fernsehen DRS umso lieber nach, als damit ein willkommener Nebeneffekt sich praktisch ohne weiteres Dazutun einstellt: die Entpolitisierung des Programms. Müde geworden durch den während Jahren ausgeübten Druck rechtspolitischer Kreise, die einen Journalismus, der fragt und recherchiert statt nur verlautbart, mitunter aus schierer Naivität, öfters aber in gezielter Absicht als grundsätzlich linkslastig und deshalb gesellschaftsverändernd abqualifizieren, konnte ein gewisser Trend zur Unverbindlichkeit den Verantwortlichen in den Chefetagen nur recht sein. Was in einem Teil der gedruckten Presse mit dem Wort „leser-

freundlich" verniedlichend umschrieben wird, hielt mit dem Programm '85 nun auch im Fernsehen DRS Einzug: ein Journalismus, der sorgfältig danach trachtet, nirgendwo mehr anzuecken und alle Reibungsflächen zu meiden. Der Nivellierung der journalistischen Qualität auf ein Mittelmass kommt die Boulevardisierung des Fernsehens, das heisst der Verzicht auf eine vertiefende Auseinandersetzung mit politischen, sozialen und kulturellen Themen, weitgehend entgegen. Mit der neuen Programm-Struktur und unter dem Vorwand der Pflicht zur sogenannten Ausgewogenheit hat das Fernsehen seine Funktion als öffentliches, weder vom Staat noch von der Privatwirtschaft abhängiges Massenkommunikations-Medium aufgegeben. In der Mehrzahl seiner Beiträge zumal im Informationsbereich ist es von den fast ausnahmslos bürgerlich beherrschten Printmedien kaum mehr zu unterscheiden.

Zwei Fragen stellen sich in diesem Zusammenhang: Ist dies das Fernsehen, das wir wollen und brauchen, und kann eine Fernsehanstalt des öffentlichen Rechts durch die Anpassung ihrer Strukturen an ein opportunistisches Einschaltquoten-Denken den ihr übertragenen Programm-Auftrag, wie er in der Konzession festgeschrieben ist, überhaupt noch wahrnehmen? Zum ersten: Es ist durchaus vorstellbar und möglicherweise sogar wahrscheinlich, dass die DRS-Programm-Philosophie der Anpassung als Mittel zur Konkurrenzfähigkeit über kurz oder lang Schiffbruch erleiden wird. Es gibt nämlich Anzeichen dafür, dass sich internationale Konkurrenzfähigkeit — so etwa im Bereich der Unterhaltung mit ihren aufwendigen Shows, bei Sportübertragungen (Weltmeisterschaften, Olympische Spiele), aber auch beim Spielfilm als attraktivem Bestandteil rekreativer Programme (Erwerb der Sendelizenzen) — nur noch mit finanziellen Mitteln erkaufen lässt, die aufzubringen das Schweizer Fernsehen gar nicht mehr in der Lage ist.

Um nicht in eine totale Abhängigkeit jener multinationalen Medienkonzerne zu gelangen, die „audiovisuelles Material" zur Programmierung anbieten, könnte ein Abweichen von der gegenwärtigen Programm-Philosophie und -Politik geradezu zwangsläufig zum Gebot der Stunde werden. Gewichte zu verschieben, andere Prioritäten zu setzen, innovativ zu werden und kreativ neue Wege zu beschreiten, statt nur nachzuahmen, was andere machen, könnte zu dem führen, was schon lange not tut: zu einem Fernsehen mit einem unverkennbaren journalistischen und formalen Gesicht, das eigens auf schweizerische Verhältnisse zugeschnitten ist, statt sich kulturell von aussen her domestizieren zu lassen. Dem ist freilich beizufügen, dass solcher Optimismus nur dann berechtigt ist, wenn es in den kommenden Jahren gelingt, die kreativen Kräfte im Programm-Bereich und die finanziellen Mittel auf die SRG zu konzentrieren, gerade etwa im Hinblick auf einen vierten Fernsehkanal, der das Fernsehen DRS ebenfalls zu einer rigorosen Überprüfung seiner Programm-Struktur zwingen würde.

*Missachtung des Auftrags grenzt an Konzessionsverletzung*
Und zum andern: Dem Fernsehen DRS wäre wohl schwer nachzuweisen, dass es seinen Auftrag grundsätzlich nicht wahrnimmt. Klar ist indessen, dass die Programm-Verantwortlichen diesen Auftrag sehr eigenwillig interpretieren und demzufolge die Gewichte so verschoben haben, dass dies an eine Verletzung der Konzession grenzt. Wer Sendungen zur Erfüllung des Bildungsauftrages in extremen Randzeiten programmiert, die vom Publikum praktisch nicht genutzt werden können, wer Kulturbeiträge und anspruchsvolle Filme immer erst nach 21.00 Uhr ansetzt – zu einer Zeit also, in der die Zuschauerbeteiligung automatisch erheblich absinkt –, wer schliesslich Gesprächsrunden und Sendungen zu politischen, gesellschaftlichen und philosophischen Themen von durchaus allgemeinem Interesse zu fast mitternächtlicher Stunde oder am Sonntagmittag ansetzt, der nimmt den Konzessionsauftrag nicht mehr genügend ernst.

Das Fernsehen – zumal eines, das sich bei allen möglichen Gelegenheiten auf seinen von der Öffentlichkeit erteilten Auftrag auch noch beruft – ist nicht einfach ein Unterhaltungsmedium. Es hat andere Aufgaben, als sich mit populistischen Sendungen zur besten Sendezeit populär zu machen. Gerade diesen Weg aber hat das Fernsehen DRS mit der gegenwärtig geltenden Programm-Philosophie, der Ausrichtung des Hauptprogramms auf ein Mehrheitspublikum, beschritten. Die Programm-Struktur '85 ist ihr Praxis gewordener Ausdruck. Dabei ist zu berücksichtigen, dass sich möglicherweise wohl die Programm-*Philosophie*, keinesfalls aber die Programm-*Politik* vom medienpolitischen Umfeld lösen lässt. Dieses hat einen enormen Einfluss auf die Programm-Gestaltung. Es wäre deshalb irrig anzunehmen, das Programm '85 des Fernsehens DRS sei allein in den oberen Etagen des Fernsehstudios Leutschenbach und der SRG entworfen worden; es ist von der medienpolitischen Stimmung in der Schweiz wesentlich mitgeprägt. Diese wiederum ist zur Zeit so beschaffen, dass sie ein Fernsehen, das mit journalistischer Kompetenz auf die Fragen unserer Gegenwart hinweist, statt in der Hauptsendezeit von ihnen ablenkt, gar nicht erst zulässt; vor allem, wenn diese Fragen überdies noch unbequem sein sollten.

Die Schlussfolgerung, die daraus zu ziehen ist: Das Fernsehen DRS kann sich nicht – selbst wenn es wollte – aus sich selber heraus erneuern. Es unterliegt in dieser Beziehung einem gesellschaftspolitischen Prozess. Das allerdings heisst nun wiederum nicht, dass nicht gerade aus dem Fernsehen selber bis in die Programme hinein Impulse spürbar werden sollten, die diesen Prozess in Gang bringen, in eine medienpolitisch sinnvolle Richtung lenken und schliesslich beschleunigen. Eine Programm-Struktur, die in der Erfüllung des gegebenen Auftrages ein paar mutige Marken setzt, könnte dazu Entscheidendes beitragen.

Rolf Käppeli

# Mensch, Meier, Müller und Co.
*Unterhaltung am Fernsehen DRS: nur Zerstreuung, Ablenkung?*

Es gibt Augenblicke, da frage ich mich, wie ich es ausgehalten habe, während sechs Jahren berufsmässig Fernsehsendungen anzuschauen. Neulich erlebte ich einen solchen Moment. Ich schaute mir einige auf Video aufgezeichnete Folgen der Sendereihe „Meier&Müller" des Fernsehens DRS an, zwei Monate nach der Ausstrahlung. Es war trostlos.

Eine Zeitungskritik hatte mich vorgewarnt: Die NZZ hatte die Sendung als Anwärterin auf den Preis für „die ödeste Fernsehproduktion des Jahres 1987" vorgeschlagen. Dabei beachtete der Kritiker das Menschenverachtende an dieser Sendereihe nicht einmal besonders; ihm reichten die dürftigen Geschichten, die abgestandenen Dialoge, die zähflüssige Handlung, das lahme Tempo der Inszenierung.

Das Menschenverachtende der Sendung? Eignet sich die Frage zur Beurteilung eines Medienprodukts, das nichts anderes will als mündige Zuschauer zu unterhalten, Menschen, die freiwillig auf den Knopf drücken, um ihr Fernsehgerät ein- und auszuschalten? Und: Was heisst schon „menschenverachtend"? Immerhin sitzen mehr als eine Million Menschen am Montagabend vor dem Bildschirm, um Raymond Feins „Traumpaar" anzuschauen, fast tausend Zuschauer haben nach der Ausstrahlung einer „Meier&Müller"-Sendung in Briefen beteuert, wie gut ihnen die Reihe gefalle, und wenn am Samstagabend ein eitler, etwas verkrampfter Herr seinen grossen Auftritt feiert, dann spricht die halbe Schweiz vom

„Supertreffer". Verachte ich nicht das Publikum selbst, wenn ich behaupte, es schaue sich menschenverachtende Sendungen an? Beleidige ich nicht diese Hunderttausenden, die ihre kostbare Freizeit den Bühlmann, Schneider, Torelli, Schäppi und Co. schenken?

Ich finde nicht. Hier ist nicht die Rede von den Ursachen und Motiven, wieso Menschen sich vom Fernsehen ausgiebig unterhalten lassen. Das ist eine andere, längere, auch nicht besonders erbauliche Geschichte. Mich interessiert hier, was das Fernsehen aus dem Unterhaltungsbedürfnis macht, wie es damit umgeht und wie es sein Angebot rechtfertigt.

Was sind das für Menschen, die mir die Fernsehunterhaltung täglich vorsetzt? Wie reden sie, was tun sie, wie lachen und weinen sie? Welche Konflikte haben sie, welche Fragen stellen sie einander? Mich interessiert hier das Bild des Menschen, welches das Fernsehen in Tausenden von Stunden Unterhaltungssendungen zeichnet. Aus zwei Gründen: Das Fernsehen ist uns, wie andere Medien auch, Spiegel und Utopie zugleich. Das Spiel müsse seinen Stoff aus dem Alltag beziehen, pflegen Fernsehunterhalter ihren Anspruch zu beschreiben; Meier und Müller eben, wie sie leiben und leben, leicht überhöht zwar, damit's den komischen Unterhaltungswert erfährt; die Figuren, die Sprache, die Themen aber „aus dem Leben gegriffen". Dagegen ist nichts einzuwenden.

Zweitens gilt: Fernsehunterhaltung schafft Vorbilder, demonstriert Erstrebenswertes. Jede Unterhaltung spiegelt und entwirft Bilder von Menschen, die sich in keinem Augenblick „wertfrei" verhalten, weil jedes Verhalten sich in einem Bezugsrahmen abspielt. Spätestens dann werden Werte und Normen sicht- und hörbar.

Schauen wir uns konkreter an, für welche Gattung Mensch sich die schweizerischen Fernsehunterhalter im Jahr 1987 interessiert (entschieden?) haben.

*Erstes Beispiel: „Meier&Müller"*

Nach dem vieldiskutierten, gelobten und beschimpften „Motel"-Experiment (1984) wagte sich die TV-Abteilung Unterhaltung drei Jahre später an eine neue eigene Unterhaltungsserie. Redaktor Ulrich Weber, Regisseur Thomas Hostettler und Abteilungsleiter Hannes Bichsel setzten diesmal alles auf die Karte Jörg Schneider. Dieser zeichnete nicht nur für eine der beiden Hauptrollen verantwortlich, sondern auch für das Buch von „Meier&Müller". Beim „Motel" hatten es die Verantwortlichen noch mit einigen auserlesenen und anspruchsvollen Schweizer Schriftstellern als Drehbuchautoren versucht. Mit dem Komiker und Märli-Autor Jörg Schneider, Garant für hohe Einschaltquoten, wollten sie nun anscheinend ganz auf Nummer sicher gehen. War *das* die Lehre aus dem „Motel"-Abenteuer? Oder war es dem „Blick" mit seiner damaligen Kampagne gegen die ungewohnte Fernsehserie tatsächlich gelungen, die ehemaligen „Motel"-Macher so einzuschüchtern, dass sie nach einer kreativen kulinarischen Eigenwilligkeit zu „Schnitzel mit Pommes frites" zurückkehrten?

Wenn man den einen oder andern Fernsehverantwortlichen heute fragt, wie er die Unterhaltungsreihe „Meier&Müller" im nachhinein beurteilt, so fällt auf, dass er praktisch nur die Einschaltquoten erwähnt. Konkret auf die schlechte Kritik dieser Sendung in der Presse angesprochen, meinte der neue Programm-Direktor Peter Schellenberg in einem Interview: „'Meier&Müller' war ein Publikumserfolg. Ich will nicht auf einzelne Sendungen eingehen. Das, was die Unterhaltung ständig produziert, als Grundauftrag, kommt gut an." Es ist dem neuen Fernsehdirektor sicher nicht zu verargen, dass er Personen, mit denen er Neues schaffen will, in der Öffentlichkeit nicht blossstellt. Aber ich kann mir nicht vorstellen, dass ihm das bedenkliche Niveau dieser Eigenproduktion nicht aufgefallen ist.

„Meier&Müller" ist als „heitere Unterhaltung" gedacht gewesen.

Im Mittelpunkt der 12 Episoden à ungefähr 15 Minuten stehen Eugen Meier (Jörg Schneider) und sein Freund Otto Müller (Paul Bühlmann). Scheinbar geht es in den einzelnen Folgen um Geschichten aus dem Alltag, um kleine Konflikte im Büro, zu Hause, auf der Strasse: Herr Meier muss dem ferienabwesenden Nachbarn die Zimmerpflanzen begiessen, auf dem Firmenfest soll er eine Rede halten, einer Bürokollegin droht ein einsamer Geburtstag, einmal steht er vor der Bewährungsprobe als Babysitter, dann will er ein Auto kaufen usw. Jede nur denkbare Lebenslage entwickelt sich für Meier zum unlösbaren Problem mit sich und der Umwelt, schliesslich zu (meistens unglaubwürdigen) Situationen, in denen ihm Otto Müller, der Praktische, schulterklopfend aus der Patsche hilft. Meier, der ewig Hilfsbereite, Gutmütige, Ungeschickte, Untergebene, bedankt sich selbst noch für die tägliche Demütigung, die sich Jörg Schneider als sein eigener Autor und Darsteller von Müller widerfahren lässt. Er kommt halt nicht „draus", dieser Pechvogel, der sich dauernd entschuldigt für sein tolpatschiges Verhalten, für alles Mögliche und Unmögliche, nur nicht dafür, dass er mit Elefantenhandschuhen über den Bildschirm hinweg um Mitleid wirbt. Otto Müller dagegen zeigt, wie man's macht, er klopft Sprüche, belehrt, rechnet vor, kommt draus, haut Meier auf die Finger, hat immer *die* zündende Idee. Müller, der Treter – Meier, der Getretene. Und am Schluss das kumpelhafte Happy-End, wie es sich gehört, weil es in dieser Welt, von der man „erheitert" werden soll, ja keine echte Wut, keinen Zorn geben darf.

Jämmerlich gezeichnet sind auch die Menschen, die sich um die beiden Hauptfiguren scharen. Müllers Frau Martha (Ines Torelli) wird von ihrem Mann einmal als „Schreckschraube" hingestellt, selbstverständlich in einem harmlos-heiteren Bild-Wort-Spiel; sie darf ihrem Ehemann kochen, für ihn die Kleider besorgen, sie geht ohne ihn nicht in den Chor, ist von Natur aus misstrauisch, schnüffelt in fremden Kleidertaschen, kurz: sie gibt das Bild einer nörgelnden, misstrauischen, abhängigen und unzufriedenen Frau. Ebenso abgedroschen-karikiert sind die anderen Figuren dargestellt: Doris, KV-Stift, ist flegelhaft, lügt, wie's ihr grad nützt, sie darf den Dreck aufputzen, weil der Direktor es so will; „Fräulein" Sommer, Sekretärin, agiert plump und dümmlich, sie ist noch knapp fähig, ein paar Schinkengipfeli für die Geburtstagsparty selber zu machen; Direktor Kummer (Edi Huber) kennt einzig schulmeisterlich patriarchale Töne, der Abwart nur den mürrisch-befehlenden, die Nachbarn nur den kleinkariert-bünzligen Gestus.

Man mag hier einwenden, dass unterhaltendes Kurzfutter holzschnittartig arbeiten müsse, dass diese Karikaturen im Alltäglichen gründeten, dass alles humorvoll gedacht sei und nicht so ernst genommen werden solle. Auf mich wirken diese Fernsehmenschen aber blöd, beleidigend, die Zwischentöne des Menschlichen verachtend. Ich erkenne in ihnen weder ein Spiegelbild unserer Gesellschaft, noch kann ich sie als deren Vorbilder akzeptieren.

Welche Bedeutung hat eine solch peinliche Sendereihe innerhalb und ausserhalb des Fernsehens? Innerhalb: „Meier&Müller" war die einzige vom Fernsehen DRS selber produzierte unterhaltende Spielfilmserie, die nach „Motel" zur besten Sendezeit ausgestrahlt worden ist. Eine Sendung mit drei Episoden kostete 73'000 Franken (direkte Programmkosten) — zum Vergleich: „Supertreffer": 156'000; „Traumpaar": 26'000; „grell-pastell": 50'000; „Motel": 49'000. Ende 1987 sprach man im Studio Leutschenbach davon, die Reihe mit leichten Anpassungen 1989 fortzusetzen. Es wird, falls dies tatsächlich geschieht, interessant sein zu beobachten, an welche Tradition die Unterhaltungsmacher 1989 anknüpfen werden: an den vielschichtigen, umstrittenen und risikoreichen „Motel"-Versuch von 1984 oder an die Klischees von 1987.

Ausserhalb: „Meier&Müller" wendet sich an ein sehr grosses Publikum. Und geistige Kost für die „Mehrheit" wurde schon früher mit besonderen Argumenten gerechtfertigt; zu offensichtlich ist anscheinend ihre gesellschaftspolitische Brisanz und Wichtigkeit. Fernsehunterhaltung als Ablenkung und Besänftigung der Unzufriedenen: „Auf Vergnügen, Zerstreuung ist aber jene Mehrheit angewiesen, deren ohnehin nur schwer durch individuelle Anstrengung zu verändernde engere Lebensumstände Kompensationswünsche wecken, während die Minorität der Erfolgreichen auch in der Arbeit mehr Erfüllung findet ...", formulierte der Zürcher Publizistikprofessor Ulrich Saxer Mitte der siebziger Jahre. Der damalige Fernsehdirektor, Guido Frei, sah in Unterhaltungssendungen ebenfalls „den notwendigen Ausgleich für den täglichen Stress", für die „Zwänge und Monotonie, vor denen sich der grössere Teil der Zuschauer gestellt sieht". Indem diese Sendungen den Zuschauer „befreien", nehme das Fernsehen eben eine Aufgabe wahr, die wir nicht ernst genug nehmen könnten, „weil wir mit ihr einen ganz wesentlichen Beitrag leisten zur Selbstregulierung der Gesellschaft" (DRS-Arbeitspapier 1979).

Deutlicher kann man es kaum noch sagen. Es geht offensichtlich darum, von gesellschaftlichen Missständen und Widersprüchen abzulenken, harmonische Fluchtwelten anzubieten, eben zu unterhalten im Sinne von *zerstreuen*. Es ist der konservative Begriff von Unterhaltung, der hier regiert. Ab und zu kippt er in einen zynischen, dann nämlich, wenn die ablenkende, „heitere" Unterhaltungsabsicht eine soziale Wirklichkeit versehentlich auf den Kopf trifft. Wenn Meier-Schneider beispielsweise Wohnungsnot und Fremdenfeindlichkeit derart verulkt in Szene setzt, dass es einem selber betroffenen Zuschauer die Wut-, einem sensiblen die Schamröte ins Gesicht treiben muss.

Es gibt auch einen anderen Begriff von Unterhaltung. Erfolgsautor Umberto Eco hat ihn in seiner Nachschrift zum „Namen der Rose" umrissen. Er wendet sich gegen ein opportunistisches wie ein elitäres Unterhaltungsverständnis. Einerseits meint er klar: „Unterhalten heisst nicht zerstreuen, ablenken von den Problemen." Der

Leser/Zuschauer soll etwas über sich selbst oder die Welt erfahren, er soll, während er sich unterhält, etwas lernen. Andererseits wehrt sich Eco dagegen, dass der Anklang beim Publikum, der Erfolg gleich ein Zeichen für Minderwertigkeit sei: „Ich fürchte, wir müssen allmählich auf jenen Hintergedanken verzichten, der immer noch unsere Debatten beherrscht, dass nämlich der äussere Skandal ein Prüfstein für den Wert einer Arbeit sei."

*Zweites Beispiel: „Traumpaar"*

„Fein gemacht, Raymond!", „Traumstart", „Gute Unterhaltung mit Witz": Am 1. September 1987 feierte ein Teil der Deutschschweizer Presse einen neuen Quiz-Showmaster, den schnittigen Raymond Fein mit der neuen Montagabendsendung „Traumpaar". Beni Thurnheer hatte Konkurrenz bekommen. Ein Raunen ging durch die Leutschenbachschen Hallen: Die „Traumpaar"-Einschaltquoten stellten zum Teil selbst jene des Samstagabendprogramms in den Schatten. Die paar querliegenden Nebentöne eines anderen Teils der Presse („sexistisch", „fade Unterhaltung", „dümmliche Klischees") gingen im Jubel unter.

„Traumpaar" ist wohl die „amerikanischste" aller Sendungen, die das Fernsehen DRS 1987 auf die Beine gestellt hat: mit einem eingeschliffenen, durchkalkulierten Spielkonzept, mit einem fast aerodynamisch-effizienten Spielleiter, der seine Lektion vom wirksamen Begleitapplaus im Studio gut gelernt hat, mit ein wenig Beziehungskitzel und am Schluss etwas Sozialtouch (bei der Preisverleihung). Amerikanisch auch der Hauch vom eingeblendeten Werbespot, wenn wie zufällig ein Kuoni-PR-Videoclip Bilder von der gewonnenen Traumreise in die Südsee zeigt. Weniger amerikanisch, schon eher bodenständig schweizerisch abgeschmackt fügen sich die Sketches von Charles Lewinsky als Zwischenspiele in die Rätselrunde ein. Ursula Schäppi und Walter A. Müller spielen das Paar „Adam und Eva Kiefler", deren höchstes Ziel es ist, jeweils den andern noch blöder hinzustellen als sich selbst. Ich verstehe nicht, warum das Fernsehen eine Mann-Frau-Beziehung, den Geschlechterkampf, nicht mit menschlicheren Mitteln in ein humorvolles Licht rücken kann. Warum braucht es dazu eine plumpe Wortschlägerei, gegenseitiges Anpöbeln und billiges Sprücheklopfen?

Der Sendung liegt im übrigen eine anregende Idee zugrunde. Je drei Paare lösen Aufgaben, die sie getrennt gestellt bekommen; sie müssen einschätzen, wie ihr Partner oder ihre Partnerin reagieren wird. Es ist denkbar, aus und mit diesem Konzept eine interessante, anspruchsvolle Sendung zu machen. Das war und ist aber offensichtlich nicht die Absicht. Das paradiesische Dekor, das überzeichnet Karikierte, das Gesprächskurzfutter, die Fragerei – all das deutet auf das eindimensionale Ziel hin: hohe Einschaltquoten. Das kompakte Spiel- und Sendekonzept scheint Raymond Fein vor peinlichen „Abstürzen" (à la Kurt Felix im „Supertreffer") zu bewahren. Angst hat er einzig vor dem Einsturz seiner traumhaften Einschaltquoten. Oder war es Zufall, dass in der gleichen Sendung gleich zweimal davon die Rede war? Fein: „Märchen gehören zum Leben wie Einschaltquoten zum Fernsehen!"

*Drittes Beispiel: „grell-pastell"*
Wenn „Meier&Müller" den Preis für die ödeste Unterhaltungssendung von 1987 verdient hätte, so gehört Kurt Aeschbachers „grell-pastell" derjenige für die eigenwilligste und anspruchsvollste. Der ehemalige „Grün-80"-Vizedirektor, „Karussell"-Mitarbeiter, Ladenbesitzer und Modeschaupräsentator ist 1987 zum Star der Zürcher Fernsehunterhaltung avanciert. Wahrscheinlich vor allem aus einem Grund: weil es ihm gelungen ist, menschliches, feinfühliges Verhalten vor die Kamera zu retten. Die Art, wie er mit seinem Gegenüber redet, die Fragen, die er stellt, die Themen, die er aufgreift, belegen, dass das Medium Fernsehen eine Unterhaltungssendung, die (auch) erfolgreich sein will, menschlich und gesellschaftlich

nicht kastrieren muss. Zwar tappt Aeschbacher bisweilen auf einem Grat, wenn er den voyeuristischen Bedürfnissen der Zuschauer sehr stark entgegenkommt oder wenn er Personen interviewt, die ihm kurz zuvor ihre zwiespältigen Errungenschaften (zum Beispiel hochmanipulierte Tierzucht) auf dem Präsentierteller dargeboten haben. Aber das Wagnis hat sich vorderhand zweifellos gelohnt.

*Immer wieder die gleichen Gesichter*
Ich habe drei sehr unterschiedliche Sendungen aus dem Unterhaltungsprogramm des Fernsehens DRS herausgegriffen, eine Filmserie, ein aufgezeichnetes Rätselspiel, eine Live-Sendung – alles neue Eigenproduktionen der Abteilung Unterhaltung. Ich hätte auch anderes wählen können: die mühsamen Samstagabende mit Vico Torriani oder Kurt Felix, die etwas ausgebrannten Ladenhüter „Was bin ich?" oder „Tell-Star", Folklore-Sendungen oder die frische Jugendsendung im Abendprogramm „Down town". Die Produktionen dieser Abteilung nehmen etwa zehn Prozent des gesamten Programm-Angebots in Anspruch, die meisten geniessen den begehrten Fensterplatz im Hauptprogramm.

Wenn man sich durch diese Sendungen „hindurchschaut", fällt einem eine seltsam kurze Liste auf: Die Namen der Hauptakteure wiederholen sich mit erstaunlicher Regelmässigkeit – seit Jahren. Der eine singt in der Sendung des andern, eine zweite beantwortet in dieser Sendung Fragen über ihren Auftritt in jener. Und vielen begegnen wir wenn nicht auf der Titelseite des „Blick", so bestimmt auf den Inserateseiten von Zeitungen und Zeitschriften, posierend vor einem Werbeartikel: „Ein Pinot Noir, den ich wie meine Musik liebe. Da tanzt und lacht mein Geldbeutel." Leicht abgeändert und frei nach S.T., Fernsehunterhalter.

Mit den paar Gedanken zu unseren Beispielen ist das Kapitel Fernsehunterhaltung natürlich erst angeleuchtet. Noch keine Rede war von den vielen eingekauften Filmserien: „Fahnder", „Ein Fall für zwei", „Mein Freund Winnetou", „Der Alte"; nichts gesagt ist über verhängnisvolle Mischformen wie „Aktenzeichen XY", alles zur besten Abendzeit ausgestrahlt und konsumiert als Unterhaltungssendungen. Zweifellos wäre es aufschlussreich, die Frage nach dem Menschenbild in diesen, von anderen Personen verantworteten Sendungen zu stellen und zu beantworten. Ich lasse es mit der Einladung bewenden, dies selber zu tun, oder dann, wenn's nicht zum Aushalten ist, den Knopf zu drücken.

Max Jäggi

# Ein Selbstbedienungsladen der Mächtigen

*TV-Journalismus: Ängstlichkeit und mangelndes Selbstbewusstsein*

„Ich meine, das Fernsehen muss sich intensiver um journalistische Glaubwürdigkeit bemühen. Politische Diskussionssendungen dürfen nicht länger in Ritualen erstarren. Und wenn wir die Bühne für öffentliche Auftritte der Mächtigen stellen, dann müssen wir auch die Spielregeln bestimmen. Zu politischen Akteuren und Interessenvertretern ist offensichtlich mehr Distanz notwendig. Wir müssen Interviews in Zukunft härter darauf abklopfen, ob sie wirklich 'news' enthalten. Ich habe den Eindruck, dass wir zu häufig Politiker hören und nicht streng genug auf den Inhalt achten. Zur Verdrossenheit vieler Bürgerinnen und Bürger trägt dies vermutlich bei."

Nein, diese Worte stammen nicht von einem schweizerischen Fernsehdirektor. Getan hat die Äusserung Reinhard Appel, der Chefredakteur des Zweiten Deutschen Fernsehens (ZDF), und zwar unter dem Eindruck der tristen Darbietung seines Senders anlässlich des Bundestags-Wahlkampfs 1987. Daraus folgt freilich keineswegs, dass bundesdeutsche Fernsehstationen schlechteren TV-Journalismus betreiben als schweizerische. Klar wird nur, dass bundesdeutsche Fernsehverantwortliche über die Krux ritualisierter Polit-Zeremonien am Bildschirm laut nachdenken. Ihren schweizerischen Kollegen ist derlei Selbstkritik nicht geläufig.

Nötig wäre sie allemal. Denn was ZDF-Chefredakteur Appel am gängigen Fernsehjournalismus im eigenen Haus rügt und was er für dessen Verbesserung fordert, lässt sich — Einsicht und Reflexionsbereitschaft vorausgesetzt – Wort für Wort auf den gängigen Fernsehjournalismus beim Fernsehen DRS übertragen: Eher als um journalistische Glaubwürdigkeit bemühen sich helvetische TV-Journalistinnen und -Journalisten um Ausgewogenheit und um Wohlgefallen bei etablierten Akteuren der Polit- und Wirtschaftsszene, täglich zelebrieren sie distanzlose Berichterstattungs-Rituale, die Spielregeln auf der eigenen Bühne lassen sie sich weitgehend von aussen diktieren, und lieber als auf Inhalte achten sie auf den richtigen Sitz von Krawatte oder Foulard.

## Die verlorene Glaubwürdigkeit

Schwer vorstellbar, dass sich Zuschauerinnen und Zuschauer kompetent und glaubwürdig über einen Regierungsbeschluss informiert fühlen, wenn sie mitansehen müssen, wie ein TV-Journalist einem Bundesrat in Untertanen-Pose fünf vorformulierte Fragen stellt, dabei kaum je auf einer wirklichen Antwort besteht, bei verschwommenen Äusserungen des Interviewpartners nie nachhakt und während des ganzen Auftritts ein Gesicht schneidet, als ob er nichts sehnlicher herbeiwünschte als das Ende des Gesprächs. Am Fernsehen DRS ist solcher Umgang mit Magistraten – hauptsächlich während der parlamentarischen Sessionen im Bundeshaus – die Regel.

Kaum denkbar, dass die abends fernsehenden Schweizerinnen und Schweizer – tagsüber immerhin zur Mehrheit Arbeitnehmer – umfassend und glaubwürdig Bescheid wissen, wenn sie in der „Tagesschau" miterleben müssen, wie ein TV-Reporter als einzige einschlägige Auskunftsperson den smarten Sprecher eines Grosskonzerns langfädig ausführen lässt, warum aufgrund von „Umstrukturierungen" eine „Redimensionierung" des Unternehmens dringend und der „Abbau" von 200 Arbeitsplätzen „unvermeidlich" ist. In der wichtigsten und meistbeachteten Informationssendung von Fernsehen DRS gilt solch einäugige Berichterstattung als professionell.

Erstrebenswert, so scheint's dem unbefangenen Zuschauer, ist den Deutschschweizer Fernsehjournalisten weniger die Unterrichtung der Medienkonsumenten als die Befriedung der einflussreichen Klientel. Nicht aufklärerische Information und kritische Kommentierung – also Transparenz – werden als Ziele journalistischer Arbeit sichtbar, sondern der Wunsch nach Anerkennung bei den Mächtigen. Denn die TV-Journalisten leiden – wie es der Journalistik-Professor Siegfried Weischenberg in der Fachzeitschrift „Media Perspektiven" Ende 1987 auch für die Bundesrepublik diagnostizierte – an einem „Bezugsgruppenproblem": Sie sollten dem „Zuschauer dienen, doch sie orientieren sich an den Kollegen und den Informanten, das heisst insbesondere an den Politikern".

Schuld an dieser „Krankheit" sind gewiss nicht die Patienten allein; wenngleich es für manche Journalisten, wie der Publizist Oskar Reck in einem Interview mit dem Medien-Magazin „Klartext" im August 1987 spottete, „zum höchsten der Gefühle (gehört), Umgang mit Prominenten zu pflegen oder auch nur irgendwem vorgestellt zu werden – und sei es Kurt Waldheim".

Schuld ist ebensosehr das journalistische Klima, das an einer Rundfunkanstalt herrscht: beim Fernsehen DRS ein Klima der Ängstlichkeit, der Unsicherheit, des mangelnden Selbstbewusstseins. Geprägt ist dies Klima einerseits durch den seit Jahren geübten politischen und wirtschaftlichen Druck auf die Schweizerische Radio- und Fernsehgesellschaft (SRG), andrerseits durch die defensive und liebedienerische Reaktion der SRG-Führung auf ebendiesen Druck. Die braven TV-Journalisten verhalten sich also angesichts eines prominenten Interviewpartners letztlich nach dem gleichen Muster wie die SRG-Manager angesichts einer potenten Politiker-Lobby.

Dass unter dieser Voraussetzung das übers Fernsehen verbreitete Welt-Bild ohne weiteres propagandistische Züge annehmen und etwa eine Fernsehdiskussion zum mehr oder minder getarnten Werbespot geraten kann, liegt auf der Hand. Und es leuchtet ein, dass – aufgrund bewusster oder unbewusster Rücksichtnahmen – unbequeme Themen, etwa der latente Fremdenhass in der Schweiz, so weit aus dem Programm ausgeblendet werden, dass gründliche Vertiefung unmöglich wird. Ein Fernsehjournalismus aber, der zum Propagandainstrument der wenigen mutiert und die politische und ökonomische Erlebniswelt der vielen verdrängt, darf Glaubwürdigkeit nicht für sich reklamieren.

## Die immergleichen Rituale

Anders als die bewussten Propagandisten und Public-Relations-Profis der Privatwirtschaft, die sich auf ihre Kreativität und Wandlungsfähigkeit wohl zu Recht einiges einbilden, beschränken sich die meist unbewussten Polit-Propagandisten in den Fernsehstudios auf ein Minimum von Präsentationsformen. Während Werber sich für Waschpulver andere Slogans einfallen lassen als für Luxuslimousinen und ein Plakat für Schokolade anders gestalten als eins für Taschenrechner, kommt den Fernsehjournalisten bei der Vorführung ihrer politischen Bildschirm-Reklame unablässig dasselbe in den Sinn – womöglich weil sie wenigstens äusserlich signalisieren wollen, dass es um scheinbar Wesentliches geht.

Dass sie bei dieser Gelegenheit gleich zwei uralte Kommunikationsformen aufs übelste korrumpieren, scheint die Fernsehmacher nicht zu stören: die Befragung (TV-deutsch: Fernsehinterview) und das Gespräch (TV-deutsch: Fernsehdiskussion). Diese beiden Formen verbaler Begegnung wiederholen sich nicht nur ununterbrochen in den politischen Fernsehsendungen – und unter dem Genre-Titel „Talk Show" mittlerweile auch im Unterhaltungsbereich –, die zwei Begriffe erleben auch eine beispiellose Sinnentleerung. Im Fernsehinterview werden nämlich nur in den allerwenigsten Fällen *wirklich* Fragen gestellt, in der Fernsehdiskussion wird wunderselten *wirklich* diskutiert.

Das liegt ganz allgemein daran, dass das Fernsehen ein Inszenierungsmedium ist: Die Kamera bildet nicht die Wirklichkeit ab, sondern schafft eine neue, inszenierte Wirklichkeit – die Fernsehwirklichkeit. In dieser gewissermassen künstlichen Realität spielt sich der Fernsehjournalismus ab, und die Fernsehjournalisten tun, in wohl 90 Prozent aller Interviews und Diskussionssendungen, nur so, als ob sie tatsächlich Neuigkeiten, Meinungen, Hintergründe erfahren wollten. In Wahrheit wissen sie zum voraus, was wie zur Sprache kommen wird, weil sie in den allermeisten Fällen ein Vorgespräch mit den Interviewpartnern und Diskussionsteilnehmern geführt haben.

In der Schweiz und mithin beim Fernsehen DRS gründet die Malaise aber zusätzlich noch auf der SRG-spezifischen Regelungsdichte und auf der bei den SRG-Medien kultivierten Ausgewogenheits-Ideologie, die fernsehjournalistische Rituale begünstigen und Innovation behindern.

Neben der bundesrätlichen Konzession (Sendeerlaubnis) hat die SRG-Generaldirektion in den letzten Jahren einen ganzen Wust von Leitbildern und Weisungen, Reglementen und Richtlinien erlassen, die das journalistische Arbeiten beeinflussen. Nach Meinung von Peter Schellenberg, dem Programmdirektor von Fernsehen DRS, gibt es in diesen Bestimmungen zwar „praktisch keine Passagen, die einem professionellen Journalismus-Verständnis zuwider laufen würden". Dennoch ist unstrittig, dass diese Vielfalt von Vorschriften die journalistische Entfaltung tendenziell einschränkt. Und für die meisten Journalistinnen und Journalisten des DRS-Fernsehens dürfte gelten, was „Rundschau"-Redaktorin Marianne Pletscher sagt: dass sie bei der Arbeit zwar „keineswegs dauernd die Reglemente im Hinterkopf", aber „all die Bestimmungen weitgehend verinnerlicht" hat (vgl. das Gespräch Seite 45 ff.).

Zusammen mit der in den SRG-Chefetagen bislang fast pathologischen Sucht nach politischer Ausgewogenheit gerät die Vielzahl von verinnerlichten Erlassen zu einer Art Heiligen Schrift der journalistischen Langeweile, die fast zwangsläufig nach Ritualen ruft. „Liturgien rund um die Ausgewogenheitsideologie, die nun schon lange auch im Deutschschweizer Fernsehen tonangebend sind", beklagte der „Tagesschau"-Redaktor Karl Biffiger bereits 1981 (1). Inzwischen – mit dem zunehmenden Druck auf die SRG – hat die von den SRG-Oberen verordnete Vorsicht, und damit der Trend zur Ritualisierung der politischen Fernseh-Berichterstattung, eher noch zugenommen.

Auf der Strecke bleiben dabei die Lust an neuen Formen und der Versuch, politische Inhalte aus anderer als etablierter Sicht zu vermitteln. Ansätze dazu liefern wohl das tägliche Regionalmagazin „DRS aktuell" und mitunter die wöchentliche Polit-Sendung „Rundschau". Doch auch in diesen Emissionen dominiert trotz allem der Hang zu den immergleichen Darbietungsformen mit der immergleichen Kategorie etablierter Akteure – so wie es die „Tagesschau" allabendlich vor versammelter TV-Gemeinde vorexerziert.

### Die fremdbestimmten Spielregeln

Da das Fernsehen – entgegen allen Ergebnissen seriöser Wirkungsforschung – im Ruf steht, auf Zuschauerinnen und Zuschauer veritablen politischen Einfluss auszuüben, zieht es Politiker und Wirtschaftsgrössen magisch an. Wenn sie ihre Botschaft nur oft genug und unwidersprochen via Television verbreiten könnten, glauben die meisten sogenannten *Opinion Leaders*, werde der Fernsehkonsument die Botschaft nicht nur zur Kenntnis nehmen, sondern sie allmählich auch für richtig halten. Und diese „Vorstellung von der Allmacht des Fernsehens", vermutet Siegfried Weischenberg wohl zu recht, „korrespondiert mit der Eitelkeit der Fernsehmacher; sie schmeichelt ihrem Selbstgefühl".

Sie korrespondiert verhängnisvoll und schmeichelt trügerisch.

Die Folge: Die Vordenker in Regierungen und Parlamenten, in Chefetagen und Verbandsvorständen drängen vorwitzig vor die Kameras des überschätzten Mediums, und die Fernsehjournalisten überlassen ihnen nicht nur die TV-Bühne zur Selbstdarstellung, sondern gleich auch die Regie. Entscheidend für die Ausstrahlung eines Interviews ist dann weniger die journalistische Neugier oder die Rolle des Journalisten als Informationsanwalt der Zuschauerinnen und Zuschauer als vielmehr die Agenda und das Selbstdarstellungs-Bedürfnis der politischen Prominenz.

Dieser Trend ist gewiss nicht spezifisch schweizerisch. Der deutsche Rundfunkjournalist Hans-Peter Riese, 1985 für seine journalistische Leistung als „Kontrolleur der Macht" mit dem „Fritz-Sänger-Preis" ausgezeichnet, beobachtet in der Bundesrepublik eine ähnliche Entwicklung und spricht gar von einer „Denaturierung der Rundfunkanstalten zu Selbstbedienungsläden der Parteien". Bedenklich erscheint indes, dass der fatale Mechanismus hierzulande von den betroffenen Journalisten weitgehend verdrängt und von der SRG-Führung gewünscht wird. Leo Schürmann, bis Ende 1987 SRG-Generaldirektor, gab die Maxime bereits zu Beginn der achtziger Jahre bekannt: Bei den Programmschaffenden soll „die Lust am Infragestellen gezügelt" werden, die Programme sollen „nicht zu Schwierigkeiten führen" (1).

Wenn aber die ranghöchsten Medien-Verantwortlichen die journalistische Tugend des Hinterfragens zum Sündenfall und die Angst vor Schwierigkeiten zur Norm erklären, treten sie fast automatisch die faktische Verfügungsgewalt über ihre Medien an die um Bildschirmpräsenz buhlenden Interessenvertreter aus Politik und Wirtschaft ab. Das ist zweitens ein Verstoss gegen die Vorschrift der SRG-Konzession, wonach niemand einen „Anspruch auf Benützung der Einrichtungen der SRG oder auf Verbreitung bestimmter Werke und Ideen in deren Radio- und Fernsehprogrammen" besitzt. Und es ist erstens eine Absage an jeglichen aufklärerischen Journalismus.

Ein solch defensives journalistisches Rollenverständnis hat verheerende Folgen. Indem die Journalisten die Spielregeln für Auftritte an ihrem Medium praktisch den auftretenden Akteuren überlassen, begeben sie sich ihrer Autonomie und verkommen zu blossen Know-How-Lieferanten für „mediengerechte" Selbstdarstellung (2). So animieren sie noch zusätzlich den eigennützigen Drang an den Bildschirm. Für die Fernsehzuschauer bleiben immer fadere Polit-Programme: TV-Journalismus, der sich an den Regieanweisungen von Honoratioren orientiert statt an der Kontrollfunktion der sogenannten Vierten Gewalt.

## Die fehlende Distanz

„Wenn man zuschauen muss, mit welcher Devotheit am Fernsehen unsere Magistraten interviewt werden, wird einem übel. Wir loben uns als älteste Demokratie und sind in Wahrheit unter den Demokratien der letzte Obrigkeitsstaat." Diesen Ärger teilt Arnold Künzli, Professor für Philosophie der Politik in Basel (1), mit zahlreichen Zeitgenossen, die von einem TV-Reporter mehr erwarten als die Funktion eines Mikrophonhalters und Stichwortgebers. Nur: An dem Ärgernis wird sich so lange nichts ändern, als die Fernsehjournalisten nicht begreifen, dass Distanz zu Informanten und Interviewten zur professionellen Grundausstattung gehörte.

Im Kantinengespräch stimmen wohl manche Journalistinnen und Journalisten des DRS-Fernsehens darin überein, dass ohne Distanz politischer Journalismus gar nicht möglich ist. Im Berufsalltag dagegen scheint die Erkenntnis oftmals wie weggeblasen. Statt bei der Recherche mit Gelassenheit und Hartnäckigkeit aufzutreten, lassen sich die Fernsehjournalisten von ihren Gesprächspartnern allzu häufig umgarnen oder vereinnahmen. Statt Einschüchterungsversuchen mit aufrechtem Gang zu begegnen, machen sie freiwillig den Rücken krumm. Statt gegenüber Verschleierung und Vertuschung unnachgiebig zu bleiben, lassen sie sich zu deren treuherzigen Transporteuren missbrauchen.

Diese fehlende Distanz mag zu einem guten Teil mit der individuellen Bequemlichkeit, Anpassungsbereitschaft und gar Mutlosigkeit einzelner Fernsehschaffender zu tun haben — journalistische Untugenden, die im übrigen keineswegs fernsehspezifisch sind, sondern bereits in den bedeutend älteren Printmedien dieses Landes eine historische Tradition haben, die bis zur Staatsgründung, Mitte des 19. Jahrhunderts, zurückreicht. „Von allem Anfang an standen die Schweizer Zeitungen im Dienst einer Partei", betont der Publizist Oskar Reck. „Dass keine selbständige Pressekultur entstanden ist, liegt genau an dieser ständigen Dienstleistung der Presse gegenüber politischen Parteien."

Allerdings wäre es ungerecht, die am Fernsehen DRS übliche Dienstfertigkeit gegenüber politischen und wirtschaftlichen Würdenträgern ausschliesslich mit der fehlenden persönlichen Courage der TV-Macherinnen und -Macher zu erklären.

Zum einen muss eine überkommene Filzokratie, wie sie von den mit den Machtträgern verbandelten Exponenten der sogenannt seriösen Presse kultiviert worden ist, nicht notwendigerweise zu ihrer eigenen Fortsetzung mit andern — nämlich elektronischen — Mitteln führen; immerhin präsentiert sich das Fernsehen als vergleichsweise junges Medium, das durchaus hätte imstande sein können, sowohl inhaltlich als auch formal eine eigenständige journalistische Tradition zu begründen. Zum andern sieht sich das SRG-Fernsehen — im Gegensatz zu privatkapitalistisch organisierten Zeitungsverlagen — bis heute in der komfortablen Lage, dem ökonomischen Druck von Inserenten nicht unmittelbar und den Pressionen von Druckkunden überhaupt nicht ausgesetzt zu sein; diese auf der Konstruktion der SRG basierende unternehmerische Unabhängigkeit hätte ohne weiteres zur Entwicklung journalistischer Unabhängigkeit in den Programmen beitragen können.

Dazu hätte es in den Chefetagen sowohl der SRG als auch des DRS-Fernsehens freilich seit Jahren eines Bewusstseins bedurft, das einen natürlichen Widerstreit zwischen Journalismus und Macht bejaht. Just dieses Bewusstsein aber fehlt. Weder die bisherigen Programmdirektoren von Fernsehen DRS noch die Generaldirektoren der SRG konnten sich mit einem Journalismus-Verständnis anfreunden, das die Auseinandersetzung mit Machtträgern verlangt und damit Bewegung ins politische Leben bringt. Stattdessen predigten sie Ausgewogenheit und förderten so die Leisetreterei. Die aber „passt", so Oskar Reck, „nicht zum System der Demokratie, sondern ist für die Demokratie geradezu verhängnisvoll".

Leo Schürmann, der als Generaldirektor die SRG-Programmpolitik der achtziger Jahre prägte, war sogar der Meinung, die SRG sei „eine nationale Einrichtung", der es „nicht zukommt, Entwicklungen zu beschleunigen oder Veränderungen zu bewirken". In den Programmen, forderte er, sollten vor allem „die fundamentalen Übereinstimmungen in diesem Land zum Ausdruck kommen" (1). Schürmann diffamierte damit journalistische Distanz und die Lust an der Auseinandersetzung als Staatsgefahr. Filz und Unterwürfigkeit dagegen, mussten die Fernsehjournalisten der Aussage ihres obersten Chefs entnehmen, sind am Bildschirm gefragt.

Der seit Anfang 1988 amtierende SRG-Generaldirektor Antonio Riva hat sich von diesem Kredo seines Amtsvorgängers bisher nicht distanziert.

**Anmerkungen**

1) aus: Michael Haller, Max Jäggi, Roger Müller (Hrsg.): „Eine deformierte Gesellschaft – Die Schweizer und ihre Massenmedien", Basel 1981.

2) vgl. etwa Alfred Fetscherin: „Keine Angst vor den Medien – Hundert goldene Regeln für den Umgang mit Presse, Radio und Fernsehen", Zürich und Wiesbaden 1988. In dem Bändchen empfiehlt der frühere Fernsehredaktor und derzeitige Radio-Z-Chefredaktor Fetscherin für einen TV-Auftritt beispielsweise: „Um unschöne Faltenwürfe an Hals und Schulter zu verhindern, ziehen Sie Ihren Veston oder das Kostüm-Oberteil am Rücken stramm nach unten und setzen Sie sich auf die Rockenden."

# „Wir ecken zu wenig an"

*Gespräch mit Programmdirektor Peter Schellenberg und drei Programmschaffenden\* über Fernsehjournalismus bei der SRG*

*FREDI HÄNNI/MAX JÄGGI: Es gibt hierzulande kaum ein Medienunternehmen, bei dem die journalistische Arbeit so sehr reglementiert ist wie bei den Medien der SRG — mit Konzession, Leitbild, Grundsätzen, Richtlinien und Reglementen. Heisst das, dass die Journalistinnen und Journalisten der SRG mit dem journalistischen Gesetzbuch unter dem Arm ihrem Beruf nachgehen müssen?*

KURT SCHAAD: Nein, auf keinen Fall. Ich glaube, wir spüren die Existenz dieser Bestimmungen höchstens dann, wenn wir Themen bearbeiten, die nicht alltäglich sind. Und da liegt es dann weitgehend an der Fähigkeit — und den Erfahrungen — des einzelnen Mitarbeiters und des Redaktionsleiters, möglichst locker mit der Situation umgehen zu können. Ich selber war noch kaum je hemmend betroffen von derlei Bestimmungen.

MARIANNE PLETSCHER: Ich habe bei meiner Arbeit keineswegs dauernd die Reglemente im Hinterkopf. Im Hinblick auf dieses Gespräch habe ich aber die zahlreichen Reglemente und Richtlinien durchgesehen — und da stellte ich fest, dass ich all die Bestimmungen weitgehend verinnerlicht habe. Welche Auswirkungen diese Verinnerlichung hat, ist eine andere Frage. Ich habe aber kaum je erlebt, dass mich die Richtlinien und Reglemente in meiner Arbeit

---

\* Marianne Pletscher ist Reporterin der wöchentlichen Polit-Magazinsendung „Rundschau". Kurt Schaad ist Redaktor und Moderator der „Tagesschau". Monika Zinnenlauf ist Reporterin und Redaktorin des jeden Werktag ausgestrahlten Regionalmagazins „DRS aktuell".

eingeengt hätten. Es gab wohl eine Phase – zwischen 1980 und 1982 –, als in kurzen Abständen immer wieder neue Bestimmungen erlassen wurden ...

*... also in der Zeit der sogenannten Zürcher Jugend-Unruhen ...*

PLETSCHER: ... und da war es auch so, dass man die zahlreichen neuen Papiere relativ regelmässig konsultierte.

PETER SCHELLENBERG: Ich habe die Bestimmungen auch nicht alle im Kopf. Es gibt darin aber meines Wissens praktisch keine Passagen, die einem professionellen Journalismus-Verständnis zuwider laufen würden. Ich meine: Mit einer guten Berufsauffassung kommt man auch in der SRG durch. Als einzige fragwürdige Äusserung fällt mir diesbezüglich ein Satz über die Behandlung sogenannt heikler Themen ein, der aber nicht in einem verbindlichen Reglement steht.

*Er steht im „Strategiepapier für die neunziger Jahre", das der damalige SRG-Generaldirektor Leo Schürmann 1985 verfasst hat.*

PLETSCHER: Eine Zeitlang geisterte das Wort von den „heiklen Themen" ständig herum. Welches aber tatsächlich solch heikle Themen waren, blieb dabei ziemlich unklar. Ich selbst machte eine sonderbare Erfahrung. Nachdem ich einen Beitrag über die Wahl des neuen SRG-Generaldirektors gemacht hatte, hiess es, dass dies ein „heikles Thema" war – ich wäre nie darauf gekommen.

*Im Alltag, so jedenfalls tönt es bisher, haben die Reglemente kaum Bedeutung. Wozu dann überhaupt dieser Wust von Bestimmungen?*

SCHELLENBERG: Ich sage nicht, dass die Reglemente keine Bedeutung haben. Ich glaube aber auch nicht, dass sie von den Journalistinnen und Journalisten ein SRG-spezifisches Verhalten verlangen würden. Wozu die Bestimmungen? Da müssten Sie wahrscheinlich ihre Verfasser fragen. Natürlich: Die Konzession muss interpretiert werden, und das geschieht dann eben in Form von Reglementen. Andererseits neigt dieses Haus dazu, auf spezifische Vorkommnisse sofort mit Weisungen zu reagieren – das hat den Nachteil, dass die Weisung zwar auf das zugeschnitten ist, was war, aber keineswegs auf das, was sein wird.

*Wie weit fungieren die Vorgesetzten als Verwalter und Durchsetzer der Reglemente-Vielfalt?*

PLETSCHER: Mir ist es noch nie passiert, dass mir ein Vorgesetzter mit einer Weisung oder einem Reglement vor der Nase herumgefuchtelt hätte. Denn der Konsens darüber, was drinliegt und was nicht, ist eigentlich sehr gross. Hysterie gibt's immer dann, wenn im Programm etwas Umstrittenes ausgestrahlt worden ist. Da wurden auch schon sogenannte Merksätze über den Umgang mit Institutionen erlassen – inzwischen ist allerdings von diesen Merksätzen nicht mehr die Rede.

MONIKA ZINNENLAUF: Auch ich habe meinen Chef eigentlich noch nie direkt als Vollstrecker von Weisungen und Reglementen erlebt.

SCHELLENBERG: Das liegt sicher daran, dass die Reglemente im grossen Ganzen Selbstverständliches enthalten.

*Wirksamer als die interne Reglemente-Flut dürfte demnach der Druck von aussen sein. Seit Beginn der siebziger Jahre üben bürgerliche Politiker regelmässig schärfste Kritik an der SRG und klagen über das angeblich links unterwanderte Fernsehen DRS. Seit Anfang der achtziger Jahre kommt der wirtschaftliche Druck von seiten privater Möchtegern-TV-Veranstalter dazu. Das geht wohl kaum spurlos an den Fernsehschaffenden vorüber.*

PLETSCHER: Ich denke nicht, dass ein einzelner derartiger Druckversuch direkte Wirkung zeigt. Ich bin aber überzeugt, dass uns die Summe all dieser Drücke allmählich verändert. Peter Schellenberg sagte in einer Ansprache an die Mitarbeiter, Selbstzensur sei eine Frage des Selbstvertrauens. Ich glaube, dass das stimmt. Mangelndes Selbstvertrauen und die Formen von Selbstzensur, die es bei uns gibt, haben eindeutig mit dem Druck von aussen zu tun.

SCHELLENBERG: Es wäre freilich ein Irrtum zu glauben, man könne diesen Druck zum Verschwinden bringen. Das ist schlicht unmöglich. In meinen Augen gehört solcher Druck sogar dazu, er ist völlig normal in einer Demokratie. Und gegenüber einem Quasi-Monopolmedium ist er unabdingbar – wir bewegen uns als Fernsehmacher nicht im Nationalpark.

*Fragt sich nur, wie SRG und Fernsehen DRS auf den Druck reagieren. Wir meinen, die Reaktionen seien meist kleinlaut und defensiv statt selbstbewusst.*

SCHELLENBERG: Natürlich ist die Art der Reaktion eine Frage des Selbstbewusstseins und des Selbstvertrauens. Darum ist es für mich selbstverständlich, dass gerade zur journalistischen Arbeit in diesem Haus Selbstbewusstsein und Zivilcourage gehören. Ich gebe zu, dass das Klima in einem Betrieb diesen Tugenden förderlich oder weniger förderlich sein kann. In diesem Sinn sind die Anforderungen an unsere Mitarbeiterinnen und Mitarbeiter sehr hoch. Andererseits ist auch die Arbeitsplatz-Sicherheit recht hoch; von da her jedenfalls wird die Fähigkeit, Selbstbewusstsein und Zivilcourage zu entwickeln, kaum behindert.

PLETSCHER: Eigentlich hat man mich nie daran gehindert, etwas zu verwirklichen, was ich tatsächlich verwirklichen wollte. Aber es gab Dinge, die ich gar nicht erst in Angriff nahm, weil ich mir selber sagte: Jetzt will ich nicht schon wieder Probleme haben. Genau in solchen Situationen, glaube ich, ist es sehr wichtig, welches Klima von den Vorgesetzten verbreitet wird. Und diesbezüglich habe ich die verschiedensten Phasen erlebt. Derzeit scheint mir das Klima wieder sehr viel besser zu sein als noch vor ein paar Jahren.

*Heisst das, dass damit auch die Schere im Kopf kleiner geworden ist?*

PLETSCHER: Das weiss ich nicht. Denn ich glaube, solche Mechanismen laufen zum grossen Teil unbewusst ab. Ich erlebte allerdings in der Vergangenheit Vorgesetzte, die sichtlich froh darüber waren, wenn niemand etwas Kritisches machte. Diese Stimmung war sehr ausgeprägt, als Ulrich Pfister — Anfang der achtziger Jahre — als Abteilungsleiter unser Vorgesetzter war. Heute ist das nicht mehr so. Heute ist aber der Zeitdruck grösser als früher. Und das führt sicher manchmal auch dazu, dass gewisse komplexe Hintergrund-Geschichten gar nicht angegangen werden.

*Marianne Pletscher sprach von der Magazin-Sendung „Rund-schau". In welchem Klima arbeitet es sich denn in der tagesaktuellen Berichterstattung der „Tagesschau", Kurt Schaad?*

SCHAAD: Natürlich macht jeder seine individuellen Erfahrungen, und die Vorgesetzten spielen dabei eine wesentliche Rolle. Ich selber habe in dieser Beziehung nie schlechte Erfahrungen gemacht. Gerade wenn es um heikle Themen geht, ist die Auseinandersetzung innerhalb der Redaktion von grosser Bedeutung. Dass diese Auseinandersetzung stattfindet, ist für mich Teil des Berufes. So gesehen, hat das wenig damit zu tun, ob ich in einer Magazin-Sendung oder in der „Tagesschau" arbeite.

*Marianne Pletscher und Kurt Schaad sind beide seit rund einein-halb Jahrzehnten fürs Fernsehen DRS tätig und möglicherweise für die einen oder andern Probleme betriebsblind geworden. Was meint dazu eine Mitarbeiterin, die erst seit drei Jahren dabei ist, Monika Zinnenlauf? Wie steht's mit der vielzitierten Schere im Kopf?*

ZINNENLAUF: Ich glaube schon, dass es Themen gibt, an die wir fast automatisch mit besonderer Vorsicht herangehen, zur Zeit etwa ans Thema Flüchtlinge. Da fragen wir uns häufiger als bei andern Stoffen: Sollen wir schon wieder darüber berichten? Denn bei diesem Thema ist der Konflikt vorprogrammiert — wenn nicht mit Politikern, dann sicher mit einem Teil der Zuschauer. Das Resultat: Es wird weniger intensiv über dieses Problem berichtet, als es vielleicht nach rein journalistischen Kriterien nötig wäre. Dazu kommt, dass wir gerade beim Thema Asylbewerber auf der Suche nach Gesprächspartnern oft auf Mauern stossen.

49

*In aller Regel meint das Fernsehen, darauf angewiesen zu sein, dass Informanten oder Meinungsträger bereit sind, vor der Kamera Auskunft zu geben. Sagen sie nein, scheitert öfter mal ein TV-Beitrag. Ist — unter diesem Gesichtspunkt — das Fernsehen überhaupt ein journalistisches Medium?*

SCHAAD: Was heisst denn journalistisches Medium? Das Fernsehen ist ein Medium, das in Entwicklung begriffen ist, und mit ihm ist es auch der Fernsehjournalismus. Es wäre wohl falsch, Fernsehjournalismus einfach mit Zeitungsjournalismus gleichzusetzen. Gewiss spielt für viele unserer Informanten die Frage eine Rolle: Was bedeutet es, wenn ich am Fernsehen in Erscheinung trete? Daraus können Schwierigkeiten für die journalistische Fernseharbeit entstehen. Aber das ist ein Prozess, in dessen Verlauf sich eine Art Definition des spezifisch fernsehmässigen Journalismus herauskristallisieren muss.

PLETSCHER: Wobei ich glaube, dass die Anforderungen, die an uns gestellt werden, sich zu sehr an den Anforderungen an die Printmedien orientieren. Dabei müssten wir doch versuchen, zum Beispiel Analysen nicht einfach mit Worten, sondern auch mit Bildern zu formulieren. Ich persönlich meine, dass dies die wichtigere Art von Journalismus am Fernsehen sein sollte. Ich glaube aber nicht, dass diese Art besonders gefragt ist in diesem Haus.

SCHELLENBERG: Sie ist zu recht nicht gefragt. Ganz einfach, weil es keine verbindliche Bildsprache gibt. Die gesprochene Sprache operiert immerhin mit einigermassen verbindlichen Begriffen, die der Bildsprache fehlen. Ich muss sagen, dass ich einen mittleren Horror habe vor einem Informationsjournalismus, der mit viel Stimmung und mit angeblich dialektisch geschnittenen Bildern — erst hungernde Negerlein, dann vollgedeckte Tafel im Grand-Hotel — sogenannte Analyse leisten will. Es gibt ganz wenige Realisatoren, die das beherrschen. Roman Brodmann gehört zu ihnen — was bei ihm entsteht, ist aber etwas anderes als Journalismus.

*Vielleicht entsteht just jener „spezifisch fernsehmässige Journalismus", der sich laut Kurt Schaad allmählich herauskristallisieren muss.*

SCHELLENBERG: Es entsteht tatsächlich etwas spezifisch Fernsehmässiges. Aber ich stelle fest, dass sehr, sehr wenige Leute es beherrschen und dass die Resultate oft entsprechend stümperhaft und trivial ausfallen.

PLETSCHER: Das klingt mir jetzt doch allzu einfach. Denn die Leute, die solche Formen ausprobieren, wurden in diesem Haus nie speziell gefördert. Und die Anstellungspraxis ist nach wie vor so, dass in erster Linie bei den Printmedien und beim Radio nach neuen Leuten Ausschau gehalten wird, während Mitarbeiterinnen und Mitarbeiter, die mehr Gewicht aufs Bild legen, wenig gelten.

SCHELLENBERG: Ich würde im Gegenteil behaupten, dass der Umgang mit dem Bild sehr stark gefördert wurde. Bei den längeren Dokumentarfilmen hat man ganz erhebliche Mittel dafür eingesetzt. Nur sind das auch Formen, bei denen es sich Fernsehschaffende verdammt einfach machen können. Und mit solchen Beiträgen lässt sich keinesfalls ein journalistisches Programm füllen – denn ein guter Standard ist auf breiter Basis fast nicht zu erreichen.

ZINNENLAUF: Trotz alledem sind wir hier als Journalistinnen und Journalisten angestellt worden, die mit dem Bild arbeiten. Und jedes Bild hat eine Aussage – gleichgültig, ob wir uns dieser Aussage jederzeit bewusst sind oder nicht. Gerade bei „DRS aktuell" versuchen wir oft, über die Betroffenheit von Menschen, die sich vielleicht nicht so clever ausdrücken können wie professionelle PR-Sprecher, in ein Thema einzusteigen. Und da ist doch das bewegte Bild genau die Chance, die allen andern Massenmedien nicht zur Verfügung steht.

*Derlei Versuche der Bild-Berichterstattung scheinen uns durchaus innovativ. Immerhin gehörte Journalismus nicht von Anfang an zum Medium Fernsehen – das Fernsehen hat sich erst allmählich seiner bemächtigt.*

SCHELLENBERG: Das trifft nicht nur für den Journalismus zu. Das Fernsehen hat lauter Vorläufer-Medien integriert: die Bühne, den Bunten Abend, die Film-Wochenschau – all das wurde, genau wie der Journalismus, vom Fernsehen adaptiert. Es gibt nur ganz wenige ureigene Fernsehformen; die Direktübertragung gehört dazu.

*Bei dieser Adaption des Journalismus nun gewöhnten sich die TV-Schaffenden an, ihre Beiträge in der Regel dann für journalistisch bedeutsam zu halten, wenn möglichst sprachgewandte Akteure bereit sind, vor der Kamera aufzutreten. Das Resultat sehen wir täglich am Bildschirm: immer die gleichen etablierten Meinungsträger, immer die gleichen Interessengruppen mit den immer gleichen – tendenziell propagandistischen – Aussagen.*

PLETSCHER: Diese Gefahr besteht sicher, vor allem im öffentlichen Bereich, in der offiziellen Politik, wo die mediengewandtesten Persönlichkeiten am häufigsten am Bildschirm zu sehen sind. Da haben wir Fernsehschaffende aber auch eine Verantwortung zu übernehmen: Es geht nicht nur darum, geeignete Gesprächspartner zu finden, sondern es geht oftmals ebenso darum, diejenigen Gesprächspartner abzulehnen, die sich immer wieder vordrängen.

*Wenn wir uns die Polit-Sendungen des Fernsehens DRS vergegenwärtigen, haben wir den Eindruck, dass sich die Macherinnen und Macher mit dieser Verantwortung schwer tun.*

PLETSCHER: Das liegt wohl daran, dass uns die verschiedenen politischen Gruppen häufig einfach ihre Opinion Leaders servieren; andere als die gewohnten Sprecher sind vielfach gar nicht erhältlich. Bei Beiträgen, die mehr auf der menschlichen Ebene laufen, finden wir dagegen immer Leute, die zum Mitmachen bereit sind – oft allerdings auch Leute, die wir ablehnen müssen, weil sie unserer Meinung nach zu grosse Exhibitionisten sind.

*Wenn „zu grosse Exhibitionisten" aus etablierten Parteien stammen oder einflussreiche Verbände oder Unternehmen vertreten, werden sie freilich kaum je abgelehnt.*

SCHELLENBERG: Das ist wohl nicht anders als im normalen Leben. An einer Gemeindeversammlung drängt sich in der Regel auch derjenige vor, der eine gewisse Lust an der Selbstdarstellung hat. Dieses Problem stellt sich beim Fernsehen nicht grundsätzlich anders als bei den Printmedien. Nur fällt es Akteuren, die sich *nicht* äussern wollen, beim Fernsehen leichter, sich zu entziehen.

*Führt das nicht dazu, dass ganze Themenbereiche aus der Fernseh-Berichterstattung ausgeblendet werden – nur weil sich die betreffenden Verantwortlichen weigern, Red und Antwort zu stehen?*

PLETSCHER: Ja, das glaube ich durchaus. Andererseits haben wir einen Leistungsauftrag zu erfüllen, mit dem ich nicht immer glücklich bin, weil ich meine, dass es Themen gibt, die sich schlecht fürs Fernsehen eignen. Da geht es dann eben darum, innerhalb des Spielraums, den wir haben – und den ich akzeptiere, sonst könnte ich hier nicht arbeiten –, Themen zu suchen, die ich fernsehspezifisch für geeignet halte.

*Es fällt uns trotzdem schwer zu glauben, dass Fernseh-Journalismus so weitgehend von der Mitwirkungs-Bereitschaft etablierter Akteure abhängt. Gerade in der tagesaktuellen Berichterstattung fallen uns diesbezüglich tendenzielle Unterschiede auf: Polit-Prominenz in der „Tagesschau", Betroffene in „DRS aktuell".*

SCHAAD: Nun, wir bei der „Tagesschau" haben primär den Auftrag, das tagesaktuelle Geschehen aufzuarbeiten und Nachrichtenjournalismus zu betreiben. „DRS aktuell" dagegen hat die Möglichkeit, über den tagesaktuellen Journalismus hinauszugehen und in andere als nur politische Bereiche vorzustossen – mit entsprechend längerer Vorbereitungszeit und mehr Detail-Vertiefung. Die „Tagesschau" dagegen hat sich auf das zu konzentrieren, was am Tag passiert.

*Heisst nun aber Nachrichtenjournalismus nach „Tagesschau"-Verständnis zwangsläufig, etablierte Akteure zu zelebrieren?*

SCHAAD: Nein, das heisst es nicht. Es gilt, das, was passiert ist, so umfassend wie möglich zur Darstellung zu bringen. Wobei ich zugebe, dass es schwierig ist, den Nachrichtenjournalismus innerhalb der „Tagesschau" klar zu definieren. Denn mit der Auswahl von Gesprächs- oder Auskunftspersonen nehmen wir natürlich täglich eine gewisse Gewichtung und Wertung vor. Andererseits liegt unser Auftrag in erster Linie beim Informieren und weniger beim Analysieren.

ZINNENLAUF: Bei „DRS aktuell" pflegen wir den Begriff Politik weiter zu fassen, als dies die „Tagesschau" tut. Sehr vieles, was wir ausstrahlen, hat unter dem Oberbegriff Politik Platz − nur haben wir wohl die Möglichkeit, eine Nachricht und ihre Hintergründe von verschiedenen Gesichtspunkten her zu beleuchten. Bei der „Tagesschau" scheint mir der Blickwinkel eher zum vornherein gegeben zu sein.

*Hängt das mit dem Umfang der Beiträge zusammen? Oder mit dem Auftrag, umfassend oder weniger umfassend berichten zu müssen?*

ZINNENLAUF: Mit beidem, aber auch damit, dass in der Regional- und Lokalpolitik die Chance grösser ist, Ereignisse und Entwicklungen aus andern als den gängigen Blickwinkeln zu betrachten als in der nationalen und internationalen Politik.

*Nun gibt es allerdings Überschneidungen. Die Ankündigung eines Schweizer Industriebetriebs, eine grössere Zahl von Beschäftigten zu entlassen, ist sowohl für die „Tagesschau" als auch für „DRS aktuell" ein Thema. Täuscht uns unser Eindruck oder funktioniert die ausgewogene Arbeitsteilung in etwa so, dass die „Tagesschau" den PR-Chef des Unternehmens zu Wort kommen lässt und „DRS aktuell" Direktbetroffene der Massnahme porträtiert?*

SCHAAD: Ich sehe das nicht so. Ich kann nicht für „DRS aktuell" sprechen. Aber zwischen den beiden Sendungen funktioniert ja eine relativ enge Zusammenarbeit im innenpolitischen Bereich mit zwei bis drei gemeinsamen Konferenzen pro Tag. Das ermöglicht gewisse Absprachen. Andererseits zu Ihrem Beispiel: Wenn Arbeitsplätze abgebaut werden, dann muss die „Tagesschau" zunächst einmal über den Vorgang berichten. Und wenn sich dazu beispielsweise die Gewerkschaftsseite äussert, dann wird sie in unserer Berichterstattung genauso zu Wort kommen wie der Firmenvertreter.

*Wäre es denkbar, dass die „Tagesschau" auch eine 60jährige Entlassene zeigt, die vor der Kamera weint vor Verzweiflung?*

SCHAAD: Das scheint mir eine eher hypothetische Frage zu sein. So bilderbuchmässig läuft das nicht ab, die Entlassenen weinen nicht auf Befehl.

*So hypothetisch ist die Frage nicht: Als der Zuger „Landis & Gyr"-Konzern Entlassungen bekanntgab, lief die Berichterstattung genauso ab: der mediengewandte Firmenvertreter in der „Tagesschau", die verzweifelte Entlassene in „DRS aktuell".*

SCHAAD: Es bleibt für mich weiterhin eine hypothetische Frage, da ich in diese Berichterstattung nicht involviert war, also nicht weiss, was sich alles wie abgespielt hat. Ich kann Ihnen aber beispielsweise die Berichterstattung über den Prozess zum Hallenbadunglück in Uster nennen. Da waren die Reaktionen betroffener Eltern Teil des Beitrags. Ganz einfach, weil sich diese Reaktionen an Ort und Stelle so abgespielt haben, also zum aktuellen Geschehen im Zusammenhang mit dem Prozess gehörten. Man darf hier aber generell keine Reglemente aufstellen wollen, welche Betroffenen wann, wo und wie lang im Bild zu erscheinen haben.

PLETSCHER: Mir scheint die Frage nach der weinenden Frau vor der „Tagesschau"-Kamera recht problematisch. Wenn wir die Frau 15 Sekunden lang zeigen — das wäre ja in etwa die realistische Dimension in der „Tagesschau" —, dann benützen wir sie als Versatzstück. Ich finde, Menschen, die nicht Meinungsträger sind, brauchen ein anderes Forum.

*Brauchen sie „DRS aktuell"?*

ZINNENLAUF: Wesentlich für die Arbeit bei „DRS aktuell" ist bestimmt, dass wir in der Regel mehr Zeit für einen einzelnen Beitrag zur Verfügung haben, als dies bei der „Tagesschau" der Fall ist. Das bedeutet, dass wir auch Leuten, die nicht so gewandt reden, mehr Möglichkeiten bieten können, sich auszudrücken. Die Frau, die eben von ihrer Entlassung erfährt, braucht vielleicht eineinhalb Minuten, um das auszusagen, was ein mediengewohnter Politiker in 20 Sekunden sagt.

*Die mediengewohnten Politiker – oder Chefbeamten – aus dem Bundeshaus werden uns in der „Tagesschau" häufig, aber immer nach demselben Ritual vorgeführt. Ob's um Aids, um neue Panzer oder ums Waldsterben geht: Jedesmal versucht im immergleichen Studio-Dekor ein Interviewer, seinem Gegenüber möglichst abstrakte Fragen zu stellen, die dann ebenso abstrakt beantwortet werden. Kann das journalistisch befriedigend sein?*

SCHAAD: Ich bin nicht Bundeshaus-Journalist, bin mit der Bundeshaus-Berichterstattung aber hier in Zürich als Produzent konfrontiert. So immergleich und so abstrakt, wie Sie die Berichterstattung beurteilen, sehe ich sie allerdings nicht. Dass auf diesem Gebiet – wie auf allen Gebieten – sicher das eine oder andere besser gemacht werden könnte, ist klar. Das betrifft die journalistische Tätigkeit generell, ob nun Fernseh- oder Zeitungsjournalismus.

SCHELLENBERG: Mir scheint Ihr Urteil ebenfalls sehr überspitzt. Es geht bei solchen Interviews doch einfach um die Situation, dass ein Mensch einem andern Menschen etwas erzählt. Ob das nun in einem Dekor stattfindet, das Ihnen vielleicht nicht gefällt, halte ich für sekundär. Wichtig sind doch die Gesichter der Menschen und das, was die Menschen sagen.

*Was aber, wenn diese Menschen – etwa über einen Milchpreis-Beschluss – Unverständliches statt Erhellendes sagen? Was, wenn der Interviewer als Stichwortgeber statt als hartnäckiger Nachfrager fungiert? Was, wenn der Interviewer den Eindruck macht, er warte sehnlichst auf den Schluss des Gesprächs?*

SCHELLENBERG: In einer Tageszeitung finden Sie auch nicht auf der Frontseite die grossen Background-Berichte. In diesem Sinn ist die „Tagesschau" eine Art Frontseite. Der Milchpreis-Beschluss ist ja für das Fernsehen nicht erledigt, nachdem in der „Tagesschau" zwei Minuten darüber berichtet worden ist − für diese Vertiefung stehen uns andere Sendungen mit andern Möglichkeiten zur Verfügung. Die „Tagesschau" hat zunächst ganz einfach den Sachverhalt mitzuteilen.

*Mittels unkritischer Gefälligkeits-Interviews?*

SCHELLENBERG: Was Sie in der „Tagesschau" sehen, sind oft gar nicht echte Interviews, sondern eher Statements, in denen zum Beispiel Behördenvertreter erläutern, was beschlossen wurde. Ausgerechnet hier den Anspruch auf Vertiefung und Hintergrund zu stellen, halte ich für verfehlt.

SCHAAD: Wenn Sie so etwas von uns erwarten, müssten wir eine „Tagesschau" von einer Stunde Dauer machen. Das aber kann nicht Sinn und Zweck dieser Sendung sein.

PLETSCHER: Für Hintergrund-Berichte haben wir tatsächlich andere Sendungen zur Verfügung. „Rundschau" und „DRS aktuell" produzieren diesbezüglich eine ganze Menge. Wobei ich oft die Erfahrung mache, dass ein Hintergrund-Bericht bedeutend stärker sein kann, wenn die offiziellen Repräsentanten − etwa im Zusammenhang mit einem Milchpreis-Beschluss − weggelassen werden.

*Dennoch beobachten wir − nicht allein in der „Tagesschau" − immer wieder unkritische Interviews, die ständig nach dem gleichen Ritual ablaufen.*

PLETSCHER: Es stimmt, dass am Fernsehen zuviel Ritualisierung stattfindet; es findet auch zuviel Agenda-Journalismus statt − und zwar auf allen Stufen. Gerade bei der „Tagesschau" habe ich oft den Eindruck, wichtig sei vor allem das, was an News angeliefert wird und nicht das, was man selber recherchiert. Das gilt zum Teil auch für die „Rundschau". Und das hat sicher damit zu tun, dass derzeit Agenda-Journalismus in diesem Haus gefragt ist.

SCHELLENBERG: Vielleicht noch ein Wort zu unseren angeblich devoten Interviewern: Wir beim Fernsehen haben das Pech, dass wir — im Gegensatz zu den Zeitungsjournalisten — unsere Interviews vor der Öffentlichkeit machen. Ich habe täglich mit Journalisten zu tun. Und wenn ich da — bezüglich der hilflosen Art, Fragen zu stellen — einen Vergleich ziehe, fällt dieser Vergleich keineswegs zugunsten der Zeitungsjournalisten aus, er reizt mich eher zum Lachen.

*Das liegt vielleicht daran, dass es in der Schweiz keine Tradition und keine Kultur des kritischen Interviews gibt — und am Fernsehen tritt das besonders offen zutage.*

SCHELLENBERG: Ein wirklich kritisches Interview können Sie ja nur dann führen, wenn Sie tatsächlich über Fakten verfügen, die dem Gegenüber unangenehm sein können. Das ist sehr oft nicht der Fall.

*In der Bundesrepublik Deutschland — etwa im „Spiegel", aber auch in Fernsehmagazinen — ist das sehr oft der Fall.*

SCHELLENBERG: Ein Grund für diesen Unterschied mag darin liegen: Wir haben in der Schweiz eine sehr staatstreue Beamtenschaft, Indiskretionen sind selten. Die bundesdeutsche Verwaltung dagegen ist durchlässig wie ein Sieb. Der „Spiegel" lebt von Indiskretionen, er verfügt immer wieder über Dokumente, über Protokolle, die harte und für einen Interviewten äusserst unangenehme Konfrontationen ermöglichen. Der schweizerische Journalist kann in den seltensten Fällen auf derlei Material zurückgreifen.

ZINNENLAUF: Es gibt freilich noch einen andern — quantitativen — Aspekt, der sich auf die journalistische Qualität auswirkt. Allein in den drei Jahren, während denen ich mittlerweile beim Fernsehen arbeite, hat sich der Druck, mehr zu produzieren, massiv erhöht. Allein schon aufgrund der längeren Sendezeit müssen wir heute mehr produzieren als vor drei Jahren — ohne dass wir in der Zentralredaktion in Zürich über mehr Personal und über mehr Produktionsmittel verfügen.

*Ob in der tagesaktuellen Berichterstattung oder in den für Hintergrund-Information reservierten Sendungen: Es scheint Themen zu geben, die am Fernsehen DRS äusserst zurückhaltend behandelt werden. Die derzeitige Welle von Fremdenfeindlichkeit − bis hin zum Rassismus − wird zum Beispiel kaum je thematisiert. Warum? Ist es nicht gefährlich, diesen Teil der gesellschaftlichen Realität auszublenden?*

SCHELLENBERG: Selbstverständlich wäre dies gefährlich. Aber es stimmt nicht, dass wir dieses Thema aussparen.

PLETSCHER: Vor meiner jetzigen Tätigkeit in der Auslandredaktion arbeitete ich in der Inlandredaktion der „Rundschau". Und da habe ich − allein ich − in den vergangenen vier Jahren rund 25 Beiträge zu Asyl-Themen realisiert. Das scheint mir relativ viel zu sein. Zuletzt machte ich weniger, denn ich wusste nicht mehr wie. Die Schwierigkeit liegt wohl darin, dass − wie immer ich das Thema Flüchtlinge anpacke − stets auch rassistische Tendenzen mittransportiert werden. Also entschloss ich mich, einen Beitrag über die andere Seite zu machen: über die Leute, die ständig über die Flüchtlinge herziehen und sich selber benachteiligt vorkommen.

*Und was wurde daraus?*

PLETSCHER: Es wurde das Projekt, das ich am längsten vor mich hinschleppte, bevor ich es endgültig begraben habe. Ich sprach mit etwa 100 Leuten, die gegen die Flüchtlinge schimpfen und davon reden, dass es „auch uns Schweizern" schlecht gehe. Ich wollte mich vorurteilslos auch mit deren Situation auseinandersetzen. Es war − mit Ausnahme von zweien, die ich wegen mangelnder Repräsentativität ablehnte − keine einzige dieser Personen bereit mitzumachen.

ZINNENLAUF: Andererseits handelt es sich bei diesen Leuten um eine sehr militante Gruppe. An unserem Zuschauertelefon gibt es sehr oft Reaktionen, dass wir dem Thema Flüchtlinge zuviel Gewicht beimessen würden.

*Hängt dieses Defizit an brisanten und komplexen Themen nicht auch damit zusammen, dass die „Programmstruktur '85" weniger Sendetermine für längere Beiträge bereithält? Wäre beispielsweise eine zweistündige Sendung über Rassismus – wie sie die Télévision de la Suisse Romande ausstrahlte – am Fernsehen DRS möglich?*

PLETSCHER: Es wäre sicher schwierig. Das Westschweizer Fernsehen hat bestimmt eine grössere Tradition, was Dokumentationen anbetrifft – allein schon mit der wöchentlichen Sendung „Temps présent". Aber ich würde so etwas trotzdem bei uns nicht als unmöglich bezeichnen – auch wenn ich glaube, dass gerade mit der neuen Programmstruktur dafür nicht sehr viel Raum bleibt.

SCHELLENBERG: Mit der „Programmstruktur '85" steht nicht weniger Raum zur Verfügung als zuvor. Im Gegenteil: Es wurde mehr Raum geschaffen für Dokumentationen.

PLETSCHER: Zu einem schönen Teil wird dieser Raum aber mit eingekauften Produktionen gefüllt.

*Herr Schaad, würde es die aktuelle Arbeit der „Tagesschau" erleichtern, wenn Sie die Gewissheit hätten, dass in andern Sendungen von Fernsehen DRS mehr Möglichkeiten als bisher für vertiefende Hintergrund-Berichterstattung vorhanden wären?*

SCHAAD: Meiner Meinung nach berührt die Hintergrund-Information die aktuelle Berichterstattung der „Tagesschau" nicht. Wir erfüllen primär einfach mal unsern Auftrag, aktuell zu informieren. Dass dazu entsprechende Ergänzungen nötig sind, liegt ja auf der Hand. Und entsprechend sind die Redaktionen des Hauses strukturiert.

SCHELLENBERG: Ich glaube, die „Tagesschau" hat gar keine Wahl. Sie berichtet, was passiert ist. Und was hinterher – in andern Sendungen – produziert wird, kann ihre Arbeit nicht gross beeinflussen.

*Denkbar wäre ja, dass die „Tagesschau"-Redaktion ihre oft allzu rasante – und für die Zuschauer nicht immer sehr informative –*

*Berichterstattung eher verantworten könnte, wenn sie sicher sein könnte, dass am gleichen Sender gleichentags tatsächlich Analyse und Hintergrund geliefert würden.*

SCHAAD: Wenn ich sage, es interessiert uns nicht, was in andern Sendungen berichtet wird, dann meine ich das in dem Sinn, wie es Peter Schellenberg eben formulierte. Selbstverständlich gibt es aber Absprachen mit Kolleginnen und Kollegen anderer Sendegefässe über eine ergänzende Berichterstattung. Vor allem seit der Einführung der Chefredaktion läuft dieser interne Informationsfluss eigentlich sehr gut.

PLETSCHER: Da sich die „Tagesschau" aber dennoch nicht darauf verlassen kann, dass einzelne Themen in andern Sendungen vertieft werden, könnte sie die Gewichte durchaus etwas anders setzen: indem sie beispielsweise mehr Eigenrecherchen anstellen würde zu wichtigen Themen, über die schon während längerer Zeit nicht mehr ausführlich berichtet wurde.

SCHAAD: Das, glaube ich, ist richtig. Und wir sind uns innerhalb der „Tagesschau" auch bewusst, dass wir uns in der Regel vielleicht allzusehr auf das konzentrieren, was die Nachrichtenagenturen anliefern.

SCHELLENBERG: Eine „Tagesschau"-Ergänzung, wie sie etwa die ARD mit ihren „Tagesthemen" pflegt, fände ich natürlich schon sehr gut.

*Einen schüchternen Ansatz in dieser Richtung gab es ja bei Fernsehen DRS schon einmal.*

SCHELLENBERG: Ja, Anfang der achtziger Jahre wurde ein solcher – allerdings nicht geglückter – Versuch unternommen.

*Ist es denn möglich, dass die Idee – mit den Lehren aus den Fehlern von damals – wieder aufgenommen wird?*

SCHAAD: Nun, wir haben auch jetzt – wenn auch weniger institutionalisiert als bei der ARD – die Möglichkeit, wichtige Themen am gleichen Abend mit dem „Tagesthema" zu vertiefen ...

PLETSCHER: ... die Möglichkeit wird aber, wohl aus Kapazitätsgründen, zu wenig genutzt.

*Wenn wir Sie — den Programmdirektor genauso wie die Programmschaffenden — so reden hören, haben wir den Eindruck, dass im Fernsehen DRS, von einigen Kleinigkeiten abgesehen, grosse Zufriedenheit herrscht — obschon Kritik an den DRS-Programmen relativ verbreitet ist. Wäre es nicht sinnvoll, dem innovativen und kreativen Experiment beispielsweise zu Randzeiten Raum zur Verfügung zu stellen?*

SCHELLENBERG: Ich habe Mühe mit verordneten Experimentierfeldern, in denen dann die Kreativität spriessen soll. Das grösste Experimentierfeld ist unser tägliches Gesamtprogramm. Es bietet eine ganze Reihe von Möglichkeiten — gerade wenn ich an „DRS aktuell" denke.

PLETSCHER: Die Zufriedenheit ist so gross, weil wir in unserer Arbeit sehr viel Spielraum haben. Ich mache eben diesen Job wahnsinnig gern, und die Arbeitsbedingungen sind recht gut. Trotzdem passt mir natürlich Verschiedenes nicht an diesem Fernsehen. Ich denke, wir betreiben zu viel Agenda-Journalismus, wir ecken zu wenig an, wir arbeiten zu sehr nur mit dem Wort. Verbesserungen sind aber möglich. Und diese Verbesserungen, meine ich, sollen nicht auf einer Spielwiese entstehen, sondern im normalen Programm, an den Arbeitsplätzen der Programmschaffenden. Dabei hoffe ich auch, dass sich das Klima diesbezüglich mit Peter Schellenberg als Programmdirektor verbessern wird.

ZINNENLAUF: Ich habe den Eindruck, dass ich an meinem Platz, mit meinen Beiträgen, durchaus gefordert bin. Und ich glaube auch, dass ich ausreichend Möglichkeiten zum Experimentieren habe — soweit ich mir das zutraue und soweit ich es dem Thema angemessen finde. Andererseits stimmt es aber, dass die Randbedingungen mitunter die Kreativität blockieren, dass der Produktionsdruck der Qualität hinderlich ist.

SCHELLENBERG: Diesen Druck gibt es bei jeder Fernsehstation. Wir müssen nun mal an 365 Tagen im Jahr ein Programm anbieten. Und unsere Mittel sind limitiert. Nur glaube ich nicht, dass Kreativität einfach ausschliesslich von mehr Zeit und von mehr Geld abhängt. Eine gute Idee kostet zunächst mal nichts – man muss sie bloss haben.

Michael Schanne/Werner Meier

# Mehr Angebote — weniger Vielfalt

*Leistungen privaten und öffentlichen Rundfunks im Vergleich*

Die gängigsten Argumente zugunsten einer Liberalisierung des Rundfunksystems lassen sich in drei Formeln zusammenfassen. Alle drei eignen sich zur Agitation gegen den öffentlich-rechtlichen Rundfunk deshalb gut, weil sie den widersprüchlichsten Interessen dienen und beliebige Auslegungen, Modifikationen und Vorbehalte zulassen.

Erstens: Mehr Konkurrenz durch eine vergrösserte Angebotspalette belebe in jedem Fall das Geschäft, steigere die Qualität, befriedige die unterschiedlichsten Bedürfnisse des Publikums besser und ziehe publizistische Vielfalt automatisch nach sich.

Zweitens: Das beste Angebot sei immer jenes, das den grössten Absatz erziele. Marktwirtschaft funktioniere mithin nach den gleichen Prinzipien wie die Demokratie: Was sich nicht als Mehrheit manifestieren könne, genüge bestimmten Ansprüchen nicht.

Drittens: Der Konsument und die Konsumentin sei wie der Bürger und die Bürgerin souverän. In Wahrheit sei der mündige Rezipient der Programm-Macher, der in keiner Weise zu bevormunden sei.

Nachfolgend sollen die Erfahrungen, die mit dualen Rundfunksystemen (das heisst mit dem Neben- und Gegeneinander von öffentlichen und privaten Veranstaltern) gemacht und in mehr oder minder wissenschaftlich-systematischer Weise aufbereitet worden sind, in verdichteter Form dargestellt werden. Im Vordergrund stehen Ergebnisse aus dem Bereich privater Fernsehveranstaltungen in verschiedenen westlichen Ländern, daneben aber auch Erfahrungen aus der Versuchsphase mit privaten Lokalradios in der Schweiz.

## Bundesrepublik Deutschland: Altbekanntes statt Innovatives

Neben ARD und ZDF sind in der Bundesrepublik Deutschland in der jüngsten Vergangenheit zusätzlich Sat 1 und RTL plus als private Programm-Anbieter eingerichtet worden. Systematisch erarbeitete und empirisch gesicherte Programm-Vergleiche zwischen privaten und öffentlich-rechtlichen Fernsehprogrammen können, wenn auch mit der nötigen Vorsicht, wie folgt zusammengefasst werden: ARD und ZDF zeichnen sich durch eine ebenso vielfältige wie insgesamt ausgewogene Programm-Struktur aus. Ihre besonderen Stärken liegen programmlich auf dem Gebiet der Information, produktionstechnisch und programmpolitisch auf dem Gebiet der Eigenproduktion. Bei den beiden privaten Programmen Sat 1 und RTL plus dominiert insbesondere während der Hauptsendezeit „leichte Kost": Komödien- und Abenteuerstoffe in Form von Spielfilmen und Serien. Fernsehspiele und Fernsehfilme, Kinder- und Jugendprogramme, religiöse Sendungen und klassisch-kulturelle Produktionen werden kaum angeboten. Die Programme der Privaten scheinen nach folgender Regel zusammengesetzt zu sein: „Sieben Teile Unterhaltung, zwei Teile News Show und Ratgeber, ein Teil Sonstiges, und das ganze durchsetzt und unterbrochen von direkter und indirekter Werbung", so der Kommunikationswissenschaftler Udo Michael Krüger. Während die öffentlich-rechtlichen Anstalten rund ein Fünftel ihrer Programme einkaufen, beträgt der Anteil der Fremdproduktionen bei Sat 1 vier Fünftel des Angebots, überwiegend Spielfilme und Serien aus den USA. Insofern entpuppt sich das 1984 versprochene Neuangebot als Altbekanntes. An Stelle von programmlichen Innovationen ist heute eine Reduktion der Programm-Vielfalt in den privaten Fernsehangeboten zu konstatieren.

*Italien: Vielzahl der Anbieter garantiert noch nicht Vielfalt*

Ein mit Gesetzeskraft ausgestattetes Dekret vom 4. Februar 1985, das die Richtfunkausstrahlung privater Rundfunkprogramme auch über Umsetzerketten und somit eine landesweite Gleichschaltung der zuvor lokalen privaten Programm-Angebote ermöglichte, legalisierte Entwicklungen, die üblicherweise am Beispiel des Bauunternehmers Silvio Berlusconi abgehandelt werden. Berlusconi ist heute Besitzer der drei grössten privaten TV-Senderketten Italiens. Diversifizierung in Wachstumsbranchen, Branchenverflechtung und damit Multimedialisierung, Nutzung der Verbundeffekte in den Bereichen von Produktion und Distribution, Konzentrationsprozesse, Ausland-Direkt-Investitionen, oligopolistische Marktaufteilungen, aber auch eigentliche Verdrängungs-Wettbewerbe unter den Grossen: Das ganze Instrumentarium moderner kapitalistischer Unternehmens-Expansion kann am Beispiel des italienischen Medienmarktes studiert werden. Die Erwartungen, die nach der Aufhebung des staatlichen Veranstalter-Monopols an den internen Wettbewerb der RAI-Fernsehprogramme einerseits und an die externe Konkurrenz der privaten Anbieter andererseits geknüpft worden waren, blieben allerdings unerfüllt. Die RAI hat unter den Bedingungen der privaten Konkurrenz ausgewählte Zielgruppen-Programme den Unterhaltungs- und Informationssendungen geopfert und eine Verflachung ihres Programm-Profils in Kauf genommen. Die privaten Veranstaltungen bestehen während der „Prime time" zu 70% bis 90% aus leichten Unterhaltungsstoffen, insbesondere aus amerikanischen Altspielfilmen und Filmserien. In den Programmen Berlusconis (Rete 4, Italia 1, Canale 5) liegt der Schwerpunkt bei leichter, gleichförmiger und unverfänglicher Unterhaltung, wobei die Vermeidung von brutalen und obszönen Sequenzen sicherlich italienischem Familiensinn entgegenkommt. Mit der privaten Konkurrenz, so der Medienexperte und Jurist

Wulf Meinel, geht eine eindeutige Nivellierung des Gesamtangebotes einher. Der Konzentrationsprozess im privaten Rundfunkmarkt hat nicht die erhoffte Aussenpluralität gebracht, die dank Vielzahl und Verschiedenheit der Anbieter ein vielfältiges Angebot hätte garantieren sollen. Dafür wird der Kampf um die Samstagsabend-Stars Pipo Baudo, Raffaella Carrà und Adriano Celentano in aller Härte ausgetragen: Acht Millionen Schweizer Franken soll die RAI für einen Vertrag mit Celentano bezahlt haben.

*Frankreich: Verlust an Qualität*

Die partei- und wirtschaftspolitisch motivierte Liberalisierung hat dazu geführt, dass Frankreich mittlerweile zum Land mit der höchsten Sendedichte privatwirtschaftlicher Medienunternehmen mit national flächendeckender Ausstrahlung geworden ist. Die Existenz von nicht weniger als sechs Fernsehketten (TF 1, A 2, FR 3, La Cinq, M 6 und Canal plus; bald La Sept) hat eine Verschärfung der Konkurrenz auf den Werbe-, Programm- und Publikumsmärkten zur Folge. TF 1, La Cinq und M 6 finanzieren sich ausschliesslich, die anderen Veranstalter parallel zur Gebührenfinanzierung zu einem beträchtlichen Teil aus der Werbung. Dies hat innert kurzer Zeit bereits zu den geradezu klassischen Effekten auf der Programm-Ebene geführt:

— sprunghafter Anstieg der Programmierung billiger ausländischer Spielfilme;

— Abbau vergleichsweise teurer Informationssendungen;

— Akzentuierung des „Star-Systems" bei den grossen Unterhaltungssendungen; Identifikation der Programme mit den Stars;

— Programmierung von Softpornos und Striptease-Auftritten, zum Beispiel Männerstriptease für Hausfrauen am Nachmittag;

— Uniformierung der Programme unter Missachtung bisher üblicher Leistungsaufträge.

*Kanada: Öffentlicher Rundfunk unter zweifachem Druck*

Im dualen Rundfunksystem Kanadas bieten die privaten Networks TVA und CTV neben den englisch- und französischsprachigen staatlich finanzierten Programmen von CBC und Radio Canada landesweit private Rundfunkprogramme an. Zusätzlich senden in den Provinzen privatwirtschaftlich organisierte Programm-Unternehmen und vereinzelte unabhängige Veranstalter. Vier Provinzregierungen offerieren ausserdem werbefreie Programme.

Während der „peak viewing time" (Hauptsendezeit) strahlen die privaten Veranstalter ausschliesslich amerikanische Unterhaltungsprogramme aus, während CBC und Radio Canada zu dieser Zeit in der Hauptsache einheimische Produktionen anbieten. Dies entspricht dem in der Verfassung festgelegten Leistungsauftrag, der „Canadian Content" (kanadische Inhalte) vorschreibt. Dieser Leistungsauftrag wird von den privaten Rundfunkveranstaltern systematisch missachtet. Die ungleiche Wettbewerbssituation hat dazu geführt, dass die Einschaltquoten der öffentlich-rechtlichen Anbieter hinter diejenigen der privaten Programm-Veranstalter zurückgefallen sind. CBC und Radio Canada unterliegen damit einem doppelten Legitimationszwang. Auf der einen Seite gilt es, den Verfassungsauftrag, unter anderem durch die Herstellung qualitativ anspruchsvoller und teurer einheimischer Produkte, zu erfüllen. Auf der anderen Seite sind die öffentlich finanzierten Rundfunkanstalten gezwungen, um grössere Publikumsanteile zu kämpfen; denn auch sie werden an den − in ihrem Fall unbefriedigenden − Einschaltquoten gemessen. Dieses Dilemma wird durch Budgetkürzungen in Zeiten allgemeiner Sparsamkeit bei den Staatsausgaben keineswegs gemildert.

Es sei in diesem Zusammenhang daran erinnert, dass man heute von einer „Modellsituation Italienische Schweiz" spricht, angesichts der Tatsache, dass es im Tessin heute „neben jedem 'Tagesschau'-Seher einen Zuschauer" gibt, „der andere Programme (vor allem private) vorzieht" (SRG-Forschungsdienst). Mit anderen Worten: Italienische Shows und italienisch synchronisierte amerikanische B-Pictures werden im Tessin dem innerschweizerische Kommunikation stiftenden Informationsangebot der SSR/SRG vorgezogen.

*USA: öffentliches Fernsehen als Kompensation der Marktdefizite*
Im Unterschied zu Entwicklungen in Kanada oder Westeuropa ist das Fernsehen in den USA von Anfang an eine private Angelegenheit gewesen. Erst 1967 wurde das öffentliche Fernsehen (Public Broadcasting Service, PBS) eingerichtet. Interessant daran ist, dass die verbreitete Kritik an der unbefriedigenden Qualität der kommerziellen Programme zur Einrichtung eines Fernsehens führte, das qualitativ hochwertige Sendungen produzieren sollte, um ein besonders kontrastierendes Angebot zum kommerziellen Fernsehen zu schaffen. Mit anderen Worten: Unter den gegebenen Bedingungen des Marktes sahen sich die drei etablierten privaten Networks nicht in der Lage, Vollprogramme herzustellen, die am Standard der BBC und anderer europäischer TV-Veranstalter gemessen werden konnten.

Diese Konstruktion dient den öffentlichen und den privaten Fernsehveranstaltern zur Legitimation und Bestandessicherung zugleich. Die Privaten können weiterhin ohne Leistungsauftrag kommerzielles Fernsehen anbieten, ohne mit PBS bezüglich Programm und Werbung in einen Wettbewerb treten zu müssen. Umgekehrt sichert der Mangel der privaten Angebote an Programm-Vielfalt und Qualität dem PBS die staatliche Unterstützung und somit die Existenz. Gleichwohl wurde in der Folge auch der PBS von den Mechanismen des Marktes eingeholt: Der geldgebende Kongress, aber auch die Sponsoren, verschlossen sich Reichweiten- und Einschaltquoten-Überlegungen nicht. Im übrigen wurde die Verbreitung der PBS-Programme in vielen Kabelnetzen nach der Aufhebung der „must-carry"-Verpflichtung gefährdet, weil die privaten Kabelnetz-Betreiber dazu tendieren, nur jene Programme einzuspielen, die mit dem entsprechenden Publikumserfolg ihren eigenen ökonomischen Erfolg garantieren. Die eher niedrigeren Einschaltquoten der öffentlichen Programme werden unter diesen Umständen mit Argwohn betrachtet.

*Grossbritannien: Channel 4 als privates Minderheitenprogramm*
Diese Übersicht wäre unvollständig, würde nicht die vielgerühmte Ausnahme von der Regel, das unabhängige Fernsehen ITV und seine Tochtergesellschaft Channel 4, zitiert. Im Gegensatz zur werbefreien BBC finanzieren die 15 ITV-Gesellschaften ihre Programmtätigkeit durch Verkauf von Werbezeit. Über Strukturen, Übertragungen, Werbung und Programmgestaltung wacht die Independent Broadcasting Authority (IBA). Sie kontrolliert so auch das Unikum der englischen „Fernsehlandschaft", den Channel 4, der durch sechs Minuten Werbung pro Programmstunde und durch Überschüsse der ITV finanziert wird. Für Channel 4 gilt ein Leistungsauftrag: Sämtliche Teile des Vollprogramms müssen eingekauft werden; der Anteil an ausländischen Programmen darf 15% nicht überschreiten; ethnische und kulturelle Minderheiten sollen ebenso zu Wort kommen wie die Repräsentanten anderer Gruppen, deren kommunikative Bedürfnisse ansonsten nicht ausreichend berücksichtigt werden. Religiöse Programme müssen verbreitet werden. 15% des Gesamtprogramms müssen auf bildende Angebote entfallen. Die Medienwissenschaftler Gabriele Bock und Siegfried Zielinski kommen in einer Studie zum Schluss, dass Channel 4 „im Ansatz als positives Beispiel" dafür stehen könne, „dass Befriedigung von breiten Zuschauerinteressen auf der einen Seite mit der Bedienung der kommunikativen Belange von Minderheiten und der audiovisuellen Präsentation von (...) elitären elektronischen Bilderwelten auf der anderen Seite in ein und demselben

Programm möglich ist". Das Nebeneinander von billiger Import-
ware, Wiederholungen anderer Sendungen und experimentellen,
ambitionierten und kreativen Kunstvermittlungen kann nicht darüber hinwegtäuschen, dass quantitativ trotzdem gängige Fernseh-
kost dominiert. Sicherlich kommt auch Channel 4, vergleichbar
dem PBS in den USA, eine gewisse Alibi-Rolle zu, enthebt Channel
4 doch insgesamt die ITV, die kommunikativen Bedürfnisse gesellschaftlicher Minderheiten in besonderer Weise berücksichtigen zu
müssen.

*Schweiz: Privatradios ohne ausgebaute Lokalinformation*
Ursprünglich als individuelle Veranstaltungen mit charakteristi-
schem Programm-Profil gedacht, verschliessen sich heute viele
schweizerische Lokalradios immer weniger gewinnträchtigen Stra-
tegien, die schnellen Publikumsgewinn versprechen. Kostengünsti-
ge Unterhaltung im Hörfunk besteht in erster Linie aus Musikkonserven. Schweizerische Lokalradios sind Musiksender, bestreiten
sie doch annähernd vier Fünftel ihres Gesamtprogrammes durch
das Abspielen von Musiktiteln vorwiegend anglo-amerikanischer
Herkunft. Grossteile der Programme sind als den Alltag begleiten-
de Musik-„Teppiche" eingerichtet. Deren Muster sind mehr oder
minder ähnlich. Aufgelegt werden gängige Titel, die möglichst wenigen Hörerinnen und Hörern missfallen. Die Devise heisst „Midd-
le-of-the-road", so sehr, dass es Lokalradio-Verantwortlichen heute unmöglich erscheint, ihre Station über die Musikprogrammie-
rung gegenüber den anderen Stationen und dem Publikum zu pro-
filieren. Die Schweizerische Gesellschaft für die Rechte der Urheber musikalischer Werke (SUISA) monierte in ihrem Jahresbericht
1986, dass „eine ganze Reihe von Lokalradios" sich „herzlich wenig
um die Anweisungen in Art. 21 der Verordnung des Bundesrates
über lokale Rundfunk-Versuche vom 7. Juni 1982" kümmern,
„wonach das lokale kulturelle Leben zu fördern ist". Ähnliche Ten-

denzen auch bei der SRG: Zwischen 1983 und 1985 sank der Anteil schweizerischer Urheber in den Musikprogrammen der SRG von 9,3% auf 7,6%.

Auch in den Informationssendungen der Privatradios dominieren – mit wenigen Ausnahmen – Musik und eher „leichte" Stoffe das Angebot. Im Durchschnitt wird etwas mehr als die Hälfte eines Informationsmagazins mit Musikkonserven, mit Stationssigneten, Jingles, mit der radiophonischen Präsentation des Stations-Images aufgefüllt. Was die eigentlichen journalistischen Informationsleistungen betrifft, kann festgehalten werden, dass die Philosophie privater Programm-Anbieter: easy going – easy listening für diese Sendungen einen Stil prägt, der nicht länger mehr an klassischen Inszenierungen einer erarbeiteten Wahrheit, wohl aber an leichten und lockeren Inszenierungen einer Welt orientiert ist, die nur genügend positiv gesehen werden muss. Während die Faktenberichterstattung aus der Politik und die Ereignisse des Sports in den Informationsmagazinen deutlich bevorzugt werden, gilt Themen aus der Wissenschaft, aus dem Bereich Bildung und Erziehung, aber auch aus dem Bereich der Kunst redaktionelle Aufmerksamkeit nur am Rande. Zunehmend werden dafür Themen und Ereignisse aufgegriffen, die zu den Spielarten des Boulevardjournalismus gezählt werden dürfen: Sport, Freizeit, Gastronomie/Kulinarisches, Tourismus/Reisen, Stars/Berühmtheiten, Personality.

Herleitungen, Begründungen und Weiterungen, ebenso die Randbedingungen und Hintergründe werden meist nicht ausgeführt. Mit anderen Worten: Die vereinzelten Stücke von Information bleiben ohne einen Rahmen, der ihnen Sinn gibt. Die Orientierung geht verloren, da alles isoliert, ohne Referenz abgehakt wird.

*Privates wird öffentlich gemacht*
Die Programm-Innovationen im privaten Rundfunk erschöpfen sich in Variationen alterprobter Formen. Neu allerdings werden

nun jene Bereiche von Lebensberatung „elektronisiert", die gesellschaftlich noch immer eher tabuisiert sind, Sex-Beratung zum Beispiel. Dass solche Themen als Bestandteil in Boulevardblättern gemeinhin akzeptiert sind, steht dazu nicht im Gegensatz. Insofern ist es auch folgerichtig, dass die „Liebe Marta" des „Blick" auch „Sex nach Neun" am privaten Radio verbreitet. Der nicht ganz unanzügliche Charakter des Titels macht darauf aufmerksam, dass private Rundfunkveranstalter ihren Erfolg auch darin suchen, intime, höchst private Lebensbereiche nun in die Öffentlichkeit zu ziehen. Die Beispiele für solche Programm-Angebote finden sich, ohne dass lange gesucht werden muss: Hausfrauen-Striptease in den privaten italienischen Fernsehprogrammen; Starlet-Striptease im Programm des reprivatisierten TF 1.

Es gehört zur Strategie neuer Programm-Anbieter, mit Hilfe bislang erfolgreicher Programmtypen den Markt zu erobern. Der Zürcher Publizistik-Professor Ulrich Saxer: „Dauernder Publikumserfolg bestimmter Medien und Programme verrät ja zugleich ein erhebliches Mass an Institutionalisiertheit derselben, und genau diesen Status streben zumal neue Medien an, die gesellschaftlich stets mit einem gewissen Misstrauen bedacht werden. Legitimation verspricht da in Demokratien auf jeden Fall das populäre Massenplebiszit der Konsumenten für das neue Angebot, und dieses wird – zumal mangels eigener Markt- und Produktionserfahrung – zuerst überwiegend durch Hofieren massenhaft gegebener Programm-Präferenzen und Imitation erfolgreicher Programm-Muster gesucht."

## Die Antwort der SRG: Orientierung am Markt

Welche Konsequenzen hat nun die SRG angesichts der Privatisierungs-Tendenzen gezogen? An der Abschieds-Pressekonferenz fasste der scheidende Fernsehdirektor Ulrich Kündig Ende 1987 zusammen: „Wenn eine Fernsehanstalt sich unter Konkurrenzdruck am Markt orientieren muss, dann entscheiden letztlich die Marktmechanismen über die Programm-Angebote. Noch sind wir in der Schweiz in der glücklichen Lage, dass die programmpolitische Ausrichtung nach übergeordneten Zielen — also auch im Interesse kultureller Entfaltung — festgelegt wird und sich nicht flächendeckend an einseitigen Wünschen orientieren muss. Wir werden auch weiterhin Fernsehen für alle machen, wie es dem Auftrag eines Landessenders entspricht. Denn was geschehen würde, wenn wir uns nur noch am Markt orientieren, zeigt ein Seitenblick hin zur RAI oder zu TF 1, welche ihre Qualitäten auf der Jagd nach höheren Marktanteilen verloren haben. Oder, nehmen wir an, unser gesamtes Kulturleben würde sich nach den Gesetzen des Marktes verhalten. Wo wäre dann unser Theater, wo wären die bildenden Künste, wo die Musik, wo die Literatur?" Dem ist nichts hinzuzufügen. Die Frage ist nur, ob die Worte auch vor den Taten der achtziger Jahre bestehen können.

Urs Alter, Leiter der Ausbildung bei TV DRS, hat darauf aufmerksam gemacht, dass im Zusammenhang mit dem „drohenden Aufkommen privater Anbieter" die SRG einen eigentlichen Paradigmenwechsel vollzog. „Mit Hilfe moderner Management-Methoden (Leitbild, Führungsgrundsätze, Kaderschulungs-Konzepte, Planungskonzepte) wurde versucht, die bis anhin wenig umstrittene Monopolanstalt zu einem modernen Unternehmen umzufunktionieren, das in einer veränderten medienpolitischen Situation bestehen konnte. Nicht mehr publizistische oder journalistische Schlagwörter prägten von nun an die Unternehmensphilosophie, sondern auf andere Unternehmen ebenso anwendbare Begriffshülsen wie Effizienz, Märkte, Produktivität, Management by Objectives, Produktestrategie etc."

Neue Strukturpläne, die die „modernen Prinzipien und Methoden" der „neuen Führungscrew" des Medienunternehmens in das Programm hinein umsetzen sollten, offenbarten denn auch deutliche Akzentverschiebungen bezüglich dem SRG-Programm-Auftrag, wie er in Artikel 4 der Konzession festgeschrieben ist. Die gleichwertige, wenn nicht gar besondere Bedeutung von Kultur und Bildung scheint jetzt hinter jene von Information und Unterhaltung zurückgestuft zu werden.

Folgerichtig wird das Dilemma zwischen Programm-Auftrag und politisch gebotenem, von „Blick" im Kampagnenstil geforderten Reichweitendenken verklausuliert und mit schlechtem Gewissen, aber eindeutig zugunsten von diesem entschieden. Die Orientierung an Mehrheiten zieht konsequenterweise eine bevorzugte Plazierung von „Mehrheitsgattungen" nach sich. Programmliche Innovationen hat das Fernsehen DRS in den achtziger Jahren mit wenigen Ausnahmen nur noch im Bereich der Unterhaltung entwickelt; die Zahl neuer Unterhaltungssendungen ist – fast schon – Legion: „Duell", „Gala für Stadt und Land", „grell-pastell", „Kaländer", „Karambuli", „Mittwoch-Jass", „Musicland", „Party", „Supertreffer", „Switch", „Traumpaar" seien als Beispiele und in alphabetischer Reihenfolge genannt.

Gleichzeitig baute TV DRS bewusst „Stars" auf: Kurt Aeschbacher, Kurt Felix, Beni Thurnheer u.a. Nicht zuletzt prägte die Art, „Köpfe" zu präsentieren, auch eine neue „Tagesschau". Mit grosser Selbstverständlichkeit wurden dort alterprobte Rezepte amerikanischen Fernsehmachens übernommen. Ausserdem rückte das Fernsehen DRS mit einer erweiterten Programm-Vorschau um 20 Uhr, einem neuen, gestylten Erscheinungsbild und einer Reorganisation des Presse- und Informationsdienstes Präsentations-, Verkaufs- und Marketingaspekte entscheidend in den Vordergrund.

Sind dies Teile der eigentlichen Vorwärtsstrategie der SRG, so bleibt auch auf die defensiven Aspekte der Unternehmenspolitik hinzuweisen. Ziel ist es, dem Abspringen relevanter Teilpublika vorzubeugen. Dem entspricht ein gesteigertes Musikangebot zum Beispiel für junge Leute und für Freunde der Volksmusik in den

Programmen von Radio und Fernsehen DRS. Gerade im Pop-Musik-Bereich erweist sich unter Gesichtspunkten der Reichweite die Strategie als erfolgreich, liegt doch DRS 3 beim jugendlichen Publikum im Vergleich mit der Beliebtheit grossstädtischer Privat-Radioprogramme gleichauf.

Die Kanten im Gesamtprogramm sind abgeschliffen worden. Dazu gehören die Absetzung einer Sendung mit Franz Hohler, die Verschiebung der Satire auf die „Spätleiste" oder die Verbannung gewichtiger Sendungen zum Beispiel zu kulturellen und wissenschaftlichen Themen in Alibizeiten am späten Sonntagmorgen.

All die Massnahmen, die der Stärkung der Marktposition dienen, sind kostenintensiv. Trotzdem sind die Produktionskosten beim SRG-Radio von 50 Franken pro Minute im Jahr 1982 auf 47 Franken im Jahr 1986 und beim Fernsehen in der gleichen Zeit von 504 Franken pro Minute auf 468 Franken gesunken. Rationalisierungs- und Sparmassnahmen führten zum Einstellungsstopp, zum Abbau von Stellen, zu extrem restriktiver Zuweisung von Mitteln an das Programm, zu Einsparungen zum Beispiel bei den Orchestern oder der Abteilung Wort des Radios. Mit anderen Worten: Die Marktorientierung ist auf dem Rücken des Personals, aber auch zu Lasten des Kultur- und Bildungsauftrages vollzogen worden. Bei der besonderen Stellung der SRG im kulturellen Leben des Landes können die langfristigen Folgen noch gar nicht abgeschätzt werden.

In diesem Zusammenhang soll ein letzter Vergleich zwischen privaten und öffentlich-rechtlichen Programm-Leistungen unternommen werden. Auf 47 Franken pro Minute belaufen sich die Produktionskosten der Radioprogramme der SRG. Bei den grossen privaten Lokalradios können die Kosten auf fünf Franken pro Minute geschätzt werden. In die rund zehnmal höhere Kennziffer der SRG fliessen beispielsweise die höheren Personal-Ausbildungskosten ein. Die schweizerischen Privatradios unternehmen nur in einigen wenigen Ausnahmefällen Aus- und Weiterbildungsanstrengungen für ihre Mitarbeiter. Die entsprechenden Leistungen der SRG beliefen sich im Jahr 1986 auf 3,7 Millionen Franken. Werden die Löhne für die Stagiaires miteinbezogen, dann fielen in der Rechnung 6,2 Millionen Franken an. Dies ist allerdings nur ein Aspekt, der sich hinter den eminenten Differenzen der Produktionskosten verbirgt. Selbstverständlich schlagen sich auch die hohen Kosten der qualitativ anspruchsvollen und künstlerischen Produktionen der SRG nieder. Und nicht zuletzt sind die höheren Kosten der SRG auch der Preis, der für neun Radioprogramme in vier Landessprachen zu zahlen ist. Denn nur der interne, symptomatischerweise in vielen deutschschweizerischen Diskussionen unterschlagene Finanzausgleich zwischen Radio und Fernsehen und den Sprachregionen ermöglicht den landesweiten Rundfunk für alle.

*Fazit: keine Optimierung durch privaten Rundfunk*
Die Einrichtung eines dualen Rundfunksystems in der Schweiz folgt wirtschaftlichen und interessenpolitischen Kriterien. Unter staatspolitischen und gesellschaftlichen Gesichtspunkten, insbesondere aber auch vom Standpunkt des betroffenen Bürgers und Konsumenten aus, kann bisher nicht von einer kommunikativen Optimierung gesprochen werden. Den privaten, werbefinanzierten Veranstaltern — insbesondere im Fernsehbereich — ist es in den wenigsten Fällen gelungen, Programm-Vielfalt und Programm-Qualität zu gewährleisten. Sie überlassen die Lasten eines anspruchsvollen Leistungsauftrages den gebührenfinanzierten öffentlich-rechtlichen Veranstaltern. Damit werden längerfristig zu erwartende Gewinne privatisiert. Der Wettbewerb um die Masse der Publika zu Hauptsendezeiten, um Markt- und Werbeanteile, um das knappe Angebot an Unterhaltungsprogrammen zeitigt bei den öffentlich-rechtlichen Programm-Anbietern vor allem eine Konsequenz: dass sie, um Bestand und Überleben zu sichern, Leistungsaufträge uminterpretieren und vernachlässigen.

Jürg Altwegg

# Konkurrenz drückt auf die Qualität
*Télévision romande: Dezentralisierung und Kommerzialisierung*

Auch in der Westschweiz ist die SRG mit wechselnder Heftigkeit kritisiert und angegriffen worden — doch nie kam es zu den feindlichen Spannungen, wie man sie aus der Deutschschweiz kennt. Das hat nicht nur mit einem anderen Klima zu tun, denn Pressionen von Politikern und wirtschaftlichen Interessengruppen existieren in der Romandie wie überall. Die Gründe, die der welschen SRG eine weitgehende Autonomie ermöglichten, liegen vielmehr in der Kompetenz ihrer Medienschaffenden, in der — relativen — Distanz zu Bern (die Dezentralisierung der Schweiz erweist sich als Segen) wie zu Frankreich und — dies ist ein wesentliches Merkmal — in der engen Verwurzelung in den frankophonen Kantonen, denen Radio und Fernsehen erst ein welsches Zusammengehörigkeitsgefühl vermittelten, zumindest den Eindruck einer gewissen Einheit.

Das Westschweizer Fernsehen gehört traditionsgemäss zu den liberalsten Europas, auch zu den selbstbewussten, doch unter dem Eindruck der Kommerzialisierung in Frankreich muss inzwischen die Frage gestellt werden, ob es nicht unmittelbar vor der schlimmsten Krise seiner noch jungen Geschichte steht — vor einer Krise, die eine Identitätskrise wäre und von der bereits zahlreiche Symptome zeugen. Eine definitive Antwort ist wohl erst in ein paar Jahren zu erwarten, und das bedeutet: Noch ist es Zeit, die medienpolitischen Weichen richtig zu stellen.

In seinen Anfängen war das welsche Fernsehen — nicht zuletzt unter dem französischen Einfluss — ein Medium der Realisatoren.

Anders als zum Beispiel in der Deutschschweiz, wo der Reporter zusammen mit einem Tontechniker und einem Kameramann auf die Pirsch geschickt wird, waren im Welschland, nach Pariser Vorbild, von allem Anfang an Viererequipen im Einsatz. Dieser vierte Mann (selten ist es eine vierte Frau), ist ein Realisator, der sich mit der Umsetzung des Themas in Bilder beschäftigt. Und oft sind diese Realisatoren hervorragende Leute, die sich später als erstklassige Filmregisseure erweisen: Alain Tanner, Michel Soutter, Claude Goretta und andere bekannte Leute der Westschweizer Filmszene haben für das Fernsehen gearbeitet, und viele tun dies nach wie vor. Die Folge war eine ästhetische und journalistische Qualität, die der Akzeptanz des neuen Mediums nur förderlich sein konnte.

*Nicht Unterhaltung, sondern Information hat Priorität*
Sehr schnell hat es dann die Genfer Television verstanden, sich ein eigenes Profil zu geben, das auch ausserhalb der Schweiz zur Kenntnis genommen wurde. Ihre Verantwortlichen nahmen es durchaus in Kauf, dass das einheimische Publikum die Unterhaltung auf den französischen Kanälen konsumierte. Sie setzten dagegen auf die Qualität der Information. Das längst zur Institution gewordene Magazin „Temps présent" zum Beispiel wird seit zwei Jahrzehnten zur allerbesten Sendezeit ausgestrahlt. Diese Politik, die Prioritäten schuf und Imperative setzte, erwies sich als richtig und erfolgreich. Sie profitierte davon, dass das französische Fernsehen, zumindest im Bereich der Berichterstattung, sehr gouvernemental war und es auch nach der Liberalisierung durch die Linke noch weitgehend ist. Zudem beschäftigt es sich auf eine mehr narzisstisch denn chauvinistisch zu nennende Weise mit der französischen Innenpolitik. Das bot den welschen Programm-Machern die Möglichkeit, im Bereich der internationalen Reportage und kritischen Recherche Pionierarbeit zu leisten. Das ist mit vielen Preisen bei grossen Festivals immer wieder honoriert worden. Und es wur-

de auch vom Publikum anerkannt. „Temps présent" gehört noch immer zu den Stützpfeilern des Programms. Ende der siebziger Jahre sprachen sich in einer Umfrage 91% für eine unbedingte Beibehaltung des „kritischen Magazins" aus. Nur 1% plädierte für seine Abschaffung. Das war ein eigentliches Plebiszit für den gesamten Informationsbereich, der nochmals aufgewertet wurde, als die zuvor in Zürich domizilierte „Tagesschau"-Redaktion dank der Dezentralisierungs-Übung nach Genf kam.

Gegenüber den französischen Informationssendungen erwarben sich die Genfer durch journalistische Kompetenz und Hartnäckigkeit ein eigenständiges – und komplementäres – Profil. Sie nutzten die Distanz zu Paris bewusst und geschickt. Aber auch die Entfernung von Bern erwies sich als Chance: Einschüchterungsversuche, überhaupt Interventionen waren gegenüber Genf stets seltener und weniger massiv als gegenüber Zürich – und sie wurden vor allem energischer zurückgewiesen. Angesichts der unerfreulichen französischen Zustände, die man in der Romandie ständig vor Augen hat, wurde diese weitgehende Autonomie von breiten Teilen der Bevölkerung akzeptiert und unterstützt – obwohl es natürlich von Genf bis Sion durchaus Kreise gibt, die das Fernsehen der Westschweiz für „links" halten. Sein journalistisches Selbstverständnis profitierte zudem davon, dass in vielen Spitzenpositionen Leute zu finden sind, die nicht Verwalter sind, sondern Programmerfahrung haben.

*Alle Regionen stark berücksichtigt*

Sehr früh hat die welsche Television führende Journalisten angezogen. Sie werden besser bezahlt als bei den relativ kleinen Zeitungen, deren finanzielle – und damit redaktionelle – Möglichkeiten beschränkt sind. Mit seinen Recherchen und Reportagen hob sich das Fernsehen auch gegenüber den Zeitungen ab. Zudem beging es nie den fatalen Fehler, die Regionen zu vernachlässigen. Viel früher als in der Deutschschweiz wurden in den Kantonen Aussenstationen eingerichtet. Auch abgelegene Gebiete kamen ins Programm, sie fühlten sich entsprechend repräsentiert. Der Vorwurf, die welsche Television sei ein Genfer Fernsehen, ist kaum je zu hören.

Die welsche Presse ist eine ausgesprochen lokale-kantonale. Bis zur Lancierung des erfolgreichen Ringier-Magazins „L'Hebdo" gab es kein politisches Printmedium, das das Etikett „welsch" verdient (oder nur beansprucht) hätte; auch „La Suisse", die von allen Zeitungen am meisten ausserhalb des eigenen Kantons gelesen wird — vor allem am Sonntag —, ist ein genferisches Blatt. Noch deutlicher als das Radio hat sich das Fernsehen als Medium erwiesen, das ein gesamtwestschweizerisches Bewusstsein erzeugt, zumindest verstärkt hat. Diese These stammt vom starken Mann im Genfer Fernsehturm, Claude Torracinta, der insbesondere über die Magazinsendungen herrscht. Sie bedeutet auch, dass das Fernsehen den Graben zwischen Deutsch- und Welschschweiz eindeutig vertieft — Koproduktionen unternehmen die Welschen mit frankophonen Partnern. Sendungen mit den Kollegen aus Zürich sind eine Seltenheit.

Während dem Fernsehen DRS lange der Hauch des Provinziellen, Amateurhaften anhaftete, galt das welsche Programm eigentlich seit den Anfängen als erstaunlich professionell, modern und — nicht zuletzt, weil es den Bildern grosse Aufmerksamkeit schenkte — überaus mediengerecht. Als Vorteil erwies sich nicht zuletzt die Sprache. Die Welschen müssen nicht ständig zwischen zwei Idiomen lavieren, sie kennen den Konflikt zwischen Dialekt und Schriftsprache nicht. Damit stellt sich das Problem der sprachlichen Verbundenheit mit dem Publikum gar nicht erst — einmal ganz abgesehen davon, dass die Rhetorik des Französischen den audiovisuellen Medien generell sehr viel besser entspricht als jene des Deutschen. Hinzu kommt, dass bislang keiner der welschen Medienkonzerne — weder Nicole in Genf noch Lamunière in Lausanne —

konkrete Ansprüche auf ein lokales Privatfernsehen anmeldete und zu deren Durchsetzung in seinen Zeitungen eine massive Kampagne gegen die SRG durchgezogen hätte. Dafür sind verschiedene Verlage und die SRG gemeinsam am wenig erfolgreichen Abonnements-Fernsehen Télécinéromandie beteiligt, das bis Ende 1987 einen Verlust von gegen 20 Millionen Franken erwirtschaftete.

*Verstärkter kommerzieller Druck aus Frankreich*
Dennoch kommt die grosse Gefahr für den welschen Teil der SRG von der generellen Kommerzialisierung und besonders von der Privatisierung der französischen Konkurrenz. Es begann mit den Privatradios im Genfersee-Gebiet. Ihr Aufkommen zwang zu Reaktionen. Eine davon war die Schaffung des dritten Programms, Couleur 3, das noch vor DRS 3 entstand. Heute sind es nicht mehr nur einzelne lokale Sender aus dem Grenzgebiet, welche die drei welschen Programme bedrängen. Aus dem benachbarten Raum strahlen seit kurzem die grossen französischen Netze — wie NRJ, Nostalgie, Europe 2 — auf den UKW-Frequenzen in die Westschweiz hinein. Sie haben nicht nur die Lokalradios der Romandie in arge finanzielle Nöte gebracht, sondern auch die drei Programme der SRG in die Defensive gedrängt, deren Anteil an den globalen Hörerzahlen ständig sinkt. Besonders betroffen ist das zweite — kulturelle — Programm, dem zwei Jahre nach seiner Umstrukturierung, die nicht die erhofften Resultate brachte, Ende 1987 weitere Mittel entzogen wurden. In einem desolaten Zustand befindet sich aber auch das erste Programm: Es steckt in einer gefährlichen Identitätskrise. Während seine Informationssendungen, zumindest ausserhalb von Genf, noch immer dem ausländischen und lokalen Angebot vorgezogen werden, hat es sich in den anderen Bereichen auf eine Programm-Gestaltung festgelegt, die nur noch eine überalterte ländliche Bevölkerung anzusprechen scheint. Im Vergleich zu dem, was die Franzosen bieten, wirkt das welsche Programm geradezu

folkloristisch. Gewiss gibt es dafür (noch) ein Publikum, das den einheimischen Wellen treu geblieben ist – in ein paar Jahren aber könnte diese nationale Minorität ausgestorben sein.

Den Schock der Privatisierung und der explosionsartigen Vermehrung des Angebots hat das Fernsehen der Romandie, in der die Verkabelung kaum begonnen hat, erst noch vor sich. Es ist nur noch eine Frage der Zeit, bis die neuen französischen Privatsender (La Cinq, Canal Plus, M 6, La Sept) empfangen werden können. Doch bereits hat die Kommerzialisierung in Paris die Preise in die Höhe getrieben, was auch auf das Westschweizer Fernsehen Auswirkungen zeitigt. Eines seiner vielversprechenden Nachwuchstalente ist dem Ruf in die französische Hauptstadt gefolgt, wo den publikumsträchtigen Lokomotiven Honorare und Gehälter in astronomischer Höhe bezahlt werden. Die frankophone Produktion wird so konzipiert, dass die Sendungen, auch im Bereich der Information, und Filme durch Werbespots unterbrochen werden können – was inzwischen von allen Stationen Frankreichs, auch den beiden in öffentlich-rechtlicher Hand verbliebenen, praktiziert wird.

*Negative Folgen für Koproduktionen*

Die Multiplizierung der Sender hat das Gewicht des Westschweizer Fernsehens auf dem Markt – auch der Koproduktionen – drastisch gemindert. „Jetzt, da in Frankreich Krieg herrscht, zählen wir kaum mehr", bekennt Jean-Jacques Lagrange, Realisator und Produzent: „Wir haben unser Weissbrot aufgegessen." Zwar müssen die Genfer für die ausländischen TV-Serien zumindest im Moment noch nicht viel mehr als früher bezahlen, aber im Konkurrenzkampf zwischen öffentlich-rechtlichen und privaten Anbietern, der in Frankreich tobt, haben sie das Recht auf Erstausstrahlung verloren. Da im Bereich der Herstellung von Fernsehfilmen die Westschweiz auf die Zusammenarbeit mit frankophonen Sendern angewiesen ist, wird sich der Krieg um Einschaltquoten auch in diesem Bereich, der noch am ehesten als kulturelle Eigenleistung des Mediums bezeichnet werden kann, auswirken – in der Machart und vor allem bei der Auswahl der Themen. Was nicht von vornherein ein grosses Publikum anzusprechen verspricht, hat kaum mehr Chancen, realisiert zu werden.

Der Konkurrenzkampf wird zudem in dem Bereich ausgetragen, in dem das welsche Fernsehen am schwächsten ist: bei der Unterhaltung. Programmdirektor Guillaume Chenevière hat denn auch bereits angekündigt, dass hier besondere Anstrengungen unternommen werden sollen – garniert mit dem Versprechen, dass dies nicht auf Kosten der eigenen Stärken, also der Informations-Magazine (neben „Temps présent" auch „Tell quel") sowie der ebenso billigen wie erfolgreichen Filmsendung „Spécial Cinéma" geschehen werde. Nur, woher die Mittel, die Ideen nehmen und die Stars, die fast unerschwinglich geworden sind?

Die von der französischen Privatisierung ebenfalls betroffene TV-Abteilung Kultur und Gesellschaft, die immer wieder bemerkenswerte Sendungen erarbeitet hat, steckt in einer Krise. Es mögen die vorgebrachten persönlichen Gründe gewesen sein, die 1987 den erfahrenen Journalisten Renato Burgy dazu bewogen haben, die Leitung dieses Departements abzugeben – möglicherweise aber auch die deprimierende Einsicht, dass es immer schwieriger wird, kulturelle Sendungen von einem gewissen Niveau zu realisieren. Und im Programm zu plazieren. Die Wahl von Burgys Nachfolger, die Ende Oktober 1987 erfolgte und von der Öffentlichkeit zunächst kaum beachtet wurde, ist zumindest ein Indiz für die sich abzeichnende Tendenz: Der nicht viel mehr als dreissigjährige Jean-François Acker wurde bestandenen Leuten aus dem eigenen Haus vorgezogen und diesen vor die Nase gesetzt. Acker hat beim Radio das Programm Couleur 3 eingeführt. Über TV-Erfahrungen verfügt er praktisch nicht – und in kultureller Hinsicht ist er sowieso ein unbeschriebenes Blatt. Es sei denn, der neue Kulturbegriff des Westschweizer Fernsehens beschränke sich auf die Kenntnis der Rock-Musik.

Das welsche Fernsehen, das aus seiner materiellen Armut auch schon eine Tugend machte und für Unterhaltungssendungen à la française noch nie sehr viel Talent zeigte, will bei seinen Leisten bleiben. Seine Stärken − eine gewisse Personalisierung, eine hochentwickelte Verbundenheit, ja Komplizenschaft mit den einheimischen Zuschauern − sollen erhalten bleiben. Den Aspekt „bien de chez nous" will man mit einem grossen Samstagabend der Art „Suisse romande profonde" verstärken − ohne ins Getto, das dem Radio zum Verhängnis zu werden droht, zu verfallen. Doch die Gratwanderung zwischen betonter Eigenständigkeit und weltoffener Konkurrenzfähigkeit wird äusserst schwierig sein − ja schier aussichtslos, falls eine private Konkurrenz auch noch im eigenen Sende-Réduit drohen sollte.

Frank Matter

# In engen Grenzen
*Das real existierende Regionalfernsehen im Tessin*

Tessiner Lokalpolitikerinnen und -politiker müssen eine Eigenschaft aufweisen, um die sich ihre Deutschschweizer Kollegen nicht zu kümmern brauchen: Sie sollten telegen sein. Denn ein Termin mit dem Fernsehen ist in der italienischen Schweiz auch für Lokalmatadoren nichts Aussergewöhnliches. Den Tessiner Kantonswahlen vom April 1987 etwa räumte die Televisione della Svizzera Italiana (TSI) soviel Platz ein wie DRS den Nationalratswahlen: Während Stunden diskutierten Kandidaten und Parteifunktionäre auf dem Kanal des einzigen bisher existierenden Schweizer Regionalfernsehens über kantonale Politik und ihre kleinen und grossen Sorgen. Nach geschlagener Wahl flimmerten dann die Resultate jeder einzelnen Gemeinde über den Bildschirm.

Regional-Programme in Italienisch werden seit 1958 ausgestrahlt. Die ersten Sendungen kamen allerdings noch aus Zürich und Genf. Erst 1961 begann die TSI, aus Lugano zu senden, und zwar vorerst sechs bis sieben Stunden in der Woche. Heute versorgen die Fernseh-Leute aus dem Studio Comano ihr Publikum durchschnittlich mit rund zehn Stunden Programm pro Tag. 171 Mitarbeiterinnen und Mitarbeiter zeichnen für die Inhalte verantwortlich, 328 Angestellte kümmern sich um die technischen und administrativen Belange. 1986 hat die TSI für ihren Betrieb rund 78 Millionen Franken ausgegeben. Diese Gelder erhält das „reichste Regionalfernsehen der Welt" (ein TSI-Mitarbeiter) aus dem Finanztopf der SRG: 24% der für die drei Sprachregionen bestimmten SRG-Gelder flossen 1986 nach Lugano, 33% in die Romandie und 43% in die Region DRS; gleichzeitig steuerte die italienische Schweiz nur 4% (Romandie 25%, Deutschschweiz 71%) der Konzessionsgelder bei.

Zielpublikum der TSI-Programme sind die 270'000 Einwohner des Kantons Tessin, daneben auch die Bevölkerung der Täler Italienisch-Bündens. Programmlich eher zu kurz kommt dagegen die potentiell grösste Zuschauergruppe: die italienischen Emigrantinnen und Emigranten in der Schweiz und die Bevölkerung der italienischen Grenzgebiete, zusammen laut dem Tessiner Radio- und Fernsehdirektor Marco Blaser weit über eine Million regelmässige TSI-Konsumenten.

### Kulturelle Identität und Abkapselung

„Von einer Minderheit für eine Minderheit gemacht." So umriss Marco Blaser in einem Interview mit der Zeitung „Südschweiz" im Herbst 1986 seine Programm-Philosophie. Im Zentrum stehe „die Aktualität in der Region" und „was für und mit uns in Bern geschieht", aber auch der Sport, der „unserem Publikum sehr nahe steht".

Eine wichtige Rolle spielt der Luganeser TV-Sender für die kulturelle Identität der helvetischen Italianità. Zusammen mit dem Tessiner Radio unterhält die TSI das einzige grosse Berufsorchester der Südschweiz, inszeniert Dialektstücke, organisiert Jazz-Konzerte und produziert Dokumentar- und Spielfilme. Diese kulturelle Leistung ist nicht nur für das Publikum von Bedeutung, sondern auch für die Kulturschaffenden selbst. Zahlreiche von ihnen würden im Südkanton ohne die SRG-Gelder kaum ihr Brot verdienen können. Immerhin steckte die TSI 1986 rund 17,5 Millionen Franken in Musik, Theater, Shows und Bildungssendungen.

Zum Selbstverständnis der Luganeser Fernseh-Macher gehört aber nicht nur die Förderung der eigenen Kultur, sondern auch das

„Brückenbauen" zur übrigen Schweiz. Oder wie Fernseh-Redaktor Michele Magistra es formuliert: „Wir haben immer ein Auge jenseits des Gotthards." Gerade dieser Anspruch deckt sich aber kaum mit der Programm-Wirklichkeit. Der Tessiner DRS-Korrespondent, Philippe Leutenegger, der die Leistungen seiner Tessiner Kolleginnen und Kollegen durch seine eigene tägliche Arbeit in Comano gut kennt, glaubt, die TSI trage eher zu einer Gettoisierung bei. Wenn über Vorgänge jenseits der Alpen berichtet werde, dann meist über Bundespolitik. Die Berichterstattung aus National- und Ständerat beschränke sich zudem oft auf die Beiträge der Tessiner Parlamentarierinnen und Parlamentarier. Reportagen aus den einzelnen Regionen der übrigen Schweiz fehlten dagegen fast ganz.

*Journalistische Arbeit in kleinräumigem Korsett*
Was Regionalfernseh-Machen heisst, bekommen viele TSI-Journalistinnen und Journalisten täglich zu spüren. „Wir kennen uns im Tessin alle, und der Druck der verschiedenen Interessengruppen auf uns ist gross", beklagt sich Michele Magistra. Ein anderer TSI-Mitarbeiter bekennt: „Intrigen und Dorfgeschichten aller Art belasten unsere Arbeit."

Unter der Einbindung ins kleinräumige Korsett leidet das journalistische Profil der TSI beträchtlich. Aus Angst vor dem Druck von aussen hätten seine Tessiner Kollegen längst „die Schere im Kopf", kritisiert DRS-Korrespondent Leutenegger. Vorherrschend sei die „Hofberichterstattung". Bei der Auswahl der Themen trete die Beliebigkeit an die Stelle einer klaren Gewichtung. Tatsächlich räumt die Redaktion des „Quotidiano", des täglichen einstündigen Regionalmagazins, dem Porträt eines Kaninchenzüchtervereins oder dem täglichen Geografiewettbewerb oft mehr Platz ein als einem wichtigen Tagesereignis. Leutenegger vermisst im Programm der TSI weitgehend Eigenleistungen zu heissen Tessiner Themen. Selbst wenn er seinen Kollegen eigene Recherchen zu konfliktträchtigen Themen fertig anbiete, liessen die Fernseh-Journalisten von Comano oft lieber die Finger davon. Mit dem fehlenden journalistischen Zuschnitt steht die TSI in der Südschweiz allerdings nicht allein da: Auch die regionale Tagespresse bekundet Mühe mit einem Journalismus, der über die blosse Berichterstattung hinausgeht.

### *„Subversives Fernsehen"* – *Schüsse aus der rechten Ecke*

Im Interview mit der „Südschweiz" stellte Marco Blaser fest, dass der Bruch zwischen der intellektuellen Elite und dem breiten Publikum im Tessin weniger ausgeprägt sei als in der Deutschschweiz. Im Tessin legten breite Kreise Wert auf ein Programm, das „eine gewisse Würde besitzt". Deshalb plaziere die TSI „zu guter Sendezeit Sendungen mit informativer Zielsetzung, wie dies in der deutschen Schweiz nie möglich wäre". Die TSI-Verantwortlichen haben auch keine Hemmungen, die Übertragung eines Symphoniekonzertes ins Hauptprogramm zu legen. Dennoch ist im Tessin – im Gegensatz zur alemannischen Schweiz – die Kritik selten zu hören, das Fernsehen sei zu wenig unterhaltend, zu intellektuell, zu wenig volkstümlich oder zu trocken. Blaser: „Die Kritik ist hier höchstens politisch formuliert."

Die relativ kleine Tessiner Linke verhält sich gegenüber der TSI eher differenziert und vorsichtig, auch wenn etwa im „Lavoratore", dem PdA-Blatt, vereinzelte Polemiken zu finden sind. Auch die Kritik aus gemässigten bürgerlichen Reihen ist verhalten. Zwar kratzen nicht wenige Christdemokraten und liberale Freisinnige fleissig am Monopol der SRG. So warnt etwa CVP-Nationalrat Gianfranco Cotti davor, die SRG dürfe nicht zu einer „politischen Tribüne für einige Journalisten werden, die persönliche politische Ziele erreichen wollen". Dennoch verabreichen Bürgerliche der TSI auch Streicheleinheiten. Cottis Parteikollege Fulvio Caccia, abgewählter Tessiner Ex-Staatsrat und Mitglied des RTSI-Trägerschaftsvorstandes, ist nicht der einzige, der für ein starkes öffentliches Fernsehen plädiert und nur eine vorsichtige Vergabe von TV-Kanälen an private Sender gutheisst. Denn bei Privaten bestehe die Gefahr eines „Missbrauchs", befürchtet der progressive Christdemokrat.

Harsche und oft gehässige Kritik an der „Tele Blaser" („Gazzetta Ticinese") kommt dagegen aus der rechten Ecke des politischen Spektrums, aus den Kreisen um den rechtsfreisinnigen Ständerat Franco Masoni und aus den Reihen der Alleanza Liberi e Svizzeri, einer Art Geheimclub, in dem sich erzkonservative Politiker verschiedenster Parteien zusammengeschlossen haben. Wer alles zur Alleanza gehört, lässt sich schwer ausmachen.

Sprachrohr der Tessiner Rechtsaussen ist die ständig polemisierende Tageszeitung „Gazzetta Ticinese". Auf die TSI schiesst das Blatt regelmässig. Die TSI sei links unterwandert, zu offen gegenüber Extremisten, und die Berichterstattung gebe ein verzerrtes Bild der Realität wieder, lauten die häufigsten Vorwürfe. „Gazzetta"-Chef Giovanni Casella („Ich bin nicht Mitglied der Alleanza") ärgert sich darüber, dass „das politische Spektrum rechts der Mitte" in den TSI-Studios nicht vertreten sei. Der dem rechten FDP-Flügel angehörige Zeitungsdirektor weiss auch warum: „Unsere Partei hat die Medienpolitik bisher sträflich vernachlässigt."

*FDP-Ständerat bei privatem TV-Grenzsender*

Was die Parteikumpanen offenbar verpasst haben, wollen Casella und seine Hintermänner nachholen. Dabei begnügen sie sich allerdings nicht damit, in der „Gazzetta" den medienpolitischen Ton anzugeben: Die Luganeser sind gleich selbst ins Fernsehgeschäft eingestiegen. Die Fulcro Holding (Verwaltungsratspräsident: FDP-Ständerat Masoni), die indirekt die „Gazzetta" herausgibt, kaufte 1985 über die von ihr kontrollierte Finmedia einen Fernsehsender in der italienischen Enklave Campione. „Tele Campione" ist aus Schweizer Sicht zwar illegal. Weil er auf italienischem Boden liegt, ist die PTT jedoch machtlos.

Die TV-Station brachte ihren Betreibern bisher geschäftlich wenig Glück: Laut Casella, der selbst im Verwaltungsrat von Finmedia und Fulcro Holding sitzt, haben sich sechsstellige Defizite angehäuft. Ende 1987 waren bei der „Tele Campione" rund 20 Mitarbeiterinnen und Mitarbeiter beschäftigt. Eine halbe Stunde pro Tag bestritt der Sender mit Eigenproduktionen, die übrige Zeit strahlte er eingekaufte Programme aus. In Zukunft soll der Sender vor allem die zehn Millionen potentiellen Zuschauer in Norditalien ansprechen. Das grenzüberschreitende Fernseh-Machen sieht Casella als Beitrag zur „europäischen Integration". Der „Gazzetta"-Chef weiss aber auch, dass das Tessin allein als Markt für ein Privatfernsehen keine Existenzgrundlage böte.

Dennoch hat Casella seine Landsleute nicht vergessen. Als Ergänzung zum Campione-Angebot möchte er täglich mindestens eine Stunde Regional-Programme aus einem Schweizer Studio ausstrahlen. Deshalb hat der Monopol-Kritiker in Bern ein Gesuch für eine „Televisione privata del Ticino" eingereicht. Ausser Casellas Freunden war von dem Vorstoss allerdings kaum jemand begeistert. Verleger, Journalistenverbände und die Tessiner Kantonsregierung nahmen zu dem Projekt ablehnend Stellung. Auch das Eidgenössische Verkehrs- und Energiewirtschaftsdepartement (EVED) konnte sich für Casellas Tessiner Fernsehen nicht erwärmen. Eine Trägerschaft, die einen illegalen Sender betreibe, biete kaum Garantie für die Einhaltung der Rundfunkverordnung, hiess es. Und EVED-Jurist Urs Allemann liess verlauten: „Ein Gemischtwarenladen kann nicht ohne weiteres Fernsehen machen." Der Beamte spielte damit auf die breitgefächerten Aktivitäten der Fulcro Holding an. Deren hundertprozentige Tochter Fulcro SA war zuvor gar wegen eines missglückten Waffenhandels in die Schlagzeilen geraten.

Frustriert von den vielen negativen Reaktionen hat Casella sein Gesuch im Sommer 1987 suspendiert. Der Rechtsaussen machte aber zugleich klar, dass er sein Projekt weiterverfolge.

Mehr Erfolg als die Fulcro hatte eine andere Tessiner Gruppierung: Die Associazione Tele Amatori erhielt vom EVED grünes Licht für einen Lokalfernseh-Kurzversuch. Die „Fernseh-Liebhaber" wollen über einen RAI-Umsetzer hin und wieder eine Sendung für das Valcolla-Tal bei Lugano ausstrahlen, allerdings nur zu Zeiten, in denen beim italienischen Sender Funkstille herrscht. Wie sich die Hobby-Videofilmer das Fernseh-Machen vorstellen, war in der „Tessiner Zeitung" zu lesen: „Wenn dann irgendeinmal einer der Tele Amatori Zeit hat und gerade im Valcolla ist, kann er eine der selbst produzierten Kassetten einlegen."

*Forfait im Unterhaltungs-Konkurrenzkampf*

Daneben erwächst der TSI auch ernsthaftere Konkurrenz: die Programme der italienischen Privaten. Wenn die Programm-Zeitschrift „Tele" im Tessin allerdings einen „harten Konkurrenzkampf" ausmacht, schätzt sie die Lage falsch ein. Ein Wettbewerb findet kaum statt, da der Kuchen schon verteilt ist: Der TSI das Lokale, Regionale und Nationale, den Privaten und der RAI die Filme und die grossen Shows. Filme seien für Kleine sehr teuer geworden und für Show-Eigenproduktionen fehle es im Tessin ohnehin an Tradition, begründet Marco Blaser das Forfait des Tessiner Fernsehens. Sein Pressesprecher Flavio Zanetti glaubt dafür, die TSI-Informations- und Kultursendungen würden in der Zuschauergunst weiterhin eine Spitzenposition halten: „Was wir dank den SRG-Geldern im Regionalen bieten können, macht uns so schnell keiner nach." Auch die AG für das Werbefernsehen fürchtet sich vor Italiens Privaten kaum. Im Kampf um TV-Spots, heisst es in Bern, mache sich die ausländische Konkurrenz nicht bemerkbar.

# Das Umfeld

- **Wie der Bundesrat Parlament und Volk austrickst**

- **Das Einfallstor für die Kommerzler: private Lokalradios**

- **Poker ums Privatfernsehen: die Spieler und die Milliarden-Einsätze**

- **Bildschirm frei für mehr Markt-Macht der Medien-Multis**

- **Das Fernseh-Spiel ohne Grenzen: „Backe, backe Werbekuchen"**

- **Privatfunker: am Anfang bluten, dann verdienen**

- **Meckerer aus der rechten Ecke basteln am Feindbild SRG**

Willi Egloff

# Abschied vom „service public"

*Medienrechtliche Aspekte der Privatisierung des Rundfunks*

„Bis Ende der siebziger Jahre war der Rundfunk in unseren Nachbarländern beziehungsweise in Westeuropa als öffentlicher Dienst
(service public) angelegt", heisst es in der bundesrätlichen Botschaft
zum Entwurf eines Radio- und Fernsehgesetzes. Dies trifft unein-
geschränkt auch auf das Fernsehen in der Schweiz zu. Es war seit
seiner Einführung im Jahre 1953 als *service public* konzipiert, und
schon die erste definitive SRG-Konzession für den Fernsehbetrieb
heisst in ihrem französischen Wortlaut „concession ... pour assurer
le service public des programmes de télévision".

Das Konzept des *service public* entstammt dem französischen
Verwaltungsrecht und wird mit dem Ausdruck „Öffentlicher
Dienst" nur sehr unzulänglich und auch missverständlich wieder-
gegeben. Es bezeichnet, auf einen knappen Nenner gebracht, die
Durchführung einer Aufgabe im öffentlichen Interesse unter staat-
licher Aufsicht. Dabei spielt es keine Rolle, ob der Staat die Aufgabe
selbst wahrnimmt oder sie einer unter seiner Aufsicht tätigen privaten Institution überlässt. Wesentlich ist nur, dass sich der Betrieb
nach den drei Grundprinzipien eines *service public* richtet, nämlich
nach den Prinzipien der dauernden Verfügbarkeit, der Ausrichtung
auf das öffentliche Interesse und der Gleichbehandlung aller Benützerinnen und Benützer.

Auf den Medienbereich angewandt bedeutet dies, dass durch die
Konzeption als *service public* eine am öffentlichen Kommunikationsinteresse orientierte Radio- und Fernsehstruktur sichergestellt

werden soll. Dieses öffentliche Interesse wird einerseits durch den Leistungsauftrag der Verfassung (kulturelle Entfaltung, Information, Unterhaltung), andererseits durch die Prinzipien des öffentlichen Dienstes selbst (dauernde Verfügbarkeit, Gleichbehandlung der Benützerinnen und Benützer) näher umschrieben. Dabei ergibt sich aus der Besonderheit der Materie und insbesondere dem Grundrecht der Medienfreiheit, dass die Aufgabe nicht durch die öffentliche Hand selbst, sondern auf dem Wege der Konzessionierung durch staatsunabhängige Träger wahrgenommen werden muss.

*Medienpolitischer Konsens in Frage gestellt*

Diese Konzeption hat sich in allen der SRG bisher erteilten Konzessionen niedergeschlagen. Auch das Bundesgericht ging in einem Entscheid vom 17.10.1980 über die Fernsehsendung „Temps présent" von dieser Konzeption aus und zog daraus den Schluss, dass die Konzessionsbehörde nicht nur das Recht, sondern die Pflicht habe, durch entsprechende Auflagen an die Veranstalter sicherzustellen, dass der Fernsehbetrieb sich am öffentlichen Kommunikationsinteresse orientiere. Auch in der politischen Diskussion war dieses Organisationsprinzip jahrzehntelang praktisch unbestritten.

Dieser umfassende medienpolitische Konsens wurde seit Beginn der achtziger Jahre zunehmend in Frage gestellt, und zwar nicht zuletzt durch die zuständige Bundesbehörde, das Eidgenössische Verkehrs- und Energiewirtschaftsdepartement (EVED), selbst. Unter Berufung auf angebliche Sachzwänge und unter Umgehung der demokratischen Entscheidungsprozesse wurde das Prinzip des *service public* zugunsten einer hemmungslosen Privatisierungspolitik schrittweise aufgebrochen. Mit dem im September 1987 vorgelegten Entwurf eines Radio- und Fernsehgesetzes versuchen das EVED und die von diesem vertretenen politischen Kräfte, diese Politik nachträglich zu legitimieren und für die Zukunft gesetzlich festzuschreiben.

## Lokalradio: Einfallstore der Privatisierung

Der Kampf gegen die Konzeption von Radio und Fernsehen als *service public* hatte im wesentlichen drei Stossrichtungen: die Zurückdrängung der SRG als dem bisherigen Träger dieses *service public*; die Zulassung privater Radio- und Fernsehveranstalter; die Zulassung der bis anhin verbotenen Radiowerbung. Dieser Kampf wurde vorwiegend am Beispiel des Lokalradios ausgetragen, und er verlief für die Promotoren der Privatisierung auf allen Ebenen erfolgreich.

War die SRG schon seit ihrer Gründung immer wieder Gegenstand parlamentarischer Interventionen gewesen, so setzte in der Mitte der siebziger Jahre vor allem in der deutschen Schweiz eine ausserparlamentarische Kampagne gegen die SRG ein, die sich hauptsächlich gegen bestimmte Informationssendungen richtete. Im Zuge der Behandlung dieser Programmbeschwerden hat das EVED (als Aufsichtsorgan der SRG) einen eigentlichen journalistischen Arbeitskodex entwickelt, welcher für die Beurteilung von Sendungen zum verbindlichen Massstab erklärt wurde. Diese Normierung zulässiger und unzulässiger Sendeinhalte, die weit über das in den Konzessionsvorschriften Enthaltene hinausgeht, stellte eine erhebliche Beschränkung der Unabhängigkeit der SRG dar.

Weit bedeutender waren aber die direkten Eingriffe des EVED in die Unternehmenspolitik der SRG: Mit der massiven Erweiterung der Aufsichtskompetenzen anlässlich der letzten beiden Konzessionserneuerungen wurden direkte Interventionsmöglichkeiten auf Personal- und Finanzpolitik der SRG geschaffen. Mit der Einsetzung eines Vertreters des politischen Establishments als SRG-Generaldirektor (1980) wurde gleichzeitig die Opposition der SRG gegen die Privatisierungspläne erfolgreich ausgeschaltet. Unter der neuen Leitung verstand sich die SRG zunehmend als marktorientiertes Privatunternehmen, welches „sich zum Grundsatz eines fairen Leistungswettbewerbes" bekennt (SRG-Leitbild) und seine Funktion als *service public* bestenfalls noch als lästige Pflicht empfindet. Ihre Stellung als einziger Garant einer am öffentlichen Interesse orientierten Kommunikationsstruktur räumte sie fast widerstandslos zugunsten einer Politik der Beteiligung an privatwirtschaftlich orientierten Rundfunkvorhaben.

War die SRG während Jahrzehnten das einzige Unternehmen gewesen, welchem eine Konzession für die Verbreitung eigener Radio- und Fernsehprogramme erteilt worden war, so änderte sich dies im Laufe der vergangenen Jahre schrittweise. Als erste Ausnahme hatte die Firma Rediffusion AG im Jahre 1960 eine solche Konzession erhalten, davon aber keinen Gebrauch gemacht. Auch die aufgrund der Kabelrundfunk-Verordnung vom 6.7.1977 erteilten Konzessionen zur Verbreitung eigener Lokalprogramme wurden nur in bescheidenem Masse auch tatsächlich ausgenützt. Hauptgrund für das geringe Interesse dürfte der Umstand gewesen sein, dass diese Konzessionen jede Finanzierung durch Werbung verboten und die Veranstaltung eigener Programme daher für die kommerziell orientierten Konzessionäre nicht interessant war.

Den eigentlichen Durchbruch brachte dann aber die Verordnung über lokale Rundfunkversuche vom 7.6.1982 (RVO). Zwar kann dieser bundesrätlichen Verordnung attestiert werden, dass sie durchaus noch vom Konzept des *service public* inspiriert war und insbesondere eine Ausrichtung an öffentlichen Interessen vorsah. Die Praxis war dann aber eine völlig andere: Die ausführende Behörde, das EVED, bevorzugte von Anfang an und fast ausschliesslich rein kommerzielle Veranstalter, die sich vorrangig an ihren privaten Unternehmensinteressen orientierten. Das in der Verordnung vorgesehene Erfordernis einer breit abgestützten Trägerschaft wurde bei der Konzessionsvergabe kaum beachtet. Von Gleichbehandlung der Benützerinnen und Benützer konnte daher ebensowenig die Rede sein wie von einem programmlichen Leistungsauftrag. Dass die Aufsichtsbehörde schliesslich auch nur punktuell in der Lage war, die Einhaltung der von ihr erteilten Konzessionen zu überprüfen, erleichterte den Abschied vom *service public* zusätzlich: Die Lokalradio-Veranstalter brauchten eine effektive Kontrolle ihrer Programme und ihrer Unternehmensführung kaum zu fürchten, und sie verhielten sich auch entsprechend.

Am deutlichsten zeigte sich diese Entwicklung in bezug auf die Zulassung von Radiowerbung, die bis dahin in der Schweiz noch gänzlich verboten gewesen war. Die Frage der Radiowerbung war in der Vorbereitungsphase der RVO noch stark umstritten gewesen, und die Expertenkommission für eine Medien-Gesamtkonzeption hatte in ihrer Vernehmlassung zum Verordnungsentwurf dazu keine Stellung genommen, da die Meinungen diametral auseinanderliefen. Die Verordnung sah dann die Möglichkeit der Werbung vor, allerdings nur in beschränktem Umfang. Gleichzeitig sollte Werbung nur eine von verschiedenen möglichen Finanzierungsarten darstellen.

Bundesrat und EVED desavouierten allerdings ihre eigene Versuchsidee schon im Ansatz, indem unter den 36 schliesslich konzessionierten Veranstaltern nur ein einziger war, der sein Programm ohne Werbung zu finanzieren beabsichtigte. In der Folge wurden ausserdem die Werbebeschränkungen laufend gelockert, zunächst durch die Zulassung eines saisonalen Ausgleichs der Werbezeit, danach durch die wiederholte Erhöhung der zulässigen Werbezeit und schliesslich, anlässlich einer Verlängerung der Geltungsdauer der RVO Ende 1987, durch die fast vollständige Beseitigung der sachlichen Werbeverbote. Dass daneben an zahlreichen Radiostationen noch die unterschiedlichsten Formen verbotener indirekter Werbung stattfinden, ohne dass dies zu behördlichen Sanktionen führt, rundet das Bild ab.

Bei all dem fällt auf, dass eine Konsultation der gesetzgebenden Instanzen stets vermieden wurde, obwohl dazu Anlass bestanden hätte. Nach übereinstimmender Auffassung aller Rechtswissenschafter, die sich zu dieser Frage geäussert haben, war der Bundesrat zum Erlass der RVO nämlich gar nicht legitimiert, da es an einer gesetzlichen Grundlage fehlte. Diese hätte das Parlament zuerst über einen dringlichen Bundesbeschluss schaffen müssen.

Angesichts der geteilten Meinungen über die politische Wünschbarkeit des Lokalradios befürchtete der Bundesrat offenbar ein Scheitern seines Vorhabens im Parlament. Er zog es daher vor, die Verordnung trotz der rechtlichen Fragwürdigkeit selber zu erlassen. Dies konnte er umso leichter tun, als es in der Schweiz keine Möglichkeit gibt, die Gesetzmässigkeit einer bundesrätlichen Verordnung gerichtlich überprüfen zu lassen. Ein eventueller politischer Widerstand wurde durch die Verankerung eines Vernehmlassungsverfahrens zu den einzelnen Konzessionsgesuchen unterlaufen. Dieses Verfahren beliess zwar dem Bundesrat die volle Entscheidungskompetenz, wahrte aber doch den Schein einer demokratischen Entscheidfindung.

Trotzdem liegt die Widersprüchlichkeit des Vorgehens offen zutage. Die Einsetzung einer unabhängigen Beschwerdeinstanz für Radio und Fernsehen erfolgte im Jahr 1983 durch einen Bundesbeschluss, also einen Erlass des Parlaments, der ein Jahr später in Artikel 55[bis]eine Verfassungsgrundlage erhielt; die Einführung von Lokalradio geschah hingegen lediglich durch eine Bundesratsverordnung. Während also das Parlament für die politisch unumstrittene und praktisch wenig bedeutsame Regelung der Programmbeschwerde bemüht wurde, hatte es zur medienpolitisch zentralen Frage der Privatisierung des Lokalrundfunks nichts zu sagen. Das unterschiedliche Vorgehen ist ausschliesslich politisch motiviert, denn rechtlich war die Ausgangslage in beiden Fällen dieselbe. Es stellt der Bundesversammlung nicht gerade ein gutes Zeugnis aus, dass sie sich auf diese simple Art politisch ausschalten liess.

*Radio- und Fernsehgesetz will die Privatisierung festschreiben*
Allerdings steht die politische Stunde der Wahrheit noch bevor. Was an medienpolitischen Realitäten in den letzten Jahren geschaffen wurde, muss nämlich im Rahmen des zukünftigen Radio- und Fernsehgesetzes auch noch rechtlich verankert werden. Dass gerade dies die Absicht des EVED ist, lässt sich am nun vorliegenden Gesetzesentwurf unschwer festmachen.

Die umfassende Kontrolle der Bundesverwaltung über die SRG wird gesetzlich abgesegnet. Die der SRG im Gesetzesentwurf zugebilligte Sonderstellung hat nämlich auch eine Kehrseite: Die umfassenden Einwirkungsmöglichkeiten des Bundes erhalten nun eine gesetzliche Legitimation; die Vorschriften über die Organisation der SRG, die Genehmigung ihrer Statuten durch das EVED und insbesondere die Kompetenz des Bundesrates, Mitglieder in die leitenden Organe zu wählen oder wenigstens deren Wahl zu bestätigen, sollen im Gesetz festgeschrieben werden (Art. 29). Damit verliert die SRG endgültig ihren Charakter als juristische Person des Privatrechts und wird zum öffentlich-rechtlichen Verein, der auch nach den Prinzipien des öffentlichen Rechts zu funktionieren hat. Konsequenterweise wären dann eigentlich auch die Anstellungsverhältnisse wenigstens der höhern SRG-Chargen in Beamtenverhältnisse umzuwandeln ...

Das Prinzip des *service public* wird durch den Gesetzesentwurf nicht einfach aufgegeben, sondern es wird auf eine Möglichkeit unter anderen reduziert. So ist zwar ein Leistungsauftrag vorgesehen, doch gilt er nur für Radio und Fernsehen „insgesamt" (Art. 3). Die Zielsetzung des Radio- und Fernsehgesetzes wäre danach schon dann erfüllt, wenn ein einziger Veranstalter den Leistungsauftrag vollumfänglich wahrnimmt, die andern aber ausschliesslich Unterhaltungsprogramme anbieten. Auch die Vorschrift einer Beteiligung des Publikums an der Trägerschaft besteht nur noch in bezug auf die SRG (Art. 29). Bei den übrigen Veranstaltern gibt es keinerlei Benützerrechte mehr.

Die Konzeption, die diesen Formulierungen zugrundeliegt, ist einfach: Neben einer SRG, die als *service public* angelegt ist und bleibt, sollen die bestehenden Lokalradios sowie zukünftige Lokal-TV-Stationen als privatwirtschaftlich orientierte Veranstalter etabliert werden. Neben der Aufgabe im öffentlichen Interesse, welche die SRG wahrzunehmen haben wird, sollen Privatveranstalter ihre privaten Interessen verfolgen können, sofern sie wenigstens am Rande zur Verwirklichung des Verfassungsauftrages beitragen, zum Beispiel durch die Vermittlung von Information oder Unterhaltung. Dass dabei auch letzteres noch als öffentlicher Dienst bezeichnet wird, da „jeder Radio- und Fernsehveranstalter, der zur Verwirklichung des Leistungsauftrages beiträgt, ... − in unterschiedlichem Masse − einen öffentlichen Dienst" erbringe (so die Botschaft zum Gesetzesentwurf), ist nur noch plumpe Augenwischerei, welche die eigentliche Bedeutung dieses Begriffes bewusst ausser acht lässt.

Wie schön hatte es doch sechs Jahre früher in der Botschaft über den Radio- und Fernsehartikel der Bundesverfassung noch geklungen: Der Auftrag von Radio und Fernsehen, zur kulturellen Entfaltung der Menschen beizutragen, werde nun in der Verfassung festgehalten; dieser kulturelle Auftrag müsse inskünftig viel mehr als bisher die Programm-Politik beleben, und zwar für jede Art von Sendung. Auch die Unterhaltung solle im Dienste informativer und bildender Inhalte stehen, da sie geeignet sei, „Probleme anschaulich und verständlich darzustellen und das Interesse der Zuhörer und Zuschauer vermehrt zu wecken" (Botschaft zum Verfassungsartikel, 1981). Nunmehr soll dies nur noch „insgesamt" gelten. So ist, „wer einen Gebührenanteil erhält, auch gehalten, im Programmbereich bestimmte, wirtschaftlich weniger attraktive Aufgaben zu erfüllen" (Botschaft zum Gesetzesentwurf, 1987). Die andern nicht. Die sollen sich ungestört um ihre Profite kümmern.

Es verwundert dann auch nicht mehr, dass der Gesetzesentwurf nur ein Minimum an Werbebeschränkungen vorsieht. Das bisherige Werbeverbot für Lokalfernsehen wird ersatzlos aufgehoben. Verboten werden sollen einzig religiöse und politische Propaganda, ausserdem noch Werbung für Alkohol, Tabak und Heilmittel. Im weiteren erhält der Bundesrat die Kompetenz, den Umfang und die zeitliche Anordnung der Werbung festzusetzen (Art. 17). Der Gesetzesentwurf enthält damit gerade etwa die Mindestanforderungen, welche eine Empfehlung des Europarates über die Prinzipien der Fernsehwerbung aufstellt und welche die Schweiz schon aus aussenpolitischen Gründen zu respektieren gehalten ist.

Als zusätzliches kommerzielles Element soll auch das Sponsoring zugelassen werden, im Gesetz schamhaft als „Zuwendungen Dritter" bezeichnet. Verboten ist lediglich das Sponsoring politischer Nachrichtensendungen. Sonst aber bestehen praktisch keine Schranken, so dass zum Beispiel Produzenten von Zigaretten oder Alkoholika zwar nicht für ihre Produkte werben, aber beliebig geeignete Sendungen finanzieren dürfen.

*Privatisierung auf ausländischen Druck hin?*
Eine mit der Privatisierung des Lokalradios durchaus vergleichbare Politik verfolgte das EVED auch im Bereich des Fernsehens, allerdings auf anderer Ebene. Waren es dort lokale Radioveranstalter, mit deren Zulassung das Prinzip des *service public* aufgebrochen wurde, so waren es hier ausländische Programme, welche die Rolle des Eisbrechers zu übernehmen hatten.

Nachdem sich die von den interessierten Kreisen und vom EVED wiederholt gemachten Ankündigungen, die Schweiz werde demnächst von ausländischen Programmen ab direkt empfangbaren *Rundfunk*-Satelliten überschwemmt, in keiner Weise erfüllt hatten, ermöglichte das EVED auf anderem Wege die Verbreitung privater ausländischer Fernsehprogramme in der Schweiz: Es erlaubte den Empfang verschiedener Programme, vor allem angelsächsischer Provenienz, via *Fernmelde*-Satelliten. Laut Botschaft zum Gesetzesentwurf ging es dabei vom Grundsatz des *free flow of information* aus, was zumindest juristisch unhaltbar ist: Zum einen gilt dieser völkerrechtliche Grundsatz für Fernmelde-Satelliten nicht, zum andern basiert das internationale Satelliten-Rundfunkrecht gerade nicht darauf, sondern auf dem Prinzip einer nationalen Versorgung und der internationalen Zusammenarbeit. Eine Ausstrahlung in andere Länder ist nur mit deren vorhergehenden Zustimmung zulässig.

Das EVED hat bis Ende 1987 den Empfang von 16 ausländischen Programmen bewilligt, von denen einstweilen aber nur elf auch tatsächlich empfangbar sind. Von diesen elf sind sechs kommerziell ausgerichtete Programme, während die übrigen der Konzeption des *service public* folgen. Die Tatsache der Empfangbarkeit dieser ausländischen Fernsehprogramme wird nun von EVED und Bundesrat als Argument dafür verwendet, dass die Schweiz im Bereich des Satelliten-Rundfunks aktiv werden müsse. Dabei verwickelt sich die Botschaft zum Gesetzesentwurf allerdings in Widersprüche, denn es geht dort gerade nicht nur um die Verbreitung via Fernmelde-Satelliten, sondern auch um direktabstrahlende Rundfunk-Satelliten, und es geht auch nicht um die Schaffung eines *service public*, sondern um europaweit empfangbare Programme privater Veranstalter. Damit gerät das EVED unweigerlich mit dem Völkerrecht ins Gehege, da dieses eine gezielte Nutzung und Ausweitung der Überlappung der Sendebereiche nicht zulässt.

Finanziert werden sollen diese Satellitenprogramme nach den Vorstellungen des Gesetzesentwurfs über Werbung und Sponsoring. Dabei soll wenigstens das Geschäft ausdrücklich schweizerischen Finanzkreisen vorbehalten werden: Der Gesetzesentwurf verlangt ausdrücklich eine von schweizerischen Kapitalgebern beherrschte Aktiengesellschaft mit vinkulierten Namenaktien als Konzessionärin. Von einer breit abgestützten Trägerschaft ist auch hier nicht mehr die Rede. Der Bundesrat behält sich einzig die Möglichkeit vor, durch die Delegation eigener Vertreter in die leitenden Organe der konzessionierten Gesellschaft einen minimalen Bezug zur Öffentlichkeit zu wahren.

Diese wenigen Hinweise mögen erläutern, was der vom Bundesrat vorgelegte Entwurf für ein Radio- und Fernsehgesetz bezweckt: Es geht um die Ablösung eines als *service public* konzipierten Rundfunks durch einen an Privatinteressen ausgerichteten Unternehmer-Rundfunk. Im Bereich des Lokalradios ist dieser Schritt de facto bereits erfolgt. Das Gesetz soll diese Privatisierung nachträglich sanktionieren und gleichzeitig eine entsprechende Entwicklung im Bereich des Fernsehens ermöglichen. Die SRG wird jeglicher Privatautonomie entkleidet und zur öffentlich-rechtlichen Rundfunkorganisation gemacht, welche die Erfüllung des verfassungsmässigen Leistungsauftrages sicherzustellen hat.

Die politischen Kräfte, die hinter diesem Entwurf stehen, haben nicht nur die Weichen gestellt, sondern auch schon den Zug in rasche Fahrt gesetzt. Werden sich noch Leute finden, die dieser grundlegenden Veränderung der Rundfunkstruktur durch Ziehen der Notbremse Einhalt gebieten können?

Ueli Haldimann

# Viele viele bunte Werbefranken
*Was neue TV-Programme kosten, wie sie finanziert werden können*

Zusätzliche Fernsehprogramme neuer Veranstalter sollen nach dem
Willen des Bundesrats primär mit Werbung finanziert werden. Auf
allen Ebenen: auf der internationalen, auf der sprachregionalen und
auf der regional/lokalen. „Finanzhilfen" des Bundes sowie eine
Teilhabe am Ertrag der Empfangsgebühren sind zwar in Ausnahmefällen möglich, aber doch wohl nur in Grössenordnungen, die
zur Restfinanzierung von Radio-, nicht aber von Fernsehprogrammen ausreichen. Zusätzliche Empfangsgebühren für neue, private
Programme sind politisch wohl kaum durchzusetzen.

Wieviele und welche neuen Programme möglich sind, hängt also
in erster Linie davon ab, wieviel Werbegeld zu ihrer Finanzierung
locker gemacht wird. Dieser Beitrag will einige Fragen in diesem
Zusammenhang beantworten – ausgehend von einer pragmati-
schen Betrachtungsweise, die nicht beschreiben will, wie es sein
sollte, sondern wie es sein könnte.

Fernsehen ist ein teures Medium. Jekami-Programme im Stil bis-
heriger helvetischer Lokalfernsehversuche – ein paar Amateur-Vi-
deofilme und dazwischen der Gemeindepräsident, der den neuen
Zonenplan erläutert – genügen bei einem permanenten Sendebe-
trieb nicht. Das Publikum würde ein Produkt, das qualitativ hinter
das übrige, professionelle Programmangebot zurückfällt, nicht
goutieren. Und ohne Publikum gibt's keine Werbung – also keine
Einnahmen und kein Programm. Je kleiner das Verbreitungsgebiet,
desto grösser der Zwang, Mehrheiten anzusprechen (und zu erreichen).

Was kostet es denn, Fernsehen zu machen? Weitverbreitet ist der Irrtum, Fernsehen sei billiger geworden, weil die Elektronik handlicher und günstiger werde. Ringier-Chef Michael Ringier schwärmte vor ein paar Jahren, wie billig elektronische Kameras seien und investierte flugs 10 Millionen Franken in ein TV-Studio. Inzwischen hat er gelernt, dass hinter jeder Kamera auch ein Kameramann stehen muss (der jedes Jahr teurer wird), und Ringier hat die eigenen TV-Pläne aufs Eis gelegt.

Das Fernsehen DRS braucht 1988 laut Voranschlag Mittel von 142 Millionen Franken (Suisse Romande 117 Millionen, Tessin 85 Millionen). Dazu kommen Leistungen der SRG-Generaldirektion im Fernsehbereich (zum Beispiel für Übertragungsrechte) von total 155 Millionen sowie 150 Millionen zugunsten der PTT für den Betrieb der Sendeanlagen (jeweils für alle drei Senderketten). Teilt man diese Kosten nach der SRG-üblichen Finanzausgleichs-Formel auf die drei Sender auf, dann kommen Betrieb und Verbreitung des Fernsehens DRS auf total 270 Millionen Franken zu stehen. Das welsche Programm kostet so gerechnet total 217 Millionen, das Tessiner 155 Millionen Franken. Zum Vergleich: Der „Tages-Anzeiger", die umsatzstärkste Zeitung der Schweiz, kam 1986 auf 245 Millionen Jahresertrag. Radio 24, der professionellste Lokalradiosender, darf für 1988 mit Einnahmen von rund sechs Millionen rechnen; im Durchschnitt kostet ein Lokalradio ein bis zwei Millionen Franken pro Jahr.

150 bis 270 Millionen Franken: Je so viel kosten die drei TV-Programme, an denen jeder andere Anbieter sich wird messen lassen müssen. Dabei ist die SRG nicht etwa teuer. Sie produziert ihre Fernsehprogramme im internationalen Vergleich ausgesprochen günstig. Das Zweite Deutsche Fernsehen (ZDF) gibt für jede Programmstunde fast neunmal mehr Geld aus als die SRG:

## Durchschnittliche Programmkosten je Stunde von europäischen Rundfunkanstalten 1985*

| | Fernsehen | |
| --- | --- | --- |
| | Kosten/Stunde in sFr. | Kostenindex SRG = 100 |
| Zweites Deutsches Fernsehen | 249'000 | 877 |
| Österreichischer Rundfunk | 55'600 | 196 |
| Belgische Radio en Televisie | 30'500 | 107 |
| Télévision Française 1 | 108'100 | 381 |
| Antenne 2 | 104'600 | 368 |
| Radiotelevisione Italiana | 69'100 | 243 |
| Nederlandse Omroep Stichting | 68'200 | 240 |
| British Broadcasting Corporation | 107'100 | 377 |
| Sveriges Riksradio/Television Ab | 63'500 | 224 |
| Danmarks Radio | 63'800 | 225 |
| Norsk Rikskringkasting | 67'500 | 238 |
| Schweizerische Radio- und Fernsehgesellschaft | 28'400 | 100 |

* Die aufgeführten Durchschnittskosten entsprechen dem gesamten Betriebsaufwand jeder Anstalt – inklusive Programm-, Produktions- und Verwaltungsaufwand – dividiert durch die Anzahl Programmstunden von Erstausstrahlungen und Wiederholungen. Die Umrechnung erfolgte zum mittleren Devisenkurs des Jahres 1985. Da bei der SRG keine Kosten für die Verbreitung anfallen, wurden die Ausstrahlungskosten und die Abschreibungen ausgeklammert; die aufgeführten Zahlen sind somit vergleichbar.

Quelle: Botschaft zum Radio/TV-Gesetz, 1987

*Lange Durststrecke für private Fernsehveranstalter*

Dass mit Fernsehen kein schnelles Geld zu verdienen ist, mussten inzwischen sämtliche neuen Privatfernseh-Betreiber in Europa erfahren.

– Sky Channel, das älteste (englischsprachige) Satellitenprogramm mit europaweiter Verbreitung, machte auch fünf Jahre nach dem Start im Jahr 1982 immer noch massive Verluste. Und trotz billigster Mache wird das Loch immer grösser: 1985/86 betrug das Defizit umgerechnet 14 Millionen Franken; 1986/87 bereits 25 Millionen. Ein Ende der Durststrecke ist nicht in Sicht.

– Sat 1, das deutsche Verleger-Privatfernsehen, rechnet bei Vollausbau des Programms anfangs der neunziger Jahre mit einem Betriebsbudget von 300 bis 400 Millionen Franken. 1987 kam Sat 1 mit 130 Millionen Franken aus – bei Werbeeinnahmen von nur gerade 35 Millionen Franken.

– Ähnlich RTL plus: Der Sender, der 240 Mitarbeiter beschäftigt, rechnet für 1988 mit Kosten von rund 120 Millionen Franken, wovon – immerhin im vierten Jahr nach dem Start – nur die Hälfte (60 Millionen Franken) mit Werbung wieder eingespielt werden kann. Der Break-Even-Point (das Überschreiten der Gewinnschwelle), eigentlich viel früher angesetzt, wird fürs Jahr 1990 erwartet. Bis alle Verluste wieder wettgemacht sind, wird es noch länger dauern.

– In Frankreich hat die Privatisierung von TF 1 und die Zulassung neuer Sender zu einer Kostenexplosion geführt, vor allem weil sich die Sender gegenseitig Bildschirm-Vedetten und technisches Personal abwerben. Immerhin hat die Programm-Vermehrung auch zu einer raschen Zunahme des TV-Werbevolumens geführt. Francis Bouygues, der neue TF 1-Eigentümer, hat die Werbe-Acquisition von 70 auf 200 Mitarbeiter aufgestockt, die 1988 für rund eine Milliarde Schweizer Franken Spot-Aufträge beschaffen sollen.

*40'000 Franken pro Programmstunde: Billiger geht es nicht*

So dick auftragen will freilich keiner der Möchtegern-TV-Macher in der Schweiz. Genaue Budget-Zahlen für Projekte wie die Zürivision (Ringier/Radio 24/„Tages-Anzeiger") fehlen weitgehend; wegen des Werbeverbots für Privatfernseh-Stationen wurden die Pläne schubladisiert.

Ein paar Anhaltspunkte liegen immerhin vor. Der Entwurf zum Radio- und Fernsehgesetz will private Veranstalter primär im lokal/regionalen Bereich zulassen. National und sprachregional kann eine Konzession an andere Veranstalter als die SRG nur erteilt werden, wenn Frequenzen frei sind und wenn die SRG „in ihren konzessionsgemässen Leistungen nicht schwerwiegend beeinträchtigt" wird. Eine Konzession für ein allgemeines Programm müsste zudem von der Bundesversammlung genehmigt werden.

Diese politischen Hürden dürften schwieriger zu nehmen sein als die Hürden bei der Finanzierung. Ein attraktives, unterhaltendes privates Vollprogramm für die ganze deutschsprachige Schweiz könnte wohl mit rund 100 Millionen Franken auskommen, insbesondere wenn der teure Informations- und Kulturauftrag, den die SRG wahrnehmen muss, wegfällt. Dazu kämen rund 30 Millionen jährlich für Abschreibung und Betrieb des Sendernetzes (Kostenstand Ende der achtziger Jahre). Schwierig abzuschätzen sind die Auswirkungen der neuen Konkurrenzsituation unter den Veranstaltern: Da könnte sehr wohl – wie in Frankreich – eine Kostenspirale in Bewegung geraten (Personalabwerbungen, verteuerte Senderechte).

Etwas günstiger will die SRG auskommen, falls sie die vierte Senderkette bekommt. Generaldirektor Antonio Riva rechnet mit jährlichen Kosten von 60 bis 70 Millionen Franken für den sprachregionalen und nationalen Teil des Programms; dazu kämen wie oben rund 30 Millionen jährlich für die Sendeanlagen. Die SRG plant allerdings kein Vollprogramm, sondern will laut ihrem Kooperationsmodell einen Teil der täglichen Sendezeit an lokale, private Veranstalter abtreten. Für diese lokalen Fenster rechnet Riva – bei einer Stunde Sendezeit pro Tag – mit Kosten von weiteren 10 Millionen Franken pro Region. Das macht pro Stunde Produktionskosten von 40'000 Franken.

Mit vergleichbarem Aufwand rechnet der Business Channel, das europaweite Frühstücksfernsehen für Geschäftsleute, das die Zürcher Filmproduktionsfirma Blackbox plant. Business Channel soll jährlich 15 Millionen Franken kosten oder 60'000 Franken pro Tag, inklusive Verbreitung. Vorgesehen ist ein halbstündiges Service-Programm (das in englischer und deutscher Sprache jeden Morgen je zweimal ausgestrahlt werden soll).

Viel billiger ist Fernsehen, das sich sehen lassen kann, nicht zu machen. Dabei kommt es nicht einmal so sehr drauf an, ob im eigenen Studio oder ob extern produziert wird. Für den Betrieb eines kleinen Studios, in dem eine Diskussionsrunde oder eine Wettbewerbsverlosung stattfinden oder in dem vielleicht auch einmal ein kleines Quiz (freilich ohne Publikum) laufen kann, braucht es im Minimum zehn Personen. Für eine externe Kamera-Equipe (Kameramann und Tonoperateur, ohne Beleuchter und ohne Spesen) müssen 1'700 Franken pro Tag berechnet werden. Eine Cutterin samt elektronischem Schnittplatz kostet auf dem freien Auftragsmarkt ebenfalls gegen 1'000 Franken pro Tag. Beim Dokumentarfilm oder bei kürzeren Magazinbeiträgen rechnet man als Faustregel mit je einem Dreh- und Schnittag pro drei Minuten. Rechne! Und für eine Programmstunde der Gattung Fiktion (Krimis oder andere Filme mit Spielhandlung) rechnet man in Europa mit Kosten von etwa einer Million Franken. Solche Produktionen kommen für helvetische Privatfernsehstationen jedoch ohnehin nicht in Frage.

Bei gut 2'000 Franken je drei Minuten ist das Minimum von 40'000 Franken pro Fernsehstunde (die Möglichkeit von Wiederholungen nicht berechnet) schnell erreicht. 40'000 bis 50'000 Franken pro Stunde scheint denn auch eine Limite zu sein, die schwierig zu unterbieten ist.

*Der Anteil des Fernsehens am Werbekuchen wird noch wachsen*
Initianten von neuen werbefinanzierten Medien überschätzen meist die Nachfrage nach Werbezeit beziehungsweise Werbefläche. Die Werbe-Auftraggeber wollen einen Leistungsausweis sehen, in Form von Kontaktzahlen, Rezeptionsforschungen usw. Bis Zahlen auf verlässlicher Grundlage vorliegen, vergehen jeweils mehrere Jahre — eine Durststrecke, die für den Veranstalter umso teurer wird, je teurer sein Medium ist.

Diese Erfahrung mussten die Lokalradios machen, die glaubten, nach dem Start (am 1. November 1983) und nach der sehr positiven Aufnahme im Publikum würden auch die Werbe-Auftraggeber sofort gross einsteigen. Dem war nicht so. Die ersten Budgets der Radios waren viel zu optimistisch. Riesen-Defizite zwangen zu Abstrichen am Programm; einzelne Sender mussten ganz aufgeben.

1984, im ersten vollen Jahr, gingen 18 Millionen Franken in die Lokalradio-Werbung, gerade 0,6% des gesamten Werbeaufkommens. Dann kamen die ersten glaubwürdigen Hörerzahlen, und nun ging's aufwärts — 1985: 30 Millionen; 1986: 36 Millionen; 1987: rund 50 Millionen Franken.

Beim Fernsehen ist die Situation allerdings etwas anders. Fernsehen ist als effizientes Werbemedium etabliert. Die Nachfrage nach Werbezeit steigt von Jahr zu Jahr, eine Nachfrage, welche die AG für das Werbefernsehen längst nicht mehr befriedigen kann, da die Werbezeit in den SRG-Programmen vom Bundesrat auf täglich je 23 Minuten (bis 1985: 20 Minuten) beschränkt worden ist.

Und der Nachfrageüberhang wird immer grösser. In den siebziger Jahren konnten noch praktisch jederzeit freie Werbeblöcke gebucht werden. Heute muss die Sendezeit für Spots zwingend reserviert werden — für ein ganzes Jahr jeweils bis Anfang Oktober des

Vorjahres. Werbekampagnen müssen also bis 15 Monate im voraus bis ins Detail geplant werden. Freilich ohne Gewissheit, dass sie dann auch so realisiert werden können. Tatsächlich wird nur ein Teil der bestellten Zeiten zugeteilt. Der Rest einer Kampagne kann dann halt nicht stattfinden. Auch gilt nach wie vor im Grundsatz das Rotationsprinzip. Das heisst, die Spots eines einzelnen Auftraggebers werden auf alle Werbeblöcke zwischen 18 Uhr 30 und 22 Uhr verteilt, also — ohne Preisnachlass — zum Beispiel auch auf den Block zwischen „Karussell" und „DRS aktuell" um 18 Uhr 50, der rund dreimal weniger Zuschauer hat als die Werbeblöcke vor und nach der „Tagesschau".

Trotz solch abschreckender Konditionen hält der Run auf die TV-Werbung an. Für 1988 stehen pro Senderkette je 7130 Werbeminuten zur Verfügung. Gebucht wurden aber wesentlich mehr: 12'976 Minuten für die Region DRS, 12'475 für die Romandie und 11'399 fürs Tessin. Die abgewiesenen Spots entsprechen einem Werbevolumen von rund 150 Millionen Franken, zusätzlich zu den 179 Millionen, die die SRG für 1988 als TV-Werbeeinnahmen budgetiert.

Das sind Zahlen, die auch all jenen zu denken geben sollten, die der Kommerzialisierung der Medien skeptisch gegenüberstehen (ich zähle mich dazu). Wäre es nicht gescheiter, die Kräfte darauf zu verwenden, dass mit diesem Geld möglichst bald intelligente, journalistische, unterhaltende neue Programme gemacht werden, statt wie gehabt zu jammern? Ende 1987 hat die Migros Werbespots für Modeartikel in Rupert Murdochs Sky Channel plaziert, weil in der Schweiz alles ausgebucht ist. Ist eine solche Entwicklung sinnvoll?

Die Schweizer Werbewirtschaft verlangte im Jahr 1987 eine Ausdehnung der Werbezeit am Fernsehen auf 30 Minuten täglich. Das scheint aber wenig hilfreich. Zur Hauptsendezeit kommt jetzt schon nach jeder Sendung ein Werbeblock, der meist viel zu lang ist (und im Zeitalter der Fernbedienung zum Umschalten animiert).

Mehr Werbung liesse sich abgesehen vom Sonntag nur noch *in* den Sendungen plazieren, zum Beispiel zwischen Sportmeldungen und Wetterprognose in der „Tagesschau" (was freilich im Gesetzesentwurf verboten wird). Auch ein weiterer Grund spricht dafür, mit dem zusätzlichen Geld nicht die bestehenden drei Programme auszubauen (was nur noch zu Randzeiten möglich ist, zum Beispiel mit einem Frühstücksfernsehen), sondern neue Programme zu machen, also ein Kontrast-Programm zur Hauptsendezeit. Eine Alternative zu jener Tageszeit, wenn die meisten Leute wirklich fernsehen wollen.

Allein mit dem gegenwärtigen Nachfrageüberhang liesse sich in allen drei Sprachregionen der Schweiz ohne Erhöhung der Empfangsgebühren per sofort ein zweites Fernsehprogramm finanzieren. Bei zusätzlichen schweizerischen Programmen wird zwar die Reichweite der einzelnen Spots voraussichtlich sinken, weil sich nun mehrere Programme das gleiche Zuschauerpotential teilen müssen. Dadurch könnten die Sender gezwungen sein, die Werbetarife zu senken, mit entsprechenden Einnahmeverlusten. Ich glaube aber nicht, dass diese Entwicklung eintreten wird. Gewisse Zielgruppen können in Zukunft mit neuen Programmen präziser angesprochen werden. Es wird mehr Prime-Time-Werbezeit geben. Und generell wird die Gattung Fernsehwerbung in den Werbebudgets aufgewertet. Das war auch beim Start der Lokalradios so: Radio 24 hatte vor dem 1. November 1983, als der Sender noch Zürichs einziges Lokalradio war, wesentlich weniger Werbung als nachher, obschon Radio 24 das gleich gross gebliebene Hörerpotential nun mit drei weiteren Lokalsendern teilen musste. Vorausgesetzt, es gibt keinen starken Konjunktureinbruch, wird das Wachstum der Fernsehwerbung weitergehen. In der Schweiz entfielen 1986 5,5% des nationalen Werbekuchens auf die Radio- und Fernsehwerbung. In allen andern westlichen Industrieländern waren es wesentlich mehr: BRD 15%, Frankreich 33%, Grossbritannien 35%, Italien gar 75%.

Es liegt auf der Hand, dass in der Schweiz ein erhebliches Aufhol-Potential für Fernsehwerbung besteht. Dies nicht zuletzt, weil bei grossen, internationalen Werbekampagnen immer häufiger zentral festgelegt wird, wieviel Geld auf die einzelnen Werbeträger verteilt wird. Und da wird künftig in der Regel nach ausländischen Gepflogenheiten fürs Fernsehen mehr abfallen als nach schweizerischen Usanzen.

Man darf annehmen, dass der Anteil der Fernsehwerbung am Werbeaufkommen mittelfristig auf 12% und mehr ansteigen kann, falls vom Gesetzgeber keine Limiten eingebaut werden. Das wäre dann immer noch deutlich weniger als im Ausland. Auch pressepolitisch wäre eine solche Entwicklung unbedenklich, weil das Fernsehen nicht auf Kosten der politischen Presse wachsen würde. Sondern allenfalls auf Kosten der Publikumszeitschriften, die heute in den Händen von zwei oder drei Grossverlagen liegen (ausgerechnet übrigens bei jenen, die jetzt Privatfernsehen machen wollen). Laut Gesetzesentwurf soll der Bundesrat bei der Festlegung der Werbezeit „die Aufgabe der Presse" berücksichtigen; vom Schutz der Heftli ist nicht die Rede.

### Regional/lokale Vollprogramme sind kaum finanzierbar

12% Anteil am Werbekuchen: Das wären nach derzeitigem Kostenstand 480 Millionen Franken für TV-Werbung. Also 300 Millionen mehr als 1988 und immer noch 150 Millionen mehr als laut SRG die vierte Senderkette kosten würde. Geld genug also für mindestens ein weiteres sprachregionales Programm in der deutschen Schweiz und eventuell auch in der Romandie. Nicht berücksichtigt sind in diesen Schätzungen direkte und indirekte Einnahmen aus dem Sponsoring („Diese Sendung hat Ihnen Coca-Cola ermöglicht"), das laut Gesetzesentwurf auch in der Schweiz eingeführt werden soll.

Im regional/lokalen Bereich, wo laut Geist und Buchstaben des

Gesetzesentwurfs vor allem private Veranstalter zum Zug kommen sollen, ist eine Prognose schwieriger. Nicht zuletzt wegen der hohen Produktionskosten für die Spots wird die Fernsehwerbung in den regionalen Märkten viel weniger wichtig sein als auf nationaler/ sprachregionaler Ebene. Im stärksten Wirtschaftsraum, dem sogenannten Millionen-Zürich, sind — alles eingerechnet — rund 400 Millionen Franken an regionaler Werbung zu holen. Der „Tages-Anzeiger" dominiert diesen Markt und ist dank seiner Grösse und Verbreitung ein billiger und effizienter Werbeträger. Andere Printmedien („Neue Zürcher Zeitung", „Züri Woche") haben ebenfalls eine starke Stellung.

Mittelfristig könnten sich Regional-TV-Sender vielleicht 5% des regionalen Werbekuchens abschneiden. Das wären für die Wirtschaftsregion Zürich 20 Millionen Franken, im besten Fall auch etwas mehr, aber nicht um Faktoren mehr. Damit kann kein privater Veranstalter ein volles Regionalfernsehprogramm produzieren. Möglich ist allenfalls — siehe Budgetbeispiele — eine bis maximal anderthalb Stunden Regionalmagazin pro Tag; für mehr reicht das Geld nicht. Eine Überschlagsrechnung zeigt, dass auch der finanzielle Spielraum eng ist. In einer Stunde lassen sich höchstens sechs bis acht Minuten Werbung plazieren. Um auf 20 Millionen Franken Einnahmen zu kommen, müsste die Werbeminute für rund 10'000 Franken brutto verkauft werden. Das ist viel Geld — die Spots bei der SRG erreichen für gut das Doppelte die ganze Deutschschweiz. Kein Wunder, dass Zürivisions-Mitinitiant Roger Schawinski bereits fordert, die vom Gesetzesentwurf vorgeschriebene Trennung von Werbung und Programm müsse für Privatveranstalter fallengelassen werden. So könnten bei beschränkter Sendezeit tatsächlich mehr Werbespots plaziert werden.

Ein lokales Vollprogramm ist vorläufig illusorisch. Ein lokaler Veranstalter braucht einen Partner, der ein attraktives Rahmenprogramm liefert. Und zwar möglichst gratis, durch die Werbung im

Rahmenprogramm finanziert, nach dem amerikanischen Network-System. Ein solcher Partner könnte die SRG mit Leo Schürmanns Fenstermodell sein. Oder aber ein ausländisches Privatprogramm wie RTL plus oder Sat 1, zumal die Zürivision, der gewichtigste Regional-TV-Interessent, von einer Zusammenarbeit mit der SRG nichts wissen will.

In andern Regionen ist das potentielle Werbeaufkommen allerdings schon wesentlich kleiner. Bereits in Bern und Basel wird's eng. In Luzern oder St. Gallen sind wohl nicht einmal zehn Millionen Franken jährlich zu holen. Hier ist Lokalfernsehen nur noch finanzierbar, sofern via SRG ein gewisser Finanzausgleich stattfindet.

Soweit diese – zugegebenermassen etwas spekulative – Auslegeordnung. Klar ist, dass für private Fernsehmacher der regional/lokale Bereich, den ihnen das Gesetz zugestehen will, finanziell nicht genügend interessant ist. Die Märkte sind zu klein, das Risiko ist zu gross. Anders die sprachregionale Ebene: Sie ist für Private interessant. Aber gerade da, bei der Zulassung „weiterer Veranstalter" neben der SRG, ist der Gesetzesentwurf erstaunlich schwammig. Offenbar will sich der Bundesrat alle Optionen offenhalten, um später bei Konzessionsgesuchen je nach politischer Grosswetterlage entscheiden zu können. Das ist ja aber wohl nicht der Zweck eines Gesetzgebungsverfahrens.

*Hauptstreitpunkt: vierte, eventuell fünfte Senderkette*

Die Frage, wer die neuen sprachregionalen Programme machen darf, wird die medienpolitische Auseinandersetzung in den nächsten Jahren prägen. Die PTT-Betriebe behaupten, die projektierte vierte Senderkette sei die letzte, mehr Programme könnten aus technischen und topografischen Gründen (Überreichweiten der Höhensender, zu wenig Frequenzen) nicht landesweit mit terrestrischen Sendern verbreitet werden. Für eine Vergabe dieser 4. Kette an die SRG spricht, dass die SRG gewisse Sendezeiten an lokale Veranstalter abtreten will. Gleichzeitig könnte sie einen Finanzausgleich organisieren: So würden Regionalprogramme in St. Gallen oder Luzern überhaupt erst möglich, wo das Werbeaufkommen für ein SRG-unabhängiges Programm nicht ausreicht.

Doch stellt sich die Frage, ob nach der vierten Senderkette wirklich Schluss sein muss. Wahrscheinlich reicht das Werbepotential für ein weiteres, sprachregionales Programm zumindest für die Deutschschweiz. Falls sich Private finden, die das Risiko auf sich nehmen wollen, ein werbefinanziertes Vollprogramm zu finanzieren – wohlan, das Glück sei mit den Tüchtigen. Immerhin handelt es sich da um einen Investitionsrahmen und damit um ein Risiko von über 100 Millionen Franken. Dabei wäre es plausibel, dieses Programm wegen der knappen Frequenzen und auch aus Kosten/Nutzen-Überlegungen nur in den bevölkerungsreichen Agglomerationen des Mittellandes terrestrisch zu verbreiten; die übrigen Regionen könnten es per Kabel beziehen. Das Gebot der „Versorgungsgerechtigkeit" muss irgendwann aufgegeben werden. Das Calancatal müsste auf ein solches Programm halt verzichten. Dafür ist dort die Luft besser und die Mieten sind billiger.

Matthias Loretan

# Deregulierte Televisionen
*Europa vergoldet seine Fernsehprogramme*

„Hermes" für „hervorragendes Medienmanagement": Bereits zum zweiten Mal hat Ende 1987 „Neue Medien", ein deutsches Branchenmagazin, das sich prononciert für die Privatisierung der elektronischen Medien einsetzt, unter diesem Titel Auszeichnungen vergeben.

Hermes gilt als Schelm unter den Göttern des griechischen Olymps, er ist der Schutzpatron der Wanderer, Kaufleute, Diebe und Redner.

Bleiben wir bei der Antike: Der Mythos der *Argonautenfahrt* lässt sich in bezug auf den ihm zugrundeliegenden materialistischen Kern als eine Geschichte verstehen (1), welche die gewaltsame Einführung des Warentausches im antiken Mittelmeerraum deutet. Hermes ist es, der durch seine Berührung das Fell eines ordinären Schafsbockes in ein goldenes Vlies verwandelt. Diese Vergoldung lenkt den Blick der griechischen Seefahrer und Händler auf den Reichtum der ackerbauenden Stämme der Kolcher am Schwarzen Meer. Die raumgreifende und abenteuerliche Fahrt der Argonauten will deren Schätze dem Tauschgeschäft und der Warenzirkulation zuführen. Doch ausser ihrer List und dem Tauschwillen führen Jason und seine Besatzung kaum etwas mit, was sich tauschen liesse. Verheerend aber wäre für die kleine und kaum kampftüchtige Schar die offene kriegerische Auseinandersetzung. Und so setzen sie auf den Grundsatz der Gastfreundschaft. Sie haben die weite und gefährliche Reise unternommen und verlangen vom kolchischen Kö-

nig deshalb ein Gastgeschenk: das goldene Vlies. Der Gesellschafts-
vertrag der griechischen Täuscher und Tauscher wäre fürs erste in-
stalliert. Mit Diebstahl, Verzauberung, Intrige und heimlichem
Mord geht die Geschichte weiter. Geld kommt im Mythos nicht
vor. Doch metaphorisch ist darin die zerstörerische Wirkung des
entwickelten Tauschverkehrs auf die autarke Ackerbaugesellschaft
beschrieben: das Unglück der Kolcher.

Ältere Schichten dieses Mythos beschreiben den gewaltsamen
Wandel zum Warentausch als Konflikt zwischen phönizischen See-
leuten und ackerbauenden Siedlungen. Schiffsbesatzungen breiten
am Strand Waren aus: Töpfe, Eisenwerkzeuge, Schmuck. Des
Nachts holen die Küstenbewohner diese für sie neuen Gegenstän-
de; sie halten sie für Geschenke der Götter. Weil so für die Seefahrer
kein Tausch zustandekommt, rüsten diese zu einer Strafexpedition
und brennen einige Siedlungen nieder. Danach ziehen sie sich wieder auf die Schiffe zurück und nehmen die „gestohlenen" Waren
mit. Nunmehr versuchen die Sesshaften die Götter zu versöhnen.
Sie legen am Strand wertvolle Opfergaben, Produkte des Landes
aus. Die Seeleute aber breiten in der Nacht wieder ihre ins Schiff
zurückgenommenen Waren aus. In zwei Reihen liegen also nebeneinander die Schiffswaren und die Gegenopfer der Landbewohner.
In der folgenden Nacht nehmen die Phönizier die Opfergaben an
sich und stechen in See. Nach einigem Zögern bemächtigen sich die
Einwohner der Waren am Strand, die sie jetzt ungestört besitzen
dürfen. Nach einigen Wiederholungen dieser Einprägung mit Feuer
und Schwert wissen sie, was Tausch ist.

*Das Marktmodell: Fernsehen ohne Grenzen*
Die Warenzirkulation entwickelt sich weiter zur Weltwirtschaft.
Die Techniken des Tausches verfeinern sich: Geld und immaterielle
Informationen werden zu Zahlungsmitteln, sie erübrigen die physi-
sche Präsenz der Tauschenden an einem bestimmten Ort. Netze für

den Verkehr von Personen, Gütern und Informationen erstrecken sich über den Globus, und sie werden immer dichter. Permanente telekommunikative Verbindungen durchziehen den Boden, die Meere, die Luft, ja den Himmel. Die technische Utopie des globalen Dorfes, wo jeder jeden rund um die Uhr an beliebigen Orten erreichen kann, ist weitgehend Wirklichkeit geworden. Ein Geschäft (fast) ohne Grenzen ist eröffnet.

Jüngst hat Hermes auch die Televisionen mit seinem Stab vergoldet und das Interesse privater Unternehmen am Rundfunk geweckt. Entwicklungen der Kommunikations-Technologie – Erweiterung des Frequenzspektrums, breitbandige Netze mit Kupferkoaxial- oder Glasfaserkabeln, Satelliten – bieten günstige Voraussetzungen für die *Internationalisierung* und *Kommerzialisierung* des Rundfunks. Die zuvor technisch bedingte „Knappheit" der Sendefrequenzen wird beseitigt. Und damit entfällt ein wichtiges Argument für die den Markt ausschliessende oder begrenzende „Sondersituation" des Treuhandmodells, in dem der Staat den Rundfunk gesetzlich regelt und einer oder mehreren Institutionen die Erfüllung dieser Aufgabe überträgt. Begünstigt durch die unendlich erscheinende Vielfalt der technologischen und medialen Möglichkeiten der Vermarktung von audiovisueller Ware, bestehen die Argonauten des 20. Jahrhunderts, die transnational operierenden (Multi-Media-)Konzerne, darauf, den „natürlichen" Angebot/ Nachfrage-Mechanismus herzustellen. Um den Rundfunk möglichst einträglich als Markt zu installieren, vertreten sie eine Medienpolitik, die in bezug auf die räumliche Ausdehnung sowie hinsichtlich gesetzlich festgelegter Aufgaben möglichst wenig Auflagen macht. Die einzelnen Staaten schützen mit volkswirtschaftlichen sowie standortpolitischen Argumenten die Interessen ihrer einheimischen, teilweise transnationalen Unternehmen und erzwingen so einander mehr oder weniger gegenseitig den Zutritt zu den verschiedenen Märkten. Gesellschaften mit entwickelten Anwendungen der Informations- und Kommunikations-Technologie (Informatik, Telekommunikation, Heimelektronik, Massenmedien) bestehen auf der Ausdehnung des Freihandels auch in den Bereichen der entsprechenden Schlüsselindustrien sowie ihrer Nutzung im Dienstleistungsbereich. Durch die pathetische Proklamation und die undifferenzierte Anwendung des Prinzips vom „free flow of information" erschleichen sie sich gegenseitig Gastfreundschaft. Die Kolcher werden einander zu Argonauten. Und schliesslich sind es die europäischen Staaten selber, welche einen einheitlichen Fernsehmarkt planieren. Altmodisch erscheint ihnen die nationale Eigenwilligkeit, zwei Dutzend mal den Rundfunk medienpolitisch zu regeln und eigene Televisionen zu gestalten. Mit einem Schildbürgerstreich reissen sie Zäune ein, welche vordem die föderalistischen Kulturgärten schützten. „Von der Regulierung durch Texte zur Regulierung durch den Markt" heisst das neoliberale Credo.

Unter dem programmatischen Titel „Fernsehen ohne Grenzen" hat 1984 die Europäische Kommission ein „Grünbuch über die Errichtung eines gemeinsamen Marktes für den Rundfunk, insbesondere über Satelliten und Kabel" vorgelegt und in der Folge die wirtschaftspolitisch geprägte Medienpolitik der *Europäischen Gemeinschaft* nachhaltig beeinflusst. Rundfunk wird dabei vorrangig als ökonomisches Gut begriffen. Ziel des Grünbuchs ist es, europäische Produzenten an dem sich vergrössernden Nachfragevolumen des zukunftsträchtigen Audiovisionsmarktes zu beteiligen. Langfristig soll dabei das extreme Ungleichgewicht abgebaut werden, das im Austausch von Film- und Fernsehproduktionen zwischen den europäischen und den US-amerikanischen Herstellern besteht. Letzteren kommt neben einem entwickelten Know-how und einem effizienten Vertriebssystem für international und multimedial verwertbare audiovisuelle Ware ein Vorteil zugute. Dieser erlaubt ihnen, Produktionen, die ihre Kosten auf dem grossen nordamerikanischen Binnenmarkt entweder ganz oder zum grössten Teil eingespielt haben, zu konkurrenzlos tiefen Preisen in Europa und anderen Weltgegenden anzubieten.

Die vorgeschlagenen EG-Strategien zielen deshalb vorrangig auf die Einrichtung eines europäischen Binnenmarktes. Abgeschafft werden sollen einzelstaatliche Regelungen zur Rundfunkwerbung, zum Jugendschutz oder zum Urheberrecht, welche den EG-internen Transfer jener Programme behindern, die heute vornehmlich über Fernmeldesatelliten ausgestrahlt und in Kabelnetze eingespiesen werden. Getreu der ökonomistischen Betrachtungsweise fallen die neuen Richtlinienvorschläge, welche die EG-Kommission im Sommer 1986 zu Handen des Ministerrates verabschiedet hat, large aus. Beim Werbemarkt als der erspriesslichsten Finanzquelle für den kommerziellen Rundfunk will die EG-Kommission eine extrem grosszügige Regelung durchsetzen: 15% der täglichen Sendezeit dürfen mit Werbung besetzt werden; Werbung, die Sendungen unterbricht, Sponsoring sowie Sonntagswerbung sind künftig erlaubt, unterbunden werden soll lediglich Schleichwerbung, ebenso Werbung für Tabakerzeugnisse.

Die nationale Regelungshoheit für den Rundfunkbereich wird von der EG-Kommission zwar grundsätzlich nicht bestritten. Einzelnen Mitgliedstaaten bleibt es freigestellt, die Werbegrundsätze sowie andere Auflagen für die Veranstalter des betreffenden Landes enger zu fassen. Solche Sonderbestrebungen bleiben jedoch wirkungslos, da sie für die von aussen zugeführten Programme nicht gelten sollen. Zusätzliche einzelstaatliche Vorschriften würden also vor allem die einheimischen Veranstalter in ihrer wirtschaftlichen Konkurrenzfähigkeit gegenüber den vom Ausland einstrahlenden Sendern behindern. Umgekehrt könnten sich jene Volkswirtschaften standortpolitische Vorteile sichern, deren medienpolitische Ordnung am konsequentesten auf die Interessen der transnational tätigen Multi-Media-Unternehmen ausgerichtet ist. Das bisher am

Treuhandmodell orientierte europäische Rundfunksystem gerät damit in Bewegung.

Die Richtlinienvorschläge der EG-Kommission sind in den einzelnen Mitgliedländern zum Teil heftig kritisiert worden. In der Bundesrepublik beispielsweise bestreiten die öffentlich-rechtlichen Fernsehanstalten sowie die Ministerpräsidenten der Bundesländer die Rechtsetzungsbefugnis der EG beim Rundfunk, da sie in die Kulturpolitik und in die politische Systemordnung eingreife. Die Schweizer Regierung, die am Entscheidungsprozess innerhalb des Zwölferclubs der EG nicht beteiligt ist, strebt Regelungen des grenzüberschreitenden Rundfunks vor allem auf der Ebene des *Europarates* an, welcher den kulturellen und politischen Aspekten des Rundfunks besser gerecht werden will. Sie war bei der im Rahmen des Europarates vom 9./10. Dezember 1986 in Wien veranstalteten ersten Europäischen Ministerkonferenz über die Massenmedienpolitik mit Bundesrat Leon Schlumpf vertreten. In ihrer Schlusserklärung räumten die Minister der Erarbeitung eines rechtlich verbindlichen Instrumentariums für den grenzüberschreitenden Rundfunk erste Priorität ein. Debattiert wurde unter anderem über die harmonische Koexistenz öffentlich-rechtlicher und privater Rundfunkveranstalter.

Nur: Im losen Staatenverbund wird es nicht leicht sein, einen verbindlichen gemeinsamen Nenner zu finden, der über einen Minimalstandard hinausgeht. Die heute in den 21 Mitgliedstaaten geltenden Regelungen weichen nämlich weit voneinander ab. Zudem drohen die EG-Behörden jenen Mitgliedern der Zwölfergemeinschaft, die eine strengere, kulturell verpflichtete Lösung auf Europarats-Ebene anstreben, mit einer Klage vor dem EG-Gerichtshof. Dem Europarat wird demnach kaum etwas anderes übrigbleiben, als einen Minimalkonsens in Anlehnung an die EG anzupeilen.

Einen bösen Widerspruch birgt allerdings die Deregulierung des europäischen Rundfunks im Rahmen des Marktmodells. Der eingeebnete Binnenmarkt, der vor allem die privaten europäischen Programm-Hersteller erstarken lassen soll, bietet einen grossflächig umgepflügten Acker auch für die Saat der amerikanischen Programm-Industrie, die den internationalen und interkontinentalen Kommunikationsmarkt weitgehend beherrscht. Diesen Widerspruch des Marktmodells wollen die EG-Strategen mit einer simpel protektionistischen Quotenregelung ausmerzen. Zunächst sollen mindestens 30% der Sendezeit (abzüglich Nachrichten, Sport, Werbung, Teletext) europäischen Produktionen vorbehalten bleiben, nach drei Jahren soll diese Marke gar auf 60% erhöht werden können: Solche Schutzwälle gegen amerikanische Programmeinflüsse lassen sich zum einen mit defensiven volkswirtschaftlichen Argumenten begründen. Dabei geht es zum Beispiel um die Sicherung von einheimischen Unternehmen, Arbeitsplätzen und Steuererlösen. Aus der Perspektive eines spezifisch kultur- und kommunikationspolitischen Ethos greifen solche wirtschaftlich begründeten Massnahmen, die nur Symptome des Marktmodells bekämpfen, allerdings zu kurz. Ein europäisches oder ein nationales Quotensystem vermag den Kriterien der kulturellen Vielfalt und Eigenständigkeit nur unzureichend zu entsprechen, da nationale/europäische Produktionen (Eurofilm, Euro-„Dallas") ihrerseits auf eine internationale Vermarktung ausgerichtet sowie inhaltlich und stilistisch entsprechend angepasst werden müssen. Die Spirale der Anpassung an die Bedingungen der Internationalisierung und Kommerzialisierung gleicht die multinational und multimedial tätigen Veranstalter einander an und macht sie austauschbar, mögen die Unternehmen nun europäisches oder amerikanisches Kapital verwerten, mögen die Manager und Medienmogule Laurence A. Tisch, Ted Turner, Silvio Berlusconi, Francis Bouygues oder Rupert Murdoch heissen.

*Das Treuhandmodell oder die überrumpelten Kolcher*
Die immer stärker wirtschaftspolitisch motivierte Verantwortung

des Staates im Rundfunkbereich ist eher jüngeren Datums. Bislang haben die meisten europäischen Staaten ihre rechtliche Regelungstätigkeit primär an den kulturellen und publizistischen Funktionen ausgerichtet, welche das entsprechende Medium für die jeweilige nationale Öffentlichkeit zu erfüllen hat. Gemäss der Philosophie des *service public* erbringt der Rundfunk nämlich wesentliche Leistungen für das Gemeinwesen, die der Staat entsprechend zu schützen und zu fördern hat. Die Programme vermitteln den Einzelnen Informationen, Meinungen und Weltbilder, die für ihre individuelle und gesellschaftliche Orientierung wichtig sind. Zudem unterstützen sie die gesellschaftliche Integration der Bürger sowie die Arbeitsweise demokratischer Institutionen. Das Fernsehen als populäres und verbreitetes Medium erzeugt ein kulturelles Selbstverständnis, indem es aktuelle Entwicklungen auf bestimmte raumzeitliche Verhältnisse und historisch gewachsene Sinnstrukturen bezieht und dadurch die nationale Meinungs- und Willensbildung fokussiert.

In praktisch allen westeuropäischen Ländern hat der Staat nach dem Zweiten Weltkrieg im Rundfunkbereich eine Doppelrolle übernommen: Er macht zum einen rechtliche Vorgaben, indem er den die vielfältigen Interessen berücksichtigenden Programmauftrag umschreibt sowie organisatorische Regeln festlegt. Er beauftragt zum anderen einen oder mehrere Veranstalter mit dieser Aufgabe (Konzessionserteilung) und führt eine mehr oder weniger large Rechtsaufsicht. Im Rahmen der rechtsstaatlichen Traditionen der Gewaltenteilung sowie der Medienfreiheit nehmen die Programminstitutionen ihre publizistische Aufgabe prinzipiell unabhängig vom Staat und ohne direkte Eingriffe der Regierungen auf das Programm wahr. Selbst die etatistische Verfassung des Rundfunks in Frankreich, die zur Zeit nur noch für Antenne 2 als nationale Referenzanstalt sowie für FR 3 und La Sept gilt, räumt den Anstalten eine Selbstverwaltungsgarantie sowie redaktionelle Autonomie ein. Angesichts der eingeschränkten Möglichkeiten, das technisch und finanziell aufwendige Medium Fernsehen in den jeweiligen Kommunikationsräumen von mehreren, einander wirtschaftlich und publizistisch konkurrenzierenden Institutionen betreiben zu lassen, nehmen in den meisten europäischen Ländern Veranstalter mit binnenpluralistisch zusammengesetzten Trägerschaften diese Aufgabe wahr (SRG, ORF, ZDF, ARD). Dieses für westeuropäische Demokratien geradezu klassische Modell zielt zum einen auf die Erhaltung eines Bestandes von gemeinsamen Werten, Normen und Interessen (Integrationsfunk), das binnenpluralistische Verhandlungssystem verhindert zum anderen einen einseitigen oder unangemessenen Einfluss partieller Interessen auf die öffentliche Meinungsbildung.

Der binnenpluralistische Integrationsfunk ist in eine Krise geraten. Der auf Kompromiss angelegte Gruppenpluralismus verstärkt statische Momente: Der Proporz begünstigt eine an Gruppeninteressen orientierte Personalpolitik, der Zwang zur Konkordanz schlägt auf den publizistischen Prozess durch, begrenzt die Kontroversen und vermindert die Innovationsfähigkeit. Die Unabhängigkeit vom politischen System (den Parteien, Verbänden, Parlamenten, Regierungen) erschwert die Professionalisierung des Fernsehjournalismus, der im Gegensatz etwa zur ebenfalls öffentlich organisierten Wissenschaft sowie zur staatlich subventionierten Kunst kaum die für die Erfüllung seiner Aufgabe notwendige Autonomie entwickeln konnte. Die rechtliche Verpflichtung zur Ausgewogenheit respektive zur Berücksichtigung der Vielfalt führte im Rahmen des politisch instrumentalisierten Treuhandkonzepts zu einer Fixierung des Programms auf die politischen Mehrheitsverhältnisse.

Eine eigenwillige Alternative jenseits von Kommerz- und Integrationsfunk stellt die rechtliche Regelung des Rundfunks in Holland dar: Im Rahmen des öffentlichen Treuhandmodells treten dort gesellschaftliche Veranstaltergruppen in einen direkten publizistischen Wettbewerb miteinander ein und tragen diesen auf zwei Senderketten mit ihren Programmen vor dem Publikum aus. Dieses bestimmt über ein plebiszitäres Verfahren mit, wieviel an Sendezeit und Finanzen den einzelnen Programm-Anbietern zugeteilt werden soll. Die reife Liberalität dieses Modells begrenzt die Rolle des Staates darauf, strukturelle Vorgaben für den publizistischen Wettbewerb sowie für die Regelung der Vielfalt und der wechselseitigen Abgrenzung der nicht gewinnorientierten Veranstalter zu erlassen. Das „Holland"-Modell bietet demnach ein Verfahren der (Selbst-) Organisation von Pluralität, das den einzelnen gesellschaftlichen Gruppen, Ideen und Lebensstilen zwar keine paritätischen, aber durch eigene Aktivität zu beeinflussende Chancen bietet. Für Kleinstaaten, deren Fernsehmärkte eh zu klein sind, als dass sich darin publizistischer Wettbewerb als wirtschaftliche Konkurrenz zwischen mehreren privaten Veranstaltern organisieren liesse, bietet dieses Modell eine innovative Alternative zur Kommerzialisierung des Rundfunks. Eine kritisch prüfende Übertragung des Holland-Modells auf helvetische Verhältnisse wäre denkbar als produktive Ergänzung zur SRG auf lokal/regionaler sowie auf sprachregional/nationaler Ebene, Stichwort: 4. Senderkette (vgl. das Kapitel zum Modell *Mediallmend*).

Eine dem Treuhandmodell verpflichtete Medienpolitik, die Rundfunk primär als kulturelles Gut konzipiert, welches einen wesentlichen Beitrag zur öffentlichen Meinungsbildung und damit zur demokratisch verantworteten Souveränität der einzelnen Staaten leistet, hat nichts zu tun mit repressiver Nationalstaaterei, die ihren Bürgern den Zugang zu bestimmten Informationen verweigern möchte. Die publizistisch vermittelte nationale Selbstvergewisserung hat sich vielmehr immer auch der Einbettung in globale Zusammenhänge bewusst zu sein und diese kritisch zu reflektieren. Solange sich allerdings die einzelnen Staaten für ihre transnational tätigen Konzerne aussichtsreiche Stellungen auf den verschiedensten Märkten versprechen und sich aus naheliegenden wirtschaftlichen Gründen für einen möglichst ungehemmten grenzüberschreitenden Warenaustausch einsetzen, erzeugt die technisch wirtschaftliche Dynamik weltweit einen immer stärkeren Anpassungsdruck, dem gegenüber die politischen Steuerungskräfte vor allem eines Kleinstaates überfordert scheinen.

Eine der öffentlichen Kultur verpflichtete Rundfunkpolitik hätte vornehmlich in Europa auf ein Modell des *Austausches* und der Verständigung zwischen den verschiedenen föderalistischen Kommunikationsgemeinschaften zu zielen. Europäer sind Bürger von über 20 Staaten, sprechen 17 verschiedene Sprachen und leben in mindestens 12 verschiedenen Kulturräumen. Bereits bisher haben die öffentlichen Fernsehanstalten in ihren terrestrischen Programmen den Austausch und die Koproduktion von Sendungen gepflegt. Die ihnen zugeteilten Satellitenkanäle nutzen sie entweder zur transnationalen Verbreitung der bestehenden Programme (BBC 1 und 2, SVT 1 und 2, NRK, RAI 1, BR 3 und WDR 3) oder zur Herstellung und Ausstrahlung internationaler Sprachraumprogramme (3Sat, TV 5, Eins plus). Bei letzteren beteiligen sich jeweils verschiedene nationale Anstalten mit Beiträgen aus ihren originären Programmen, die zusammen mit bescheidenen Eigenproduktionen zu einem auf ein internationales Publikum hin ausgerichteten Programm komponiert und moderiert werden.

Ein mehrsprachiges „Austausch"-Programm, das sowohl in seiner Organisation als auch in seinen Inhalten sowie in seiner Zuschauerschaft eine europäische Struktur aufwies, war das Anfang der achtziger Jahre im Schosse der Europäischen Rundfunkunion (EBU/UER) gewachsene Projekt des Europa-TV, an dem sich schliesslich die niederländische NOS, die deutsche ARD, die italienische RAI, die irische RTE und zuletzt die portugiesische RTP beteiligten. Doch die Mehrsprachigkeit stellte aufwendige Probleme der Übersetzung. Diese schienen technisch zwar immer raffinierter lösbar (Untertitelung, Übersprechen, synchron auswählbare Sprachfassungen). Die Kosten entsprechender Programme, die eher ein flexibles und waches Minderheitenpublikum ansprechen dürften, wurden allerdings total unterschätzt. Nur knapp ein Jahr alt, gab das Brutkastenkind Europa-TV Ende November 1986 seinen Geist auf.

Die meisten öffentlichen Fernsehanstalten Europas hatten dieser Pioniertat entweder ihre Mitarbeit ganz verweigert oder sich daran nur halbherzig beteiligt. Was eine europäische Alternative zu den transnational sich in die verschiedensten Richtungen ausweitenden Satellitenfernsehplänen privater Veranstalter hätte werden können, wurde den Zielen der nationalen und internationalen Wettbewerbsbehauptung der einzelnen öffentlichen Anstalten untergeordnet. Eine Chance ist damit verpasst worden, die Aufmerksamkeit des Publikums in einer Art zu wecken, die einerseits die wirtschaftliche wie die politische Verflechtung Europas, andrerseits die kulturelle Vielfalt des „alten" Kontinents angemessen berücksichtigt hätte.

*Veränderter Empfang der Programme aus Nachbarländern*
Der Empfang ausländischer Programme ist für die meisten helvetischen Fern-Seher eine Selbstverständlichkeit. Sie hängt ab von der geografisch exponierten Lage des Kleinstaates, in dem sich drei grössere Sprach- und Kulturräume überschneiden. Damit die benachbarten Länder ihr Hoheitsgebiet mit Rundfunkprogrammen versorgen können, müssen Abstrahlungen ihrer Programme im Rahmen internationaler fernmelderechtlicher Vereinbarungen hingenommen werden. Diese gegenseitige Freizügigkeit gilt, seit es Fernsehen in der Schweiz gibt. Der Schweizerischen Radio- und Fernsehgesellschaft (SRG) kommt deshalb bis auf den heutigen Tag nur ein Veranstaltermonopol im Bereich des Fernsehens zu (sehen wir einmal von den befristeten regionalen TV-Versuchen ab). Auf der Ebene der Programme hingegen beschränkt sich die Monopol-

stellung der SRG lediglich auf journalistisch-informative Sendungen von nationalem und regionalem Belang sowie auf Programmteile, die aus einem typisch föderalistischen Aspekt Wirklichkeit aufarbeiten. Bei den übrigen Programmsparten ist die SRG einem direkten, befruchtenden publizistischen Wettbewerb mit ausländischen Veranstaltern ausgesetzt.

Gemeinschaftsantennen-Anlagen, Breitbandverteilnetze sowie das Richtstrahlnetz der PTT machten es nach und nach auch für topografisch ungünstig gelegene, grenzferne Gebiete möglich, zwischen den Programmen der SRG sowie jenen ausländischer öffentlicher Anstalten zu wählen. Über Richtstrahlnetze werden zur Zeit bis zu neun Programme an die Verteilnetze zugeführt: aus Frankreich TF 1, A 2, FR 3, aus Deutschland ARD, ZDF, BR 3, SW 3 sowie aus Österreich FS 1 und 2. In weiten Teilen des Tessins können die beiden Programme der staatlich lizenzierten RAI direkt empfangen werden.

Ausgehend vom Prinzip der Meinungs- und Informationsfreiheit (Art. 10 der Europäischen Menschenrechtskonvention) nahm die Schweizer Regierung bei der Weiterverbreitung ausländischer Programme eine offene und liberale Haltung ein. Für die Einspeisung dieser, in ihren Ursprungsländern terrestrisch verbreiteten Programme in schweizerische Verteilnetze gelten keine besonderen einschränkenden Bedingungen. Die internationale publizistische Konkurrenzierung der SRG war medienpolitisch solange unproblematisch, als die ausländischen Anstalten in ihrem Heimatstaat ebenfalls dem Public-service-Modell verpflichtet waren, das heisst vor allem bezüglich der Werbung als Finanzierungsform sowie hinsichtlich der Programm-Inhalte vergleichbare Bestimmungen zu erfüllen hatten.

Diese Voraussetzungen änderten sich, 1976 in Italien, Anfang der achtziger Jahre in Frankreich und schliesslich auch in Deutschland. In Ergänzung zu den treuhänderisch gebundenen Rundfunkorganisationen sind in den Nachbarländern private, kommerziell ausgerichtete Veranstalter zugelassen worden. Diese stellen sich zielstrebig zuerst auf das regionale und nationale Geschäft ein, ein Teil von ihnen bearbeitet zunehmend transnational den Fernsehmarkt des betreffenden Sprachraumes. Neben privaten Regionalsendern strahlen in weite Teile des Tessins die drei privaten nationalen Ketten (Italia 1, Rete 4 und Canale 5). Dasselbe trifft für die französischsprachige Schweiz zu, wo die in Frankreich ebenfalls terrestrisch verbreiteten Programme privater Veranstalter empfangen werden können: TF 1, La Cinq, noch kaum M 6 sowie das Abonnementsfernsehen Canal Plus. Einzig in der Region DRS war bisher kein muttersprachliches Privat-Programm direkt empfangbar. Im Gegensatz zu Italien und Frankreich stehen nämlich privaten Veranstaltern in der BRD keine landesweiten terrestrischen Frequenzen zur Verfügung. Sie sind vielmehr auf die neuen Verteiltechniken Kabel und Satellit verwiesen. Einzelne Bundesländer sehen zwar eine terrestrische Verbreitung privater Programme vor, verlangen aber als Gegenleistung vom privaten Veranstalter ein regionales Fensterprogramm. Dieses Modell dürfte bereits auch Strukturen einer möglichen Kooperation eines deutschen Privatsenders mit einem kommerziellen Veranstalter in der deutschsprachigen Schweiz andeuten.

Die unterschiedliche internationale Ausgestaltung der Medienpolitik zeitigt verschiedene Folgen für die Entwicklung des Rundfunks in den einzelnen schweizerischen Landesteilen. Während in der Region DRS das Satellitenprogramm Sat 1 als einziges deutsches Mischprogramm eines privaten Veranstalters erst seit dem Jahreswechsel 1987/88 in vorerst wenigen verkabelten Haushalten empfangen werden kann, sind das Tessin und die Romandie bereits viel stärker mit der Kommerzialisierung des Fernsehens in den Nachbarländern konfrontiert. So kommt TF 1, als vormals erstem französischen Public-service-Programm, das zweifelhafte, ja marktverzerrende Privileg zu, durch das Richtstrahlnetz der Schweizer PTT auch in grenzferne Gebiete weiterverbreitet zu werden. Der Ausgang eines anderen exemplarischen Konfliktes stand anfangs 1988 zur Entscheidung an: Ein Gesuch für eine enge Zusammenarbeit zwischen dem bereits rentablen französischen Pay-TV-Anbieter Canal Plus und dem bankrotten Westschweizer Konkurrenten Télécinéromandie lag dem Eidgenössischen Verkehrs- und Energiewirtschaftsdepartement (EVED) zur Genehmigung vor. Die Mitgift, welche das helvetische Mauerblümchen für die Heirat ins französische Fürstenhaus hätte einbringen sollen, wäre das öffentliche Gut beschränkter Frequenzen gewesen. Die makabre Moral des Lehrstücks über die versuchsweise Kommerzialisierung von Pay-TV in der Romandie: Der vormals sich helvetisch brüstende David wäre entsprechend der Logik des Marktes bereit gewesen, die nur treuhänderisch verwaltete Senderkette im Welschland an einen privaten französischen Veranstalter zu verhökern. Bei dem neuen Unternehmen wären noch schweizerisch geblieben die Gewinne beziehungsweise Verluste der einheimischen Aktionäre, allenfalls eine bescheidene Abgabe für das Filmschaffen diesseits des Juras sowie die Gehülfenschaft für das transnational abgewickelte Geschäft (Verkauf von Decodern und Einziehen der Entgelte). Das Nachsehen bei diesem Deal hätte die Öffentlichkeit gehabt. Im März schliesslich lehnte der Bundesrat das dreiste Gesuch ab.

Weit folgenreicher als der freund-nachbarliche „Grenzverkehr" beflügeln die Technologien Kabel und Satellit die transnationale Kommerzialisierung des Fernsehens in Europa. Regionale Unterschiede schnurren zusammen. Die bisher weitgehend verschonte DRS-Region wird schon in nächster Zukunft einer rauheren Bise ausgesetzt sein. Es ist nur eine Frage der Zeit, bis die heute bereits über Fernmeldesatelliten ausgestrahlten deutschsprachigen Mischprogramme privater werbefinanzierter Unternehmen in Schweizer Kabelnetze eingespiesen werden. Neben Sat 1 werden dann auch

RTL plus, Tele 5 und Eureka TV in einen direkten auch wirtschaftlichen Wettbewerb mit dem Fernsehen DRS, der einträglichsten Milchkuh der SRG, eintreten.

*Beobachtungen am europäischen Satelliten-Programmkiosk*
Die medienpolitischen Umstellungen sowie der Einsatz der neuen Verteiltechniken haben die Television in Europa quantitativ wie qualitativ nachhaltig verändert. Anhand der über Fernmeldesatelliten ausgestrahlten Programme (vgl. Tabelle) lassen sich vier Tendenzen herausarbeiten.

1. Die Zahl der Fernsehkanäle *erhöht* sich drastisch (2). Die europäische Raumfahrtsorganisation ESA rechnet mit 100 bis 200 Satellitenkanälen Anfang der neunziger Jahre, jeweils zehn Prozent davon sollten direkt empfangbar sein. Nach den technischen Pannen bei den Trägerraketen sowie beim deutschen Direkt-Satelliten TV-Sat erweisen sich solche Prognosen zwar als zu optimistisch. Doch die Entwicklungsrichtung ist damit angesagt. Anfang 1988 wurden in Westeuropa über rund 29 Satellitenkanäle etwa 32 Fernsehprogramme verbreitet. Alle Programme werden dabei noch über Fernmeldesatelliten ausgestrahlt. Ihre relativ schwachen Signale können nur mit aufwendiger Technik am Boden empfangen werden; die Veranstalter bleiben bis auf weiteres aus wirtschaftlichen Gründen auf die Einspeisung in Kabel- oder vergleichbare Verteilnetze angewiesen. Die Abhängigkeit vom Kabel schränkt allerdings die technische Reichweite des „indirekten" Satellitenfernsehens enorm ein: In Westeuropa konnten gemäss Schätzungen bis 1988 nur knapp 12% der Fernsehhaushalte über Kabel erreicht werden. Gegen Ende des Jahrtausends dürfte ein Drittel der Personen per Kabel, ein Viertel via weniger leistungsfähige Gemeinschaftsantennen-Anlagen versorgt werden. Mit einem Verkabelungsgrad von über 60% bleibt damit die Schweiz ein wichtiger Testmarkt für paneuropäisches Fernsehen. Diese herausragende Stellung bei der passiven In-

## Europäische Satelliten-TV-Kanäle

| Satellit | Programm | Reich-weite [*] | Empfang | Sende-zeiten | Sende-sprache | Programminhalt |
|---|---|---|---|---|---|---|
| INTELSAT VA-F12 | 3SAT | 3 264 000 | Frei | 7 h | deutsch | Unerhaltung, Kultur, Info |
| | Westd. Rundfunk (WDR)[**] | 2 356 000 | Frei | 10 h | deutsch | Unterhaltung, Kultur, Info |
| | Tele 5 | 2 490 000 | Frei | 24 h | deutsch | Unterh., Musik, Nachr. |
| | Bayer. Rundfunk (BR)[**] | 2 430 000 | Frei | 11 h | deutsch | Unterhaltung, Kultur, Info |
| | Eins Plus | 2 503 000 | Frei | 6 h | deutsch | Unterhaltung, Kultur, Info |
| | Eureka TV | 2 074 000 | Frei | 8 h | deutsch | Nachr., Kultur, Unterh. |
| | AFN-TV | 850 000 | Decoder | 24 h | englisch | Unterhaltung, Info |
| EUTELSAT I-F1 | Teleclub | 50 700 | Pay-TV | 7 h | deutsch | Spielfilme |
| | RAI UNO | 3 575 000 | Frei | 13 h | italienisch | Unterhaltung, Kultur, Info |
| | RTL plus[**] | 2 900 000 | Frei | 10 h | deutsch | Unterhaltung, Info |
| | FilmNet | 106 000 | Pay-TV | 24 h | engl./holl. | Spielfilme Nonstop |
| | 3SAT | 3 264 000 | Frei | 7 h | deutsch | Unterhaltung, Kultur, Info |
| | TV 5 | 6 215 000 | Frei | 8 h | französisch | Unterhaltung, Kultur |
| | SAT 1[**] | 3 000 000 | Frei | 12 h | deutsch | Unterhaltung, Info |
| | World Net | 2 240 000 | Frei | 3 h | englisch | Nachrichten |
| | Sky Channel | 11 012 703 | Frei | 18 h | englisch | Unterhaltung, Sport |
| | Super Channel | 9 000 000 | Frei | 20 h | englisch | Unterhaltung, Info |
| EUTELSAT I-F2 | World Net | [***] | Frei | 3 h | englisch | Nachrichten |
| | NRK | 350 000 | Frei | 8 h | norwegisch | Unterhaltung, Kultur |
| INTELSAT V-F2 | SVT 1 | 380 000 | Decoder | 6-7 h | schwedisch | Unterhalung, Kultur |
| | SVT 2 | 380 000 | Decoder | 6-7 h | schwedisch | Unterhaltung, Kultur |
| | New World Channel | [***] | Frei | 1 h | div. | Religiöses Programm |
| INTELSAT VA-F11 | Premiere | 40 000 | Pay-TV | 7 h | englisch | Spielfilm |
| | Children's Channel | 102 558 | Pay-TV | 7 h | englisch | Kinderprogramm |
| | Arts Channel | 671 000 | Pay-TV | 3 h | englisch | Kultur |
| | Lifestyle | 86 745 | Pay-TV | 5 h | englisch | Hausfrauenprogramm |
| | Screen Sport | 95 922 | Pay-TV | 7 h | englisch | Sport |
| | Cable News Network | 456 437 | Pay-TV | 24 h | englisch | Nachrichten Nonstop |
| | MTV Europe | 2 866 000 | Frei | 24 h | englisch | Musik |
| | BBC 1/2 | [***] | Decoder | 8 h | englisch | Unterhaltung, Info |
| TELECOM I | M 6[**] | 25 000 | Frei | 16 h | französisch | Musik, Unterhaltung, Info |
| | La Cinq[**] | 25 000 | Frei | 17 h | französisch | Unterhaltung, Film, Info |
| | Kanal J | 25 000 | Frei | 12 h | französisch | Kinderprogramm |

*Stand: Januar 1988*
*Quelle: Kabel und Satellit 1/2/88*
[*] *Reichweite = Angeschlossene Haushalte in Europa, technische Reichweite*
[**] *ohne terrestrische Verbreitung*
[***] *keine Angaben, z.T. nur Testprogramme, unregelmässige Ausstrahlung oder erst seit kurzem auf dem betreffenden Kanal sendend*

ternationalisierung eröffnet Möglichkeiten, eigene Programminitiativen zu entwickeln und als transnationaler Anbieter in Kooperation mit ausländischen Partnern auf dem europäischen Markt aktiv zu werden.

Die technischen Rückschläge bei den Satellitenanlagen sowie die unterschätzten finanziellen Kosten für die breitbandige Verkabelung insbesondere mit Glasfasern erlauben kaum mehr als eine Verschnaufpause. Im günstigsten Fall kann die gewonnene Zeit genutzt werden, um für den medienpolitischen Diskurs etwas mehr Gelassenheit und am Wohl der Öffentlichkeit gemessene Phantasie zu wecken. Schon zu Beginn der neunziger Jahren werden sich die Unterschiede zwischen Fernmelde- und Rundfunksatelliten hinsichtlich Empfangsbedingungen allmählich abbauen. Satelliten mittlerer Reichweite werden sich voraussichtlich durchsetzen, zum einen aus wirtschaftlichen Gründen, zum andern wegen ihres technischen Designs, das sich flexibler auf die Entwicklung einer gemischten Kabel/Satelliten-Infrastruktur einstellen kann. Ab Ende der neunziger Jahre, so rechnen die PTT-Experten, dürfte dann die Glasfaser bis in die Kapillarnetze zu den einzelnen Haushaltsanschlüssen wirtschaftlich rentabel eingesetzt werden können. Die bisher noch über verschiedene Kanäle laufenden Dienste wie Telefon-, Daten-, Radio- und Fernsehübertragung können so zu einer Nabelschnur zusammengefasst werden. Der individuelle Abruf von Filmen und einzelnen Sendungen bei Datenbanken wird unabhängig von einem Programmschema möglich sein (Pay per view). Massenkommunikation (Verteil-/Abrufmedien) und Individualkommunikation werden fliessend ineinander übergehen und in dem zusammenhängenden Kommunikationsmarkt aufgehen.

2. Die neuen Verteiltechniken eröffnen vor allem *privaten* Veranstaltern den Zutritt auf den Fernseh-„Markt". Zwei Drittel der in Europa empfangbaren Satellitenprogramme, rund 20 also, stammen von privaten, gewinnorientierten Unternehmen. Sehen wir von den bestehenden öffentlichen Programmen (z.B. RAI, NRK, WDR, BR, BBC, SVT 1 und 2) ab, die über die Satellitenausstrahlung bloss einem internationalen Publikum zugänglich gemacht werden, so sind es nur gerade drei neue Programme, die von öffentlichen An-

stalten für die internationale Verbreitung speziell hergestellt werden: 3 Sat, TV 5, Eins plus. Gegen Ende dieses Jahrzehnts wird sich demnach die Situation der Anbieter in Europa radikal verändert haben: Von den bis zu 70 national und transnational verbreiteten Fernsehprogrammen wird ungefähr die Hälfte von privaten, primär am Markt orientierten Veranstaltern eingebracht werden. Noch 1982 waren die rund 37 landesweiten Programmketten in Westeuropa fast ausschliesslich dem Treuhandmodell verpflichtet. Dieses traf abgeschwächt damals auch für das private luxemburgische RTL-Programm sowie insbesondere für die britischen ITV-Stationen zu; einzig die drei landesweiten privaten Programme Italiens waren in der Bearbeitung des Marktes von einem gesetzlichen Programmauftrag weitestgehend dispensiert. Inzwischen ist allerdings der europäische Fernsehmarkt gründlich umgestaltet worden. Durch die veränderten technischen und medienpolitischen Bedingungen haben sich während der letzten fünf Jahre in Europa die Grundzüge eines *dualen Rundfunksystems* herausgebildet, in dem private und öffentliche Programme beziehungsweise Anbieter miteinander konkurrieren.

*Segmentierung des Marktes*

3. Die Programm-Angebote auf dem deregulierten europäischen Fernsehmarkt diversifizieren sich in zwei verschiedene Richtungen: Es erfolgt eine Segmentierung einerseits nach Programmarten, andrerseits nach Sprachregionen. Die einem umfassenden Leistungsauftrag verpflichteten *Vollprogramme* der öffentlichen Anstalten machen rund einen Drittel des über Satelliten ausgestrahlten Angebots aus. Diese sind primär auf die Öffentlichkeit eines bestimmten Staates (zum Beispiel RAI für Italien) oder einer transnationalen Sprachregion (zum Beispiel 3 Sat, Eins plus für das deutschsprachige Europa) ausgerichtet. Der Gattung der Vollprogramme nachgebildet sind die *Mischprogramme* der privaten Veranstalter, die mit

einem dosierten Angebot an Unterhaltung, Information und Kultur, jedoch nur mit einem schmalen Leistungsauftrag jeweilige Mehrheitspublika anzusprechen versuchen: Sat 1, RTL plus, Tele 5, Eureka, TF 1, M 6, La Cinq, AFN-TV, Sky Channel, Super Channel.

An Zielgruppen richten sich spezielle *Spartenprogramme*, die alle nicht von öffentlichen Anstalten hergestellt und verbreitet werden: Screen Sport an Sportbegeisterte, Life Style an Hausfrauen, The Children's Channel und Canal J an Kinder, Teleclub, Filmnet, Premiere und Canal plus an Spielfilmbegeisterte, MTV Europe, Music Box (Bestandteil von Super Channel) und Sky-Trax (Teil von Sky Channel) an Liebhaber von Popmusik und Videoclips, der geplante schweizerische Business Channel an Geschäftsleute, der bankrotte Arts Channel (anfangs 1988 im Gespräch mit Sky Channel) an Opern- und Kunstfreunde, Cable News Network (CNN) an informationshungrige Weltbürger, World Net an gläubige Abnehmer von Weltdeutungen aus Sicht der amerikanischen Regierung, New World Channel an bestätigungsbedürftige fundamentalistische Christen.

Die meisten dieser Spartenprogramme senden vorläufig lediglich wenige Stunden am Tag und teilen deshalb ihren Satellitenkanal mit anderen Veranstaltern. Ted Turners CNN wie auch der anglo-amerikanische Musiksender MTV-Europe stellen dagegen bereits entwickeltere Formen von *special interest programs* dar: Rund um die Uhr bieten sie in bestimmten Wiederholungen Beiträge immer derselben Programmgattung an. Das Programmschema als behelfsmässiger Kompromiss zwischen verschiedenen Sendungstypen, die unterschiedliche Publikumsgeschmäcker ansprechen, entfällt für die Spartenprogramme. Zuschauer können sich jederzeit dazuschalten. Programm-Ankündigungen sind überflüssig, weil die Konsumenten durch die Typisierung des Senders genau wissen, was sie erwartet. Zum einen wird durch den gezielten Zugriff audiovisuelle Kultur verfügbarer. Zum andern bietet der Dauerkitzel die Möglichkeit, momentane Launen jederzeit und ohne geistige Arbeit zu befriedigen. Spezielle Musik- und Hausfrauenprogramme, aber auch die den Tagesabläufen möglichst nahtlos angepassten kommerziellen Mischprogramme empfehlen sich zunehmend als Begleitprogramme. Wie aus den USA bereits bekannt, wird die Kulturtechnik Fernsehen damit zu einer sekundären Tätigkeit, die sich wie Radiohören neben anderen erledigt. Die Konsumenten wähnen, Zeit zu gewinnen, in Wahrheit wird sie ihnen durch Zerstreuung gestohlen.

4. Die Akzeptanz eines Programms ist wesentlich bestimmt durch dessen *Sprache*. Ein europäischer Markt mit 121 Millionen Fernsehhaushalten ist deshalb eine Illusion. Als besonders resistent dürfte sich das sprachliche Immunsystem gegenüber den Voll- und Mischprogrammen erweisen. Nach dem gescheiterten anspruchsvollen Projekt des mehrsprachigen Europa-TV gestalten sich die meisten transnationalen Mischprogramme als *Sprachraumprogramme:* Auf die deutsche Sprachkultur zielen 3 Sat, Eins plus, Sat 1, RTL plus, Tele 5, Eureka; auf die französische TV 5, TF 1, La Cinq, M 6.

Obwohl Englisch als die universalste europäische Sprache gelten darf, haben die kommerziellen britischen Mischprogramme Sky Channel und Super Channel wohl die Schwierigkeiten unterschätzt, das Publikum des Festlandes in einer anderen als der eigenen Sprache anzusprechen. Nach fünf Betriebsjahren schreibt Sky Channel, der älteste europäische Veranstalter eines Satellitenprogramms, immer noch rote Zahlen. Nach verschiedentlich korrigierten Prognosen wird Rupert Murdoch mit seinem Sky Channel erst am Ende der achtziger Jahre den *break even point* (die Schwelle zur Gewinnzone) erreichen. 120 Millionen Franken sollen bis zu diesem Zeitpunkt in den Himmelskanal investiert worden sein. Doch trotz der stolzen technischen Reichweite von 11 Millionen Zuschauern bleibt die Sehbeteiligung eher gering. Die im Auftrag verschiedener Satellitenstationen im März 87 erhobene Studie P.E.T.A.R. bescheinigt der Station, dass während eines Monats europaweit 44% der potentiellen Zuschauer mindestens einmal in den Sky hinein guckten. Eine SRG-Untersuchung konstatiert im Februar 1987 eine wöchentliche Reichweite von 23% für Sky und 16% für Super Channel. Die Zuschauer der gesamteuropäischen Kanäle bleiben laut SRG-Forschung dem Sky aber nur 90, dem Super gerade noch 45 Minuten pro Woche treu.

Bei den *Spartenprogrammen* dürfte die Bereitschaft, Sprachbarrieren zu überwinden, ganz unterschiedlich ausfallen. Beim Pay-TV für Spielfilme bestehen die Zuschauer in erster Linie auf synchronisierten Fassungen, allenfalls sind sie bereit, Originalversionen mit oder ohne Untertitel hinzunehmen. Für das spezielle Entgelt nicht akzeptiert werden Synchronisationen in einer dritten Sprache. Im Gegensatz zum Abonnements-Fernsehen für Spielfilme sind alle anderen Spartenprogramme (mit Ausnahme des französischen Canal J) in englischer Sprache gehalten. Eigentliche Lingua-franca-Programme bieten dabei jene Sender, die ihre Zielgruppen in einer exklusiven Sprache ansprechen: Der Arts Channel bringt italienische Opern, die kundige Geschäftswelt im Business Channel verständigt sich auf Englisch, und brandaktuell sind *news* eben nur in Anglo-amerikanisch.

Televisionäre Pfingsterlebnisse der Verständigung in verschiedenen Sprachen bieten generell Sendungen, für deren Verstehen die Sprache ohnehin von nachgeordneter Bedeutung ist, insofern Töne, Gesten und Bewegungen dominieren. Dies dürfte insbesondere für Screen Sport und den Musikkanal MTV Europe zutreffen. Sport und Popmusik sind aber auch die beliebtesten Programmsparten bei den Mischprogrammen Sky und Super Channel. Durch den Import der etwas schrägen Highlights amerikanischen Fernsehens hat sich insbesondere Sky Channel hierzulande bei Jugendlichen einen

Namen gemacht: durch das zur totalen Fernsehshow gestylte gruselig-komikhafte Wrestling; durch die Videoclips als kulturindustrielle Markenprodukte mit globalem Verkaufswert.

## Besatzung des Argos: hünenhafte Recken

Das goldene Vlies, es lockt. Der vergoldete Rundfunk verspricht, ein einträglicher Markt zu werden. Zumindest das Geschäft in den USA floriert. Mitte der siebziger Jahre zählte man dort 300 Kabelnetze, die ungefähr zehn Fernsehprogramme an fünf Millionen Abonnenten verteilten. 1986 erreichten 6000 Kabelnetze rund 40 Millionen Haushalte, 25 Satelliten verteilten an die Kabelstationen rund 60 Radio- und Fernsehprogramme, 20 Millionen US-Bürger besassen Videorecorder. Innerhalb eines Jahrzehnts verdreifachte sich der jährliche Umsatz auf 75 Milliarden Dollar. In Raten von 15% soll dieser Markt bis gegen Ende dieses Jahrhunderts weiterwachsen (3).

Wen wundert es da, wenn europäische Unternehmen und Wirtschaftspolitiker angestrengt nach Amerika schielen? Angesichts beschränkter Wachstumsmöglichkeiten sowie gesättigter Märkte vor allem der industriellen Wirtschaftszweige stechen die zukunftsträchtigen Kommunikationsmärkte ins Auge. Die europäischen Staaten scheinen gewillt, sich auf diesen Märkten zu behaupten, zuerst auf dem sich langsam herausbildenden europäischen Binnenmarkt, dann aber auch weltweit und insbesondere auf den Märkten der Dritten Welt. Information und Software sowie die diese verarbeitenden und verbreitenden Technologien bescheren Herstellern und Besitzern nämlich einen doppelten Vorteil: Sie sind sowohl rentable Waren als auch entscheidende strategische Faktoren der militärischen, politischen und wirtschaftlichen Macht.

Doch das goldene Vlies fällt keinem Argonauten in den Schoss. Die Fahrt nach Kolchis ist beschwerlich, das listige Rauben birgt gefährliche Tücken. Der Erfolg des Unternehmens hängt ab: von der Seetüchtigkeit der Schiffe (der technischen Reichweite eines Senders), von den Hoheitsgewässern, die zu durchqueren sind (dem medienpolitischen Umfeld), vom Aufkommen des Windes (dem Werbewachstum zur Rundfunkfinanzierung) sowie von der Qualität der Tauschgegenstände, die am Strand ausgelegt werden (den Programmen). Die privaten Argonauten aus Europa, meist Landratten mit eher bescheidenen Televisionserfahrungen, treten dabei in einen wenig aussichtsreichen Wettlauf mit tüchtigen amerikanischen Seefahrern, die schon vor langem aufgebrochen sind. Schon in ihren Binnengewässern haben die europäischen Handelsschiffe auf der Hut zu sein vor den Brandgeschossen aus den Küstenfestungen der unbeweglichen Kolcher, denen es vorläufig noch auszuweichen gilt.

Wie also muss die Schar der Argonauten zusammengesetzt sein, wie muss sie ausgerüstet sein, um gegen die lauernden Gefahren bestehen zu können? Die hohen Investitionen in die technische Infrastruktur, die Programme sowie das Marketing setzen kapitalstarke Unternehmen voraus. Diese haben unter den erschwerten Bedingungen eines noch wenig erschlossenen Marktes zumindest mittelfristig hohe Verluste zu verkraften. Nur herausragende Hünen sind solchen Strapazen gewachsen und besteigen die europäischen Argonautenschiffe:

- Bertelsmann, mit einem Umsatz von 7,6 Milliarden Franken (4) der grösste Medienkonzern der Welt, ist zu 38% an RTL plus sowie mit einem kleinen Paket indirekt an der Compagnie Luxembourgeoise de Télédiffusion (CLT) beteiligt.
- Francis Bouygues, der französische Bau- und Betonkönig, der sich mit 45 Milliarden Francs Jahresumsatz gerne als weltgrössten Unternehmer seiner Branche feiern lässt, erwarb im April 1987 einen Viertel des Aktienkapitals des ersten französischen Fernsehprogrammes TF 1 und ist seither Präsident dieses Veranstalters.

- Silvio Berlusconi, italienischer Financier und Bauunternehmer, setzt mit seiner Holding Fininvest gegen 9 Milliarden Franken um, davon ungefähr 2,1 im Mediengeschäft. Ihm gehören die drei italienischen Fernsehketten Canale 5, Italia 1, Rete 4, zudem ist er zu 25% an der französischen Fernsehkette La Cinq sowie zu 45% am dritten deutschen Privatfernsehen Tele 5 beteiligt.

- Rupert Murdoch, zu 40% Gesellschafter an News International (Umsatz 1986/87: 4,8 Milliarden Franken), ist daran, ein weltweites Medienimperium aufzubauen. Es umfasst 150 Zeitungen, 46 Zeitschriften, 18 Fernseh- und Radiostationen sowie drei Gross- und zahlreiche Fachverlage. Die Ansätze zu einem globalen Fernsehnetzwerk umspannen drei Kontinente: In Australien besass Murdoch bis zum März 1987 die beiden TV-Stationen Channel Ten (Sydney) und ATV-10 (Melbourne). In den USA verfügt Murdoch seit dem Mai 1985 mit Metromedia über sechs regionale TV-Stationen in den wichtigsten Städten der USA (Kaufpreis: 2 Milliarden Dollar). Er erreicht damit gegen einen Viertel der amerikanischen Fernsehzuschauer. In Konkurrenz zu den drei grossen Networks ist er zur Zeit bestrebt, mit Fox Broadcasting ein viertes Network aufzubauen. Stolz verweist Fox darauf, mit Hilfe seiner Affiliates gegen drei Viertel des US-Marktes abzudecken. Für diese ehrgeizigen Pläne musste der ehemalige australische Pressezar allerdings amerikanischer Staatsbürger werden. Im Gegenzug hatte er in seinem Heimatland auf die Kontrolle seiner Fernsehketten zu verzichten. In Europa als drittem Kontinent ist das Murdoch-Imperium zu 83% am Satellitenfernsehen Sky Channel beteiligt. Zur Zeit verhandelt Murdochs News International zudem mit der European Broadcasting Union (EBU), dem Zusammenschluss der öffentlichen europäischen Anstalten. Ziel: ein 50-50-Joint-venture für den Betrieb des geplanten 24-Stunden-Kanals Euro-

Sport. In Anspielung an McLuhan ist der Medienmogul Murdoch wohl der erste wirkliche Bürger des globalen elektronischen Dorfes.

## Machtkonzentration bei Multi-Media-Unternehmen

In den Häfen, in denen die Recken die Schiffe besteigen, um auf die waghalsige Expedition ins lockende televisionäre Ungewisse aufzubrechen, herrschen ganz unterschiedliche Stimmungen. Verdriessliche Gesichter gibt es bei jenen, die vorläufig an den heimatlichen Gestaden zu warten haben, so zum Beispiel beim französischen Verlagshaus Hachette (Umsatz 1987 rund 4 Milliarden Franken), welches das Rennen um das Hauptpaket der Aktien von TF 1 gegen Bouygues verlor.

Zurückhaltung demonstriert derweil eine Gruppe weiser Heroen: die deutschen Verlage. Springer (Umsatz 1986: 2,2 Milliarden Franken), Holtzbrinck (1,2 Milliarden Franken) sowie ein Konsortium weiterer Verlage unter dem Namen Aktuell Presse Fernsehen haben sich zu je 15% an Sat 1 beteiligt. Bei RTL plus sind neben der Compagnie Luxembourgeoise de Télédiffusion CLT (46%) und Bertelsmann (39%) die Verlage Westdeutsche Allgemeine (10%), Burda (2%) und Frankfurter Allgemeine Zeitung (1%) vertreten. Verschämt die eigene publizistische Macht kaschierend – Springer zum Beispiel ist mit 29% Anteil am bundesdeutschen Pressemarkt bereits grösster Anbieter von Tageszeitungen, mit 18% Anteil zweitgrösster Anbieter von Publikumszeitschriften –, geben sie eher defensive Gründe für ihre Mitwirkung an der Eroberung der neuen Märkte an. Ein Rest an verlegerischem Ethos hat sich bei den traditionellen Verlagen wenigstens als schlechtes Gewissen erhalten. Mit der Devise, der Angriff sei die beste Verteidigung, versuchen sie, den vermuteten Verschiebungen auf dem Medienmarkt zu begegnen, um sich langfristig insbesondere auf dem Werbemarkt, der die wichtigste Einnahmequelle für die Presse darstellt, behaupten zu können. Presseverlage in der deutschsprachigen Schweiz wie Ringier (Umsatz 1986: 612 Millionen Franken) haben sich dieser Argumentation nach dem Motto „Die Medien den Medien" angeschlossen.

Als zwei besonders abenteuerlustige Draufgänger unter der Argonautenschar stechen der britische Verleger Robert Maxwell sowie der rechtsstehende Pressezar Frankreichs, Robert Hersant, heraus. Maxwells Pergamon Holding (Umsatz 2,7 Milliarden Franken) betreibt das Kabelnetz British Cable Services, ist zu 20% an der privaten britischen ITV-Gesellschaft Central Televisions beteiligt, zu 12% am privatisierten französischen Fernsehsender TF 1, zu 30% am englischsprachigen Abonnements-Fernsehen für Spielfilme, Premiere, sowie zu 51% am Popmusik-Channel MTV Europe. Hersant (Umsatz 1,5 Milliarden Franken) kontrolliert in Frankreich mit zwei Dutzend Tageszeitungen und ebenso vielen Wochenschriften über 40% des überregionalen sowie 20% des lokalen Zeitungsgeschäfts. Zu seinem Imperium gehören ausserdem 30 Lokalradios. Im Februar 1987 erwarb Hersant 25% an der fünften französischen Fernsehkette La Cinq, die er als Generaldirektor leitet und bei der er überwiegend für die Informations- und Nachrichtenprogramme zuständig ist.

*Konglomerate und Banken als neue Medienbetreiber*
Doch ob zögernd oder dreist, viele der europäischen Medienunternehmen scheinen allein nicht in der Lage, ihre Argonautenschiffe auszurüsten und das Risiko der raumgreifenden Expedition zu tragen. Vielen fehlt das nötige Kapital; doch eilen ihnen branchenfremde Unternehmen bereitwillig zu Hilfe. Angelockt vom Ruhm und vom Reichtum, welche die Entdeckung und Eroberung der neuen Kolonien versprechen, bilden sie *Mischkonzerne*, die ausser im Medienbereich noch in anderen Industriezweigen eine starke Stellung einnehmen. Die Baulöwen Bouygues und Berlusconi sind

nur die herausragendsten Köpfe dieser Entwicklung.

In Deutschland haben die Medienunternehmen eine prominente Stellung auf dem neuen Fernsehmarkt, insbesondere bei den beiden Marktleadern behaupten können. RTL plus betreiben sie eigenhändig; 40% an Sat 1 hingegen hält die Programmgesellschaft für Kabel- und Satellitenrundfunk (PKS), nominell eine Tochtergesellschaft der Deutschen Genossenschaftsbank. Am drittplazierten Tele 5 ist Berlusconi zu 45% beteiligt, und das abgeschlagene Eureka-TV gehört gar zu 100% der Medi Media Programm, ihrerseits zu 75% im Besitz des Geschäftsführers der Lebensmittelkette Allkauf, Gerhard Ackermann.

In Frankreich war die Medienpolitik der letzten Jahre darauf ausgerichtet, möglichst hohe private Investitionen für den Medienbereich zu erschliessen. Französische Zeitungs-, Buch- und Filmverlage sind an TF 1, La Cinq, M6 und Canal plus insgesamt nur gerade zu 13% beteiligt, fast 20% macht das ausländische Kapital aus, mehr als die Hälfte sind branchenfremde Investitionen von Banken, Versicherungen und anderen Dienstleistungsunternehmen (42%) sowie Industrieunternehmen (13%) und Kleinanlegern (12%).

Gegenüber ihren Konkurrenten gewinnen Kolonisatoren, die sich ihre Expedition teilweise mit fremdem Geld finanzieren lassen, wertvolle Zeit. Doch das schnelle, fremde Geld macht abhängig, gerade auch im publizistischen Bereich. Die *Banken* übernehmen dabei zunehmend einen entscheidenden Einfluss. Sie spielen eine dreifache Rolle: Sie gewähren Kredite, beteiligen sich selber an Unternehmen und bieten Maklerdienste an.

Während die europäischen Banken bis weit in die sechziger Jahre eine skeptische Zurückhaltung gegenüber dem als unseriös geltenden Jahrmarktmedium Kino pflegten, finanzieren sie heute die multimedial verwertbare Software Film im grossen Stil. Der Crédit Lyonnais investiert als Pionier dieser Branche etwa 12% seines Kreditvolumens in das Unterhaltungsgeschäft. In den letzten Jahren hat das Bankinstitut jährlich ungefähr 500 Millionen Dollar für je etwa 40 Filme investiert. Zu seinen Kunden zählen berühmte Produzenten wie Dino de Laurentiis, Bernd Eichinger sowie Yoram Globus und Menahem Golan. Zu den erfolgreichen Titeln von Crédit Lyonnais gehören: „Zimmer mit Aussicht", „Platoon", „Salvador", „Blue Velvet", „Der Name der Rose", „Rambo II". Neben den Programmen investieren die Banken auch kräftig in die Verbindlichkeiten der privaten Rundfunkveranstalter: Rund 3,6 Milliarden Dollar machen die Schulden von Murdochs News Corporation, 1,8 Milliarden Dollar von Ted Turners Medienimperium aus.

Als das wohl augenfälligste Beispiel für den direkten Einkauf von Banken ins TV-Business mag das *medium power satellite*-Projekt SES-Astra gelten: Von dessen 13 Gesellschaften sind zehn Banken, die zusammen über drei Viertel des Aktienkapitals halten. Auf seiten der privaten Fernsehveranstalter wirken Banken bei Sat 1 (40%), M6 (20%), Canal plus (35%), TF 1 (6%) mit. An der luxemburgischen CLT besitzen französische Banken wie Paribas (10%) und Rothschild (5%) namhafte Beteiligungen. An der CLT partizipiert zudem als mächtigster Gesellschafter mit einem Anteil von über 40% die belgische Compagnie Bruxelles-Lambert (CBL), die wiederum zu etwa 40% der in der Schweiz domizilierten Pargesa-Holding gehört, einem Mischkonzern, der vor allem mit finanziellen Dienstleistungen handelt. Zu nicht ganz einem Drittel ist CBL an der Drexell-Bank beteiligt, einer der wichtigsten Beraterinnen, Zwischenhändlerinnen und Geldgeberinnen im *Take-over*-Geschäft der USA. Diese spielte eine namhafte Rolle beim Zustandekommen von Murdochs und Turners Geschäften auf dem amerikanischen Audiovisionsmarkt.

*Medienkonzerne als Spekulationsobjekte*
Medienunternehmen mit einem hohen Kapitalbedarf finanzieren einen Teil der Investitionen, indem sie als Publikumsgesellschaften

Wertpapiere an der Börse anbieten. In den USA werden fast alle grossen Medienkonzerne an der Börse gehandelt; und auch Grossbritannien folgt dieser Tradition (ITV-Stationen, Maxwell Communications). Auf dem Kontinent, wo bis vor kurzem der Print- und Rundfunkbereich mehrheitlich voneinander getrennt waren und die Verlage eine eher vorsichtige Expansionspolitik betrieben, drängte sich das *going public* der privaten, oft familiären Aktiengesellschaften nicht auf. An den europäischen Börsen wurden nur selten Aktien von Medienunternehmen gehandelt, etwa die von Hachette oder Springer sowie die Genussscheine von Bertelsmann. An dieser Kapitalstruktur der Medienunternehmen änderte sich mit der Einführung des Privatfernsehens in Deutschland kaum etwas, während in Frankreich bei der Privatisierung von TF 1 die neuen Eigentümer zwei Fünftel des Aktienkapitals über die Börse beschafften. Im November 1987 offerierte Canal plus Aktien im Wert von 412 Millionen Francs; trotz chronischen Unsicherheiten auf den Börsenmärkten wurde die Emission auf Anhieb um 16% überzeichnet. Das erfolgreiche *télé à péage* (1987: 75 Millionen Francs Gewinn) strebt in Zusammenarbeit mit verschiedenen nationalen Unternehmen eine Föderation europäischer Pay-TV-Kanäle an, für deren Aufbau Canal plus gut gerüstet scheint.

Ein für Europa im Medienbereich eher ungewöhnlicher Showdown hält zur Zeit den Springer-Konzern in Atem. Der Filmhändler Leo Kirch kämpft um die Macht bei Springer. Über Treuhänder hat er einen Aktienkapitalanteil von 26% erlangt; er möchte den Druck- und Verlagskonzern zügig in ein Multi-Media-Unternehmen umwandeln. Der Springer-Konzern sollte nach Kirch seinen Einfluss bei Sat 1 ausbauen und die Vermarktung dieses TV-Programmes auch durch publizistischen Flankenschutz in den eigenen Blättern vorantreiben. Zusammen verfügen der Springer-Konzern und Leo Kirch, wenn man dessen Einfluss via seine Hausbank auf den Sat-1-Programmlieferanten PKS berücksichtigt, über die

Mehrheit bei Sat 1 (mindestens 55%). Vorläufig kann es sich Kirch allerdings nicht leisten, seinen Führungsanspruch bei Sat 1 konsequent und offen geltend zu machen, weil er sonst die öffentlichen Anstalten, insbesondere das ZDF, als finanzkräftige Kunden verlieren dürfte. Diese Lücke könnte durch die Belieferung der noch vergleichsweise kleinen Station Sat 1 bis auf weiteres nicht wettgemacht werden. Kirch verfolgt bei seinem Engagement beim Springer-Konzern langfristig das Ziel, diesen zu einer Beteiligung an seiner Beta-Taurus-Gruppe zu bewegen. Dieser gewagten Unternehmenspolitik widersetzen sich die Brüder Franz und Frieder Burda, die aus der Verlagsbranche stammen und mit einem ebenso grossen Aktienpaket wie Kirch um den beherrschenden Einfluss bei Springer kämpfen. Vom Ausgang dieses Streites dürfte Springers Engagement im Bereich des kommerziellen Rundfunks abhängen. Der Burda-Konzern unter Herbert Burda kaufte sich vorsorglich 1987 mit 2% ins Stammkapital von RTL plus, dem härtesten Konkurrenten von Sat 1, ein.

*Ein Ausblick über das grosse Meer*
Noch stellen in Europa solche Börsenschlagzeilen die Ausnahme dar. Medienunternehmen erobern hier erst allmählich die Börse, und noch werden sie nicht von Media-Brokern und spezialisierten Investmentbanken ausgeplündert. Viel ausgeprägter lässt sich diese Tendenz in den USA verfolgen: Die Deregulierungspolitik der Aufsichtsbehörde Federal Communications Commission (FCC) seit 1985 sowie die Nachfrage nach Programmen für die neuen Verteilkanäle haben den bereits weitgehend kommerzialisierten Rundfunkmarkt zu einem Spekulationsobjekt ersten Ranges werden lassen. 1986 wechselten Radio- und Fernsehstationen im Wert von 6,2 Milliarden Dollar den Besitzer. Die Generation der „Gründerväter", die ihre Firmen persönlich aufgebaut und geführt haben, tritt ab. An ihre Stelle rücken multifunktionale Manager, die noch mehr

auf Gewinn, Kosteneffektivität und schnelle Dollars getrimmt sind. Die Orientierung am publizistischen Produkt kommt für sie schon einem belastenden Luxus gleich.

Ein entsprechendes Beispiel exerziert zur Zeit Laurence Tisch beim CBS-Medienkonzern durch. Der mit 25% am 17,5 Milliarden Dollar schweren Mischkonzern Loews beteiligte Geschäftsmann investierte im Herbst 1986 951 Millionen Dollar in CBS-Papiere und besitzt damit stattliche 29% des lange Zeit berühmtesten US-Networks. In den vorausgehenden anderthalb Jahren hatte CBS mindestens vier feindliche Übernahmeversuche abgewehrt: durch den Senator und Reagan-Vertrauten Jesse Helms und durch Ted Turner, beide Erzkonservative, sowie durch die Investoren Ivan Boesky und Marvin Davis. Der von CBS als freundlicher Partner akzeptierte Tisch ergriff als grösster Aktionär gleich selber das Steuer. Um seinen Kauf zu finanzieren, tat der vermeintliche Retter allerdings genau das, was seine Konkurrenten auch getan hätten: Er begann mit dem Ausverkauf des weltgrössten Unterhaltungskonzerns. Er verscherbelte die CBS-Filmgesellschaft, dann den Zeitschriftenverlag, die Bücherabteilung, den Musikverlag und schliesslich die Schallplattengesellschaft, letztere für 2 Milliarden Dollar an Japans Elektronikgigant Sony. Während etwas mehr als einem Jahr hat Tisch damit weit über 3 Milliarden Dollar in seiner Kriegskasse ansammeln können. Tisch könnte den Segen an die Aktionäre ausschütten, das heisst zu einem grossen Teil an sich selbst.

Arg in Bedrängnis geraten ist die CBS-Fernsehkette. Ihr, aber auch den beiden anderen US-Networks machen zunehmend Kabelstationen, Satellitenprogramme sowie das Pay-TV zu schaffen; an solche Programme haben die Networks während der beiden letzten Jahre empfindlich Zuschauer und damit Werbegelder in der Höhe von insgesamt bis zu einer Milliarde Dollar verloren. Angesichts der stagnierenden Einnahmen kürzte Tisch die Ausgaben – wen wundert's – bei der Informationsabteilung. Er entliess einen

Sechstel der Nachrichtenjournalisten, welche zum unabhängigen Image der Anstalt beigetragen hatten. Die Medienkritik bedauerte, dass Tisch den Profit über den Dienst an der Öffentlichkeit stellte. Die Börse reagierte dagegen positiv auf den pro Mitarbeiter zu erwartenden höheren Umsatz, respektive Gewinn.

Tischs Coup ist wohl spektakulär, doch kein Einzelfall. Während der letzten drei Jahre wechselten neben CBS auch die beiden anderen Networks, ABC und NBC, ihre Besitzer. Im März 1985 liess sich ABC, die kleinste der drei US-Fernsehketten, für 3,5 Milliarden Dollar vom dreimal kleineren Multi-Media-Unternehmen Capital Cities Communications in einer sogenannten „freundlichen" Übernahme aufkaufen. Ende desselben Jahres übernahm der Rüstungs- und Elektronikgigant General Electric (GE, Umsatz 1986: 35 Milliarden Dollar) die Radio Corporation of America (RCA, Umsatz 1984: 10 Milliarden Dollar) für stolze 6,3 Milliarden Dollar. In die ebenfalls freundliche Fusion brachte RCA als Rüstungslieferant und Konzern für Unterhaltungselektronik und Satellitenübermittlung das Networt NBC ein. Im Kampf um die Zuschauergunst weist NBC seit 1985 die höchsten Zuschauerzahlen aus. Doch machen auch dem Marktführer die Reichweitenverluste der Networks zugunsten des Kabelmarktes zu schaffen. Als Gegenmassnahme will NBC-Boss Robert Wright 1988 einen Viertel von Ted Turners TBS kaufen.

Dem Kabelfürsten Turner kommt die NBC-Offerte nicht ungelegen. Ihn drücken die noch nicht verdauten Schulden, die seit 1986 durch den Preis von 1,4 Milliarden Dollar für den Erwerb der Filmproduktionsgesellschaft Metro Goldwyn Mayer/United Artists und ihres riesigen Filmarchivs anfielen. Gemeinsam mit dem neuen Partner NBC könnte Turner sich wieder zielstrebiger dem Aufbau eines fünften Networks, einer landesweiten Kabel-Fernsehkette, widmen. Scharfe Konkurrenz leistet ihm dabei Rupert Murdochs Fox Broadcasting. Bereits ein Jahr früher schaffte es Murdoch, sich mit 250 Millionen Dollar zur Hälfte am Hollywood-Major 20th Century Fox zu beteiligen. Für 1,5 Milliarden Dollar kam ebenfalls 1985 der Kauf von sechs Metromedia-Stationen zustande, Murdochs entscheidende Investition zum Aufbau eines vierten Networks.

*Europäische Netzwerkbildung*
Kehren wir zurück und versuchen wir die Schiffe zu zählen, die nach Kolchis ins Schwarze Meer aufbrechen. Es sind schliesslich nur wenige Riegen übriggeblieben.

Aus wirtschaftlichen Gründen werden die überspannten Hoffnungen auf eine wunderbare, technisch mögliche Programmvermehrung enttäuscht. Infolge des hohen Kapitalbedarfs sowie der mittelfristig zu verkraftenden hohen Verluste wagen sich nur einige wenige Grossunternehmen auf die nationalen und internationalen europäischen Fernsehmärkte. Bis zum Ende des Jahrhunderts dürfte es neben den teilweise mit Werbung finanzierten Public-service-Anstalten nur jeweils zwei bis fünf zusätzliche durch Werbung finanzierte private Mischprogramme für die grösseren transnationalen Sprachräume geben. Äusserst schwierig sind die wirtschaftlichen Erfolgschancen der Spartenprogramme im vielsprachigen Europa zu beurteilen. Neben einem abonnierten Spielfilmkanal für die grösseren europäischen Sprachgruppen dürften ein paar wenige europäische Spartenprogramme vornehmlich angelsächsischer Provenienz überleben.

Auf der Veranstalterseite zeichnet sich eine *horizontale* Konzentration auf ein paar wenige Medienkonglomerate ab. Die bereits heute erreichten Marktkonstellationen sind für die beherrschenden finanzkräftigen Medienunternehmen Ausgangspunkt für Zusammenschlüsse und Kooperation. Solche Massnahmen haben zum Ziel, das Risiko breit zu streuen und den Marktzutritt für konkurrenzierende Anbieter einzuschränken. Im Rahmen eines weitgehend nicht-regulierten Marktes hat sich die versprochene Vielfalt der Veranstalter vor allem in Italien in ihr Gegenteil verkehrt. Berlusconis jahrelange Monopolstellung im privaten landesweiten Fernsehen soll nun im nachhinein „aufgehoben" werden. Ein geplantes Gesetz sieht vor, dass der Fernsehmogul eine seiner drei Ketten verkaufen müsste. Mit dieser Massnahme würde der Staat gleichsam Berlusconis Vormachtstellung sanktionieren. Im Gegensatz zu Italien versucht die französische Medienpolitik, mit einer Quotenregelung im Rahmen des Kartellgesetzes von 1986 der horizontalen Konzentration (mehrere TV-Ketten in der gleichen Hand) im voraus entgegenzuwirken. Bei den nationalen terrestrischen Fernsehnetzen darf beispielsweise kein Anbieter mehr als 25% am Gesellschaftskapital erwerben.

Die Schiffe der Argonauten haben auf ihrer Fahrt einen gefährlichen Strudel zu durchqueren: ohne neue Kanäle keine Programme; ohne Programme kein Publikum; ohne Publikum keine Werbung; ohne Werbung keine Programme; ohne Programme keine neuen Kanäle. Um gegen diese Gefahr gewappnet zu sein, sind jeweils Seefahrer mit unterschiedlichen Fähigkeiten angeworben worden. Die einen verstehen sich auf das Geschäft mit dem Geld; die anderen betreiben Kabelnetze, planen Satellitenprojekte, übernehmen das Marketing für Kabelanschlüsse; die dritten stellen Programme her oder verfügen über deren Ausstrahlungsrechte; die vierten schaffen mit ihren Presseerzeugnissen ein wohlwollendes Umfeld; die fünften acquirieren Werbung; und wiederum andere inszenieren Ereignisse wie Pressekonferenzen und gesponserte Sportveranstaltungen. Über eine *vertikale* Integration der verschiedenen Märkte versuchen private Fernsehanstalten als Multi-Media- und Mischkonzerne, sich gegen Risiken abzusichern. Längerfristig drängen sie damit die öffentlichen Anstalten in die Defensive, da deren Tätigkeit auf einen viel engeren Bereich eingegrenzt ist.

Die Schlüsselrolle beim Ringen um aussichtsreiche Positionen auf dem erst kürzlich deregulierten Fernsehmarkt kommt zur Zeit den Programm-Veranstaltern zu. Da der Zutritt aus wirtschaftlichen Gründen begrenzt bleibt, versuchen Medienunternehmen, das Terrain möglichst frühzeitig zu besetzen. Private Veranstalter, die auf ihren Heimmärkten vornehmlich über einen Kanal auf dem terrestrischen Netz ein grosses Publikum erreichen, können einen entscheidenden Trumpf ausspielen.

Produktion und Verkauf von *Rundfunk-Software* werden in Europa künftig an strategischer Bedeutung gewinnen. Die wachsende Nachfrage treibt die Preise beim Programmhandel um jährlich 10 bis 20% in die Höhe. Die privaten TV-Veranstalter werden deshalb vermehrt dazu übergehen, selbst in die Programmproduktion zu investieren. Bereits 1986 gründeten Berlusconi, sein Kompagnon Jérôme Seydoux, Transportunternehmer und zu 10% an La Cinq beteiligt, Maxwell und Kirch das Consortium pour la Télévision Commerciale, das insbesondere Spielfilme und Fernsehserien herstellen soll.

Aber beim zur Zeit herrschenden Kampf um Sendeplätze haben die Argonauten fast die Waren vergessen, die getauscht werden sollen. Doch die Zeit drängt, und Geld ist schon genug ausgegeben. Teure Eigen- und Auftragsproduktionen kommen deshalb nur für die wenigsten Anbieter in Frage. Also kaufen sie Unterhaltungsprogramme dort, wo sie am billigsten zu haben sind: in den USA. Prognos-Forscher Klaus Schrape wies in der Zeitschrift „Media Perspektiven" vom Juni 1987 nach, wie durch die Kommerzialisierung des europäischen Fernsehens der Anteil der US-Produktionen am westeuropäischen Programmmarkt kontinuierlich stieg. Deckten die Importe aus Amerika 1983 lediglich 12% des Bedarfs, machten sie 1986 22% aus, für 1990 dürften sie bis auf 50% ansteigen.

Aus dieser Abhängigkeit erklärt sich das Interesse der Fernseh-Anbieter an Unternehmen, die im Handel und Rechtserwerb auf dem US-Audiovisionsmarkt über Erfahrungen verfügen (z.B.

Kirch, Berlusconis Filmkonzern Medusa). Murdoch und Turner, beide mit Ambitionen auf ein globales Fernsehimperium, haben sich durch den Einkauf in die amerikanische Film- und Fernsehproduktion bereits den Nachschub gesichert. Amerikanische Unternehmen geben sich allerdings nicht mehr mit der Rolle zufrieden, Software für abendländische Veranstalter zu liefern. Zunehmend treten sie selber als Programm-Anbieter auf. Gemeinsam mit britischen Unternehmen engagieren sie sich bei den englischsprachigen Spartenprogrammen Premiere, MTV-Europe und Screen Sport. Turner bietet seinen rund um den Globus verbreiteten Nachrichtenkanal CNN an, der Weltbürger Murdoch seinen Sky Channel. Ein weiterer Veranstalter aus Übersee heisst Roberto Marinho. Seine brasilianische Kette TV-Globo hat sich auf dem internationalen Programmarkt einen Namen gemacht mit den *Telenovelas,* schmalzigen TV-Serien wie die 1986/87 von der ARD ausgestrahlte „Sklavin Isaura". 1985 kaufte Marinho sich mit 80% bei Tele Monte Carlo ein. Der Besitzer des grössten Medienmultis der Dritten Welt luchste damit Berlusconi ein gutes Geschäft ab. Vom Zwergstaat aus will er nun auf den italienischen Fernsehmarkt expandieren.

Auf dem deregulierten europäischen Fernsehmarkt bestehen Ungleichgewichte nicht nur im Verhältnis zu den USA, sondern auch zwischen den einzelnen Staaten. Es sind vor allem Unternehmen aus England, Italien, Frankreich, Deutschland und Luxemburg, welche die wichtigsten Stellungen einnehmen. Zum einen werden die Briten wegen ihrer gemeinsamen Sprache und ähnlichen Mentalität von den Amerikanern als Partner bevorzugt. Zum anderen verstanden es die Engländer, Italiener und Luxemburger, das Know-how ihrer etablierten privaten Fernsehanstalten (ITV-Stationen, CLT, Berlusconi) ins Spiel zu bringen. Mit der Eindeutschung von RTL plus sind schliesslich mit wenigen Ausnahmen alle transnationalen kommerziellen Vollprogramme in den grössten Staaten des jeweiligen europäischen Sprachraums beheimatet: in Grossbritannien, Frankreich, Italien und der BRD.

*Vom Blendwerk der Argonauten zur Selbstbehauptung der Kolcher*
Für die Schweiz trifft keine der aufgezählten Bedingungen zu, die für das Privatfernsehen förderlich sind. Auf dem weitgehend besetzten europäischen Markt dürfte es für Schweizer Unternehmen zu riskant sein, ein transnationales Mischprogramm zu lancieren. Die helvetischen Argonauten haben sich mit den Nischen zu begnügen: mit der Lancierung von Spartenprogrammen (Business Channel, Teleclub) sowie mit dem Aufkauf von kleineren Aktienpaketen bei ausländischen Veranstaltern.

Doch sollen die Chancen der Schweizer Unternehmen auf dem europäischen Fernsehmarkt nicht unsere erste Sorge sein. Die nationalistische Perspektive verführt dazu, den entscheidenden Paradigmenwechsel von einer an den Erfordernissen der öffentlichen Kommunikation ausgerichteten Medienpolitik zu einer wirtschafts- und standortpolitischen Strategie zu verdecken. Es geht nicht darum, eine wehrlose, intakte Schweiz als unbescholtenes Kolchis gegen die Anstürme fremder Argonauten zu verteidigen und aufzurüsten. Die Argonauten sind vielmehr mitten unter uns. Und gerade sie sind es, welche die Überwältigungsszenarien beschwören, um selbst gegen die Kolcher sowie allenfalls gegen die konkurrierenden Argonauten losschlagen zu können.

Die entscheidende Frage lautet also: Wie lange noch wollen die Kolcher in den Häfen ihren Argonauten zuschauen, wie diese zur Eroberung rüsten und öffentliche Plätze besetzen? Stellen wir uns nämlich der Kommerzialisierung des Rundfunks nicht entschieden genug entgegen und entwickeln medienpolitische Phantasie, wie auf den neuen Kanälen publizistische Vielfalt und kulturelle Eigenständigkeit im Rahmen des Treuhandmodells belebt werden könnten, dann gewinnen jene Kräfte an Einfluss, welche auf nationaler wie internationaler Ebene die ohnehin schon beherrschende Logik der technisch wirtschaftlichen Entwicklung vertreten: Wirtschaftsunternehmen treten als Mitveranstalter von Fernsehen auf und finanzieren immer grosszügiger mit Werbung und Sponsoring die Programme, ja überhaupt die Medien. Gleichzeitig zieht sich der Staat von seinen Aufgaben im Bereich der Kultur zurück, obwohl er als der Allgemeinheit verpflichteter Treuhänder eine wichtige Aufgabe zu erfüllen hätte. In der als Geschäft eingerichteten Öffentlichkeit fällt es den Bürgern immer schwerer, eine Meinung auszubilden, die ihren gesellschaftlichen Interessen und alltäglichen Erfahrungen entspricht, und sie in die politische Willensbildung einzubringen.

Die überwältigten Kolcher sind zerstreute Konsumentenbürger, die den Argonauten Aufmerksamkeit zu zollen und von ihrer kostbaren Lebenszeit abzugeben haben. Ihre Freiheit reduziert sich darauf, zwischen möglichst unterhaltenden Sinn- und Weltbildern auszuwählen. Ohne dass sie es merken sollen, wird ihnen der Preis für diese geistige Nahrung als Werbekosten auf die anderen Konsumgüter geschlagen.

### Anmerkungen

1) Erzählung und Interpretation halten sich an: Oskar Negt/Alexander Kluge, Der antike Seeheld als Metapher der Aufklärung, die deutschen Grübelgegenbilder: Aufklärung als Verschanzung, „Eigensinn"; in: Jürgen Habermas (Hrsg.), Stichworte zur „Geistigen Situation der Zeit", 1. Band: Nation und Republik, Frankfurt 1979, S. 135—163.

2) Klaus Schrape, Fernsehprogrammbedarf und Programmversorgung. Ergebnisse einer Prognos-Studie; in: Media Perspektiven 6/87, S. 345—354.
Georg-Michael Luyken, Direktempfangbare Satelliten in Europa. Gegenwärtiger Stand und Faktoren der zukünftigen Entwicklung, in: Media Perspektiven 10/87, S. 615—629.

3) Holde Lhoest, Les multinationales de l'audiovisuel en Europe, Genève 1986, S. 23.

4) Die im folgenden angegebenen Umsätze beziehen sich — sofern nichts anderes angegeben — auf das Geschäftsjahr 1986, respektive 1986/87 und beschränken sich auf die im Medienbereich getätigten Umsätze. Als wichtigste Informationsquelle für diese Zahlen diente das Jahrbuch 1988 des Branchenmagazins Neue Medien. Die dort angegebenen Beträge in DM wurden mit einem mittleren Devisenkurs von 0,83 in Schweizer Franken umgerechnet.

Fredi Hänni

# Die Anti-SRG-Phalanx
*Radio und Fernsehen als Feindbild rechtsbürgerlicher Gruppen*

Politische Kampagnen gegen die SRG sind seit Mitte der siebziger Jahre an der Tagesordnung. In den Chor der SRG-Kritikaster stimmen kleine Splittergruppen vom rechten Rand des politischen Spektrums ebenso ein wie die einflussreiche Wirtschaftsförderung oder die etablierte Freisinnig-Demokratische Partei (FDP), freilich mit unterschiedlich schrillen Tönen.

Als erste Gruppierung rief die 1974 gegründete Schweizerische Fernseh- und Radio-Vereinigung (SFRV), besser bekannt unter dem Namen Hofer-Club (nach ihrem Gründungspräsidenten Walther Hofer, damaliger SVP-Nationalrat), zur systematischen Hatz gegen das angeblich links unterwanderte Fernsehen, später auch gegen das Radio auf. Aufgrund von Beobachtungen der DRS-Programme initiierte die SFRV in den ersten Jahren nach ihrer Gründung eine Flut von Beschwerden aus ihrem rechtsbürgerlichen Umfeld und bescherte der Öffentlichkeit eine Menge von Protesten gegen einzelne Sendungen oder auch gegen Programmschaffende der SRG, allerdings ohne sichtbare Wirkung.

Weder der emsigen Tätigkeit an der Beschwerdefront noch den weiteren medienpolitischen Aktivitäten des Hofer-Clubs war viel messbarer Erfolg beschieden. 1976 lehnten die Stimmbürgerinnen und Stimmbürger einen Verfassungsartikel über Radio- und Fernsehen ab, den die SFRV als ihr Werk bezeichnet hatte. Die Gegner des Artikels mobilisierten das Stimmvolk mit dem Slogan „Kein Maulkorb für unser Fernsehen" – und siegten. Auch einer Volksinitiative des Landesrings der Unabhängigen gegen das SRG-Monopol vermochte die SFRV im Jahr 1981 nicht auf die Beine zu helfen. Trotz SFRV-Unterstützung gelang es nicht, die nötigen 100'000 Unterschriften zu sammeln. Zweimal blitzte zudem der Hofer-Club beim Bundesrat mit einem Konzessionsgesuch für ein nationales Radioprogramm ab. Die dritte Senderkette, die der Hofer-Club gerne mit eigenen Programmen betrieben hätte, wurde der SRG zugesprochen. SFRV-Zentralpräsident Felix Matthys gab jedoch nicht auf und kündigte im Januar 1983 an, er werde die Lokalradios zu einer nationalen Senderkette zusammenschliessen. An solchen Plänen zeigten diese aber kein Interesse, ganz abgesehen davon, dass ein solcher Zusammenschluss gegen die Rundfunk-Versuchsordnung (RVO) verstossen hätte.

Nachdem die Radio-Senderketten vergeben und der Lokalradio-Kuchen bis auf weiteres verteilt war, wandte sich der Hofer-Club dem Fernsehen zu. Im September 1987 stellte er ein Projekt „Televisier" für ein nationales Vollprogramm in drei Sprachen auf der 4. Senderkette vor – eine vollwertige private Konkurrenz zur SRG. Pikanterweise wollte die SFRV in ihrem Projekt mit der von ihr bekämpften SRG zusammenarbeiten, und zwar „im technischen Bereich und bei Programmsparten, in denen grundsätzliche Konkurrenz wenig sinnreich wäre". Die SRG ist also dem Hofer-Club dort gerade recht, wo das Fernsehmachen besonders teuer ist.

Ihre Existenz markiert die SFRV kontinuierlich mit der Publikation eines doppelseitigen Bulletins, das sie zweiwöchentlich an die eidgenössischen Parlamentarier und an die Medien verschickt. Das Echo auf dieses Bulletin ist allerdings gering. Es strotzt von Lächerlichkeiten, Halbinformationen und Widersprüchen. Seine breitgewalzten Geschichten aus der SRG werden im Parlament kaum ernst genommen, bedienen sie sich doch eines Holzhackerstils, den nur wenige Parlamentarier kopieren mögen. Nach dem Motto „Steter Tropfen höhlt den Stein" hinterlässt die Hofer-Club-Polemik dennoch ihre Spuren. So äusserte sich zum Beispiel FDP-Nationalrat Jean-Pierre Bonny im Dezember 1987 auf Anfrage entrüstet über die zuvor bereits im SFRV-Bulletin beklagte angebliche „krasse Übervertretung" der Sozialdemokraten in DRS-Chefpositionen.

Die SFRV verzeichnete 1987 einen beachtlichen Mitgliederzuwachs: Zwischen Januar und Dezember stieg laut eigenen Angaben die Zahl der Einzelmitglieder um rund 2000 auf 8020, diejenige der Kollektivmitglieder um 25 auf 329. Nach Angaben von Geschäftsführerin Claudia Bolla registrierte die SFRV allein im November 1987 900 Neueintritte, dies unter anderem aufgrund einer Inseratekampagne in Tageszeitungen. Übermütig geworden, forderte der Hofer-Club den Bundesrat dazu auf, den Publizisten Oskar Reck als Präsidenten der Unabhängigen Beschwerdeinstanz für Radio und Fernsehen (UBI) abzusetzen. Offenbar war aber den SFRV-Mannen entgangen, dass Reck seinen Rücktritt aus Altersgründen auf Ende Januar 1988 bereits bekanntgegeben hatte. Reck betreibe das politische Geschäft der SRG und tue dies nicht nur mit spitzfindigen Beschwerde-Entscheiden zugunsten der SRG, sondern auch mit seinen „publizistischen Polemiken" gegen eine Liberalisierung des Mediensystems, monierte der Hofer-Club. Dass der liberale Publizist Reck seine Unabhängigkeit stets gewahrt hatte und sich nicht dazu hergab, die SRG an die kurze Leine zu nehmen, hat die SFRV umso mehr geärgert, als sie die Schaffung der UBI stets als ihr Verdienst hinstellt.

*Parlamentarier-Komitee für einseitige „Medienanalysen"*
Aus Unzufriedenheit mit den Entscheiden der Beschwerdeinstanz initiierte die Phalanx militanter SRG-Kritiker eine neuartige Zusammenarbeit unterschiedlicher rechtsbürgerlicher Gruppierungen. Im Frühjahr 1987 trat erstmals ein Patronatskomitee (Pakom) „Medienanalyse" an die Öffentlichkeit, dem 22 eidgenössische Parlamentarier angehören. Als Kopräsidenten wirkten die Nationalrä-

te Jean-Pierre Bonny (FDP) und Theo Fischer (SVP) und der Ständerat Markus Kündig (CVP). Kündig und Fischer sind Mitglieder des SFRV-Zentralvorstandes, während Bonny „ganz klar" festhielt, dass er dem Hofer-Club nicht angehöre. Als Pakom-Sprecher und -Sekretär zeichnete der Leiter des Schweizerischen Ost-Instituts (SOI), SVP-Nationalrat Peter Sager, ebenfalls Mitglied des SFRV. Das Pakom setzte sich zum Ziel, für eine Langzeitbeobachtung der DRS-Programme das Geld zu beschaffen. Ausgewertet werden sollten die Aufzeichnungen von folgenden Organisationen: Aktion Kirche wohin?, Medien-Panoptikum, Redressement national, SFRV, SOI und Verein für Wehrwille (PR-Büro Farner). In der ersten Medienanalyse „Die Gesamtverteidigungsübung 'Dreizack' und die Berichterstattung von Radio DRS 3" erhob das SOI eine Fülle von schweren Anschuldigungen. Die 192 aufgezeichneten Programm-Stunden enthielten laut SOI-Analyse eine „ganze Palette von Manipulationen und Beeinflussungsversuchen der Radiohörer, von krasser Disproportionalität, Verantwortungsverweigerung und einseitiger Informationsauswahl bis zu Emotionalisierung und Beschimpfung" (SOI-Autor Michael Bader). Eine SRG-interne Arbeitsgruppe, welche die Vorwürfe peinlich genau untersuchte, kam zum Schluss, die „Analyse" halte „einer materiellen Kritik nicht stand" und sei geprägt von „Vorurteilen und Fehlinterpretationen". Zudem verwechselte Bader aufgrund eines ungenau mitgeschnittenen Tonbandes zwei Namen und verunglimpfte deshalb einen völlig unbeteiligten Radio-Mitarbeiter.

Das Echo in den Medien auf die Dreizack-Medienanalyse war gering. Die Öffentlichkeit wurde erst auf sie aufmerksam, als sich die SRG gegen die Vorwürfe wehrte. Selbst die SRG-kritische Wirtschaftsförderung (WF), die nach eigenen Angaben in ihrem Medienressort drei Mitarbeiter beschäftigt, hielt sich abwartend zurück. „Wie weit das Vorhaben zu einer ernsthaften Ergänzung der Medienkritik führt, kann erst beurteilt werden, wenn weitere Analysen erschienen sind", schrieb sie Ende März 1987 im WF-Radio- und Fernsehspiegel (Auflage 1000 Exemplare), der sich seit bald 20 Jahren der kontinuierlichen Beobachtung einzelner SRG-Sendungen widmet. Und Pakom-Kopräsident Bonny distanzierte sich im Gespräch von diesem ersten Pamphlet. Auch die nachfolgenden „Analysen" zu den DRS-Radionachrichten und zur Sendung „Religion heute" fanden ausser in rechtsbürgerlichen Blättern wie dem „Aargauer Tagblatt" kaum Beachtung. Neu war allerdings, dass sich die „Neue Zürcher Zeitung" vor den Pakom-Karren spannen liess. NZZ-Redaktor Balts Livio übernahm im Dezember 1987 ohne jede Distanz und völlig unkritisch die Anwürfe gegen das Ressort Religion von Radio DRS.

Die mangelhafte Resonanz auf die „Medienanalysen" beunruhigte die Initianten. An der Jubiläumsveranstaltung „40 Jahre Trumpf Buur" anfangs November 1987 stellte Kirche wohin?-Zentralpräsident Markus Herzig bekümmert fest, „die veröffentlichte Meinung und die öffentliche Meinung" klafften „immer mehr auseinander". Er appellierte an die Versammlung, die „Medienanalysen zu verbreiten": „Diese 'Medienanalysen' sind ausschlaggebend wichtig, sonst kommen wir nicht über die Runden."

*Die Angst der Rechtsbürgerlichen vor den Medien*
Über welche Runden? Mangels anderer Feinde (PdA und Poch haben in der Schweizer Politlandschaft ihre Rolle ausgespielt) scheinen die Rechtsaussen ihren politischen Gegner nun hauptsächlich in den Medien zu orten. Die scharfen SRG-Kritiker sind immer stärker von der Idee besessen, die SRG werde definitiv von „Sozialisten" unterwandert. Markus Herzig fasste in der Einleitung zur Religions-„Medienanalyse" seine Ängste so zusammen: „Anwaltschaftliche Information zielt letztlich auf Veränderung von Wertvorstellungen in unserer freiheitlichen Gesellschaft." Und anwaltschaftlicher Journalismus scheint nach Meinung dieser Bürgerli-

chen eine Spezialität der Linken zu sein.

Beliebte Zielscheibe bürgerlicher Medienpolizisten ist DRS 3, „der umstrittenste Sender in helvetischen Gefilden", wie das „Medien-Panoptikum" 1984 schrieb. Diese giftgrüne Anti-SRG-Postille wird von einer Vereinigung mit gleichem Namen herausgegeben. Der damalige Redaktor Hans Rudolf Keller (ehemals Texter im Büro Farner für die Aktion Freiheit und Verantwortung) ging mutig in die direkte Konfrontation und stellte DRS 3-Chef Peter Bühler „zur Rede", wie er sich in seinem Blättchen brüstete. Doch was ergab die Auseinandersetzung? „Beim direkten Kontakt verliert das 'Feindbild' DRS 3 von seinem Schrecken", kommentierte er treuherzig.

Wenn sich immer wieder Politiker finden, die im vermeintlichen Anti-SRG-Trend mitschwimmen, mag dies nicht zuletzt damit zusammenhängen, dass sie sich den Medienschaffenden ausgeliefert fühlen. Denn diese sind es, die zu entscheiden haben, wer an Radio und Fernsehen auftreten kann und wer nicht. Da liegt es nahe zu versuchen, diese Macht einzuschränken, sei es mit der Forderung nach privater Konkurrenz oder mit gesetzlichen Regelungen. So kurzgeschlossen argumentierte auch die Zürcher FDP im Herbst 1987 in Wahlinseraten: Bei Radio und Fernsehen seien „persönliche Machtpositionen" entstanden, die „kaum einer Kontrolle" unterlägen und „hemmungslos missbraucht" würden. „Radio und Fernsehen werden immer mehr zum Demokratieproblem." Schamhaft verschwieg die FDP-Wahlpolemik, dass ihre Vertreter in allen SRG-Gremien mit ihren samt und sonders bürgerlichen Mehrheiten sitzen und somit ihren Einfluss jederzeit geltend machen können. So war zum damaligen Zeitpunkt der Zürcher FDP-Kantonalpräsident Oscar F. Fritschi Mitglied des DRS-Regionalvorstandes.

*Politiker wollen bei der SRG dreinreden*
Trotz Verfassungsartikel, der Radio und Fernsehen Staatsunabhän-

gigkeit garantiert, gelang es dem Parlament 1987 bei der Revision der SRG-Konzession, die Finanzaufsicht über die SRG zu verstärken und unter seine indirekte Kontrolle zu bringen. Diese neue Regelung handelte der damalige SRG-Generaldirektor Leo Schürmann mit Ständerat Peter Hefti und Nationalrat Karl Flubacher aus, beide freisinnige Mitglieder der Finanzdelegation der eidgenössischen Räte. Angesichts des Widerstandes von SRG-Zentralvorstand und Verkehrs- und Energiewirtschaftsdepartement (EVED) distanzierte sich Schürmann allerdings dann von dieser Mischelei und konnte auch Bundesrat Leon Schlumpf davon überzeugen, den Abschnitt über die Finanzkontrolle im Konzessionsentwurf wieder zu streichen. Zu spät: In der entscheidenden Bundesratssitzung wurde die Finanzkontrolle wieder eingefügt — auf Antrag von SP-Bundesrat Otto Stich.

Bei der Änderung der Finanzaufsicht über die SRG beteuerten die Verantwortlichen immerhin, sie wollten keineswegs die Programm-Autonomie der SRG antasten. Etwas anders beurteilten im Frühjahr 1986 die Parteipräsidenten von FDP und SVP ihren Anspruch auf Mitsprache bei Programm-Belangen des Fernsehens DRS. Bruno Hunziker erklärte im Zusammenhang mit der Besetzung des „Kassensturz"-Chefpostens, die FDP hätte auch gerne Kandidaten vorgeschlagen. Dass der als kritischer Wirtschaftsjournalist etikettierte Urs P. Gasche ohne Anhörung der FDP zum Leiter des Wirtschaftsressorts beim Fernsehen DRS gewählt worden war, bezeichnete Hunziker als „typisch für die Personalpolitik des Fernsehens". Auch Adolf Ogi, inzwischen im Bundesrat zuständig für Medienpolitik, legte ein seltsames Verständnis der Parteiunabhängigkeit von Radio und Fernsehen an den Tag. Zwar sei es „rechtlich nicht notwendig", die Parteien vor Stellenbesetzungen zu kontaktieren. „Es mangelt den Leuten im Studio Leutschenbach aber an politischer Sensibilität, wenn sie nicht merken, dass sie vor der Besetzung eines verantwortungsvollen Postens zuerst die Politiker anfragen sollen", meinte er nach der Gasche-Wahl in einem Zeitungsinterview.

Aufs medienpolitische Glatteis wagte sich auch Bundesrat Arnold Koller, als er im Parlament eine Frage zu einem Film von Roman Brodmann über die Armeeabschaffungs-Initiative beantworten musste. Der Film war von der ARD ausgestrahlt worden. „Dem Bundesrat ist es unverständlich, dass eine ausländische staatliche Anstalt für die Sendung eines derart tendenziösen, gegen eine zentrale Institution eines befreundeten Landes gerichteten Films Hand bot", erklärte Koller im Juni 1987 vor dem Nationalrat. Ein halbes Jahr später stellte er in einem Interview immerhin fest, der Ausdruck „staatlich" für die ARD sei „nicht glücklich gewählt" gewesen. Richtig wäre laut Koller „staatlich konzessioniert" gewesen. Was allerdings nochmals haarscharf neben dem korrekten Begriff „öffentlich-rechtlich" liegt.

Die hier dargestellten Einschätzungen rechtsbürgerlicher Anti-SRG-Kreise kontrastieren auffallend mit den Zahlen der Hörer- und Zuschauerforschung. Diese belegen, dass die Programme der SRG so unbeliebt gar nicht sind. So sind gemäss der SRG-Publikumsforschung von 1985 17% der Deutschschweizerinnen und Deutschschweizer mit dem Radio „sehr zufrieden", 62% „zufrieden". Mit dem Fernsehen sind 3% „sehr zufrieden" und 54% „zufrieden". „Unzufrieden" sind mit dem Radio nur 2% und mit dem Fernsehen 7%. Die hohe Zufriedenheit in den andern Sprachregionen, deren Programme nicht mit ähnlich scharfer Kritik versehen werden, weicht von den Deutschschweizer Zahlen nicht wesentlich ab. Die SRG-Verantwortlichen nehmen all die polemischen Anwürfe denn auch meistens entsprechend gelassen hin, zumindest nach aussen.

Vielleicht ahnen die Anti-SRG-Scharfmacher, dass sie nicht von einer breiten Volksbewegung getragen werden. Sie operieren lieber aus dem Hinterhalt. Bisher sind jedenfalls beispielsweise SFRV-

Stimmen weder im SRG-Zentralvorstand noch in den regionalen Trägerschaften in dem undifferenzierten und oft unqualifizierten Stil laut geworden, wie er in den entsprechenden Bulletins verbreitet wird.

# Die neuen Macher

- **Wieso die Branchenriesen immer grösser werden**

- **Gesucht per sofort: Investitionsmöglichkeiten
  für Profite aus der Presse**

- **Kabel-Fernsehen: Wer abkassiert, befiehlt**

- **Hurra, bald gibt's Regionalprogramme —
  und das Publikum steht abseits**

- **Sponsoring — das totale Schleichwerbe-Erlebnis**

- **Start zum Ausverkauf des Fernsehens, amtl. bew.**

Eva Wyss

# Wachstum hat seinen Preis
*Druckereien und Verlage werden zu Multi-Media-Unternehmen*

Medienpolitische Grundsätze haben ihre Halbwertzeiten. Und die
werden immer kürzer. Noch vor wenigen Jahren warnten namhafte
Experten vor den Gefahren der Multi-Medialisierung, das heisst der
Zusammenfassung von gedruckten und elektronischen Medien unter einem Konzerndach — und der damit zusammenhängenden
Ballung von verlegerischer und publizistischer Macht. „Die neuen
Medien", schrieb etwa die bundesdeutsche Monopolkommission
in ihrem Hauptgutachten 1982/83 zuhanden der Bundesregierung,
„könnten bei geeigneter Rahmensetzung eine Zunahme des publizistischen Wettbewerbs nur ermöglichen, wenn marktbeherrschen-
de Zeitungsverleger vom Zugang ausgeschlossen werden."

Inzwischen haben viele Akteure im Mediengeschäft für diese
pointierte Ansicht deutscher Ökonomie-Professoren nur noch ein
Lächeln übrig. Die multimediale Verflechtung ist in etlichen Bereichen vollzogen, vom Staat wenn nicht gefördert, so doch geduldet
und oft nachträglich sanktioniert. In Frankreich hat Pressemagnat
Robert Hersant, der fast 40% der Tagespresse kontrolliert, zusammen mit dem Italiener Silvio Berlusconi die Lizenz für die TV-Senderkette La Cinq erhalten. Die grössten Verlagshäuser der BRD,
Bertelsmann und Springer, sind an den Privatfernsehkanälen RTL
plus, respektive Sat 1 beteiligt.

In der Schweiz verläuft die Entwicklung in dieselbe Richtung,
wenn auch langsamer und unspektakulärer. Der einheimische Zei-
tungs- und Zeitschriftenmarkt ist seit langem äusserst eng und setzt

einem Wachstum der Verlage im angestammten Printmediengeschäft deutliche Grenzen. Und dabei steigen die Profite der Grossen dank stolzen Zuwachsraten bei den Inserateumsätzen stetig: Der „Tages-Anzeiger" steigerte die Bruttoumsatzrendite von 10% (1982) auf 19% (1986). Expansion ist meist nur durch den Erwerb anderer Firmen oder die Zusammenarbeit mit Konkurrenten möglich, weshalb es in den siebziger Jahren zu einer aufsehenerregenden Fusions- und Konzentrationswelle kam. Oder das in der Schweiz verdiente Geld wird im Ausland investiert: Ringier erwarb zum Beispiel 1985 in den USA zusammen mit einem amerikanischen Partner ein Druckunternehmen mit rund 2300 Mitarbeitern, ging 1987 in Hongkong ein ähnliches Joint-Venture ein, hat sowohl in München wie Paris Zeitschriftenverlage aufgebaut oder zugekauft und streckt die Fühler auch nach Österreich aus.

Hohe Investitionskosten und immer längere Durststrecken bei der Lancierung neuer Titel liessen den Durchhalte- und Innovationswillen im helvetischen Druckmediensektor erlahmen. Nach dem Zweiten Weltkrieg konnte sich in der Deutschschweiz nur gerade eine einzige neugegründete Tageszeitung erfolgreich etablieren, der „Blick" aus dem Hause Ringier.

*Mit Rundfunk-Projekten aus dem Printmedienmarkt ausbrechen*
Unter diesen Umständen waren die elektronischen Medien vielen Verlegern als Expansionsmöglichkeit willkommen, als zu Beginn der achtziger Jahre die Deregulierung der Rundfunksysteme eingeleitet wurde. Damit begannen sich die grossen Verlage von herkömmlichen Druckereibetrieben zu umfassenden Medienunternehmen zu wandeln.

Am forschesten von allen Schweizer Verlegern investierte der Genfer Jean-Claude Nicole („La Suisse") in elektronische Medienprojekte, die sich freilich mehrfach als verlustreiche Abenteuer entpuppten. Mit seinem Grenzsender Radio Mont-Blanc hat Nicole laut Branchenschätzungen innert kurzer Zeit mehrere Millionen Franken verloren, und die von ihm massgeblich initiierte Telsat AG für ein Satellitenfernsehen aus der Schweiz erlitt auf politischer Ebene Schiffbruch. Solche Wunden konnte Nicole rasch verschmerzen, gehören doch zu seinem Imperium die Kiosk AG, Zeitschriften, Kommunikationsfirmen, Agenturen usw. Der Gesamtumsatz der Nicole-Unternehmen wurde 1987 auf 450 bis 500 Millionen Franken geschätzt.

Ebenfalls weit fortgeschritten ist die Umwandlung des in Zofingen ansässigen, aber hauptsächlich von Zürich aus operierenden Verlagshauses Ringier (u.a. „Blick", „Schweizer Illustrierte", „Tele", „Schweizer Woche", „Glückspost", „Luzerner Neuste Nachrichten") in ein Multi-Media-Unternehmen. Zum Filmverleih Monopole-Pathé, zur Konzertagentur Good News, zur Videoproduktionsfirma Rincovision und zum Projekt für ein Aargauer Lokalradio gesellte sich (Stand 1987) eine Drittelsbeteiligung an der Zürivision AG. Am Ringier-Konzernumsatz von 612 Millionen Franken (1986) partizipierten die neuen Geschäftsbereiche jedoch erst mit rund 2%.

An der Zürivision AG, die ein Konzessionsgesuch für ein Zürcher Regionalfernsehen eingereicht hat, sind neben Ringier der „Tages-Anzeiger" und Roger Schawinski (Radio 24) zu gleichen Teilen beteiligt. Damit schlossen sich auf dem interessantesten Regionalfernseh-Markt der Schweiz die zwei grössten Zürcher Verlage zusammen. Solche „Elefantenhochzeiten" sind für die Strukturen des Privatfernsehens typisch. Anders als in den Gründerjahren der Presse um die Jahrhundertwende, als sich jeder Besitzer einer Druckmaschine als Zeitungsverleger betätigen konnte, beginnt der Einstieg ins Kommerzfernsehen auch im Ausland im vornherein mit dem Zusammenschluss der Branchengrössten. Kleinere und mittlere Betriebe haben allenfalls als Zulieferanten von TV-Produktionen eine Chance, sich ein Stück vom neuen Medienkuchen abzuschneiden. Von der Auslagerung eines grösser werdenden Teils der SRG-Fernsehproduktionen profitieren denn nicht nur die Grossen der Branche (Polivideo SA in Riazzino/Locarno, Condor AG und Blackbox AG in Zürich), sondern auch viele Kleinstbetriebe, die frei von administrativem Überbau und gesamtarbeitsvertraglichen Verpflichtungen planen und produzieren. Das Aufkommen neuer Regionalfernseh-Veranstalter dürfte diesen Video-Boom noch verstärken.

*Verleger an jedem zweiten Lokalradio beteiligt*
Erste Erfahrungen im Äther haben die Verleger mit Beteiligungen an werbefinanzierten Lokalradios gesammelt, obwohl die Landesregierung ursprünglich mit der Rundfunk-Versuchsverordnung ausdrücklich „publizistische Vormachtstellungen" einzelner Medienunternehmen vermeiden wollte (und auf dem Papier nach wie vor will). Mittlerweile reden regionale Verleger in jedem zweiten Lokalradio ein gewichtiges Wort mit. Auch wenn sie keine Aktienmehrheiten besitzen, geben sie dank ihrer Kenntnisse und Erfahrungen im Publizistik- und Anzeigenbereich meist den Ton an. Die Gebrüder Marc und Pierre Lamunière halten als Besitzer der beiden mit Abstand grössten Lausanner Tageszeitungen „Le Matin" und „24 heures" einen Anteil von 40% an Radio L, dem grössten Lokalradio der Waadt. In Bern stieg die „Berner Zeitung" (BZ), die zuvor mit einem Projekt für ein BZ-Lokalradio abgeblitzt war, bei Radio ExtraBE ein und besetzte die wichtigsten Posten mit eigenen Leuten. Darauf sicherte sich „Der Bund" eine Beteiligung am zweiten, ursprünglich als Kulturradio konzessionierten Sender „Förderband", der nun sein Hauptprogramm mit Hilfe des Zürchers Roger Schawinski zum Mehrheiten-Mix im Stil von Radio 24 ummodelte. Beim tief in den roten Zahlen steckenden Radio Z erwarb der Verleger Beat Curti („Beobachter", „Politik und Wirtschaft" u.a.) handstreichartig ein Aktienpaket — zusammen mit seinem Verlag-

spartner („Züri Woche") Walter Frey, Autoimporteur und seit 1987 SVP-Nationalrat. Wo Lokalradios schlecht laufen, zeigen fast nur Medienunternehmer Lust zu investieren. Ernstzunehmende neue Lokalradio-Projekte ohne Verlegerbeteiligung gibt es kaum mehr: Bei Radio Grischa sind sowohl das Bald-Monopolblatt „Bündner Zeitung" wie das serbelnde „Bündner Tagblatt" dabei, im Aargau schmieden die beiden bürgerlichen Meinungsblätter „Aargauer Tagblatt" und „Badener Tagblatt" Radiopläne mit dem Ziel, dem „auswärtigen" Ringier den Platz auf regionalen Ätherwellen mit einem eigenen Gesuch streitig zu machen.

In St. Gallen stieg neben den regionalen Zeitungsverlagen auch die Werbegesellschaft Publicitas SA, das umsatzmässig grösste in der Schweiz operierende Medienunternehmen, ins Lokalradio-Geschäft ein. Die „P", wie der Annoncenriese im Branchenjargon heisst, hält 35% des Aktienkapitals von Radio Aktuell. Sie setzt in der Schweiz jährlich rund 900 Millionen Franken mit der Vermittlung von Werbung um und verwaltet den Anzeigenteil von 135 Zeitungen. Bei vier wichtigen Zeitungsverlagen („Basler Zeitung", „St. Galler Tagblatt", Walliser „Nouvelliste" als Minderheits- und „Journal de Genève" als Mehrheitsaktionärin) ist sie am Aktienkapital beteiligt.

Teilhaber sind die Verleger auch am TV-Bildschirmtext-Dienst Teletext, der seit 1983 vorerst in deutscher, dann auch in französischer und italienischer Sprache Kurznachrichten und Servicemeldungen anbietet. In die Teletext-Trägerschaft teilen sich SRG und Schweizerischer Verband der Zeitungs- und Zeitschriftenverleger (SZV) zu gleichen Teilen, während die Betriebsgesellschaft hälftig der SRG und rund 20 Zeitungsverlegern gehört. Dabei musste das Geld für den Betrieb des dank rasant gestiegener Zuschauernutzung und Werbung gut angelaufenen Gemeinschaftsunternehmens seltsamerweise einseitig von der SRG eingeschossen werden.

Der Löwenanteil des Umsatzes der wichtigsten Schweizer Medienunternehmen stammt allerdings nach wie vor aus dem Vertrieb von Zeitungen und Zeitschriften, sowie dem Verkauf von Inseraten. Beim „Tages-Anzeiger" (TA) beispielsweise machte das Zeitungsgeschäft im Jahr 1986 gut 67%, der Zeitschriftenumsatz weitere 18% des Umsatzes aus.

*Anteil der TV-Werbung noch vergleichsweise gering*
Die Schweizer Presse konnte sich 1984 vom Werbekuchen (ohne Direktwerbung) nicht weniger als 82% abschneiden. Der Anteil der Fernsehwerbung war gleichzeitig mit knapp 7% vergleichsweise gering. In Grossbritannien, wo Fernsehwerbung ausser in den Programmen der BBC freigegeben ist, fliesst fast ein Drittel der Werbegelder in TV-Spots, während die Presse mit einem Anteil von lediglich 50% der Werbeaufwendungen leben muss. Verantwortlich für den geringen Anteil der TV-Werbung in der Schweiz ist nicht mangelndes Interesse an TV-Reklame. Vielmehr hat der Bundesrat mit Beschränkungen (im Jahresdurchschnitt 23 Minuten pro Tag, nicht mehr als sieben Werbeblöcke, keine Sonntagswerbung) die Grenzen abgesteckt, mit dem Ziel, die Verleger und das für sie lebenswichtige Anzeigengeschäft vor der Bildschirmkonkurrenz zu schützen. Die in der AG für das Werbefernsehen zusammengeschlossenen Interessengruppen (Aktienkapitalverteilung: SRG und Zeitungsverleger je 40%, Gewerbeverband, Bauernverband, Verband der Schweizer Journalisten je 4%, Vorort 3,2%, Promarca und Inserentenverband je 2,4%) müssen sich einigen, bevor sie dem Bundesrat eine Änderung dieser Bestimmungen beantragen können. Die Suche nach Kompromissen dürfte allerdings schwieriger werden, sobald die Verleger die Gewichte mit eigenen Konkurrenz-TV-Projekten zu verschieben beginnen. Hauptstreitpunkt ist der Werbemarkt im „Millionen-Zürich", den Ringier und TA mit ihrer Zürivision in Eigenregie bearbeiten wollen.
Nicht nur die Geschäftstätigkeiten bestehender Medienunter-

nehmen dehnen sich im Zuge der Multi-Medialisierung aus, es stossen umgekehrt auch branchenfremde Unternehmer in den Kommunikations- und Medienbereich vor. Als erster Aussenseiter schuf sich der Lebensmittelhändler Beat Curti, langjähriger Verwaltungsrats-Delegierter der Jean Frey AG (Nummer 3 in der Deutschschweiz), im Laufe der achtziger Jahre ein mittelgrosses Verlags- und Druckimperium. Zuvor waren die grossen Medienkonzerne der Schweiz hundertprozentige Familienunternehmen (Ringier im Besitz von Hans Ringier, dem Vater der derzeitigen Chefs Michael und Christoph Ringier, der „Tagi" als Pfründe dreier Zweige der Familie Coninx, Edipresse als Eigentum der Familie Lamunière) gewesen. Mit dem Verkauf der Jean-Frey-Gruppe – Senior-Verleger Max Frey übergab sie nicht wie erwartet seinen Sprösslingen Marc und Daniela – an den Financier und Industriellen Werner K. Rey trat im Sommer 1987 abermals der neue Unternehmer-Typus in die exklusive Runde der Deutschschweizer Medienzaren. Rey sah nach eigenen Angaben im Frey-Konzern („Weltwoche", „Bilanz", „Sport" u.a.) in erster Linie das Kernstück für Diversifizierungsvorhaben in den wachsenden Kommunikationsmarkt. Seine übrigen in der Omni-Holding zusammengefassten Interessen (von der Informationstechnologie über Metallverarbeitung bis zum Bankengeschäft) stufte er nicht als hinderlich für die Unabhängigkeit und Glaubwürdigkeit seiner Medienprodukte ein.

Einen ersten bescheidenen Schritt Richtung elektronische Medien wagte die Frey-Gruppe noch vor dem Einstieg Reys mit dem von ihr mitlancierten Satelliten-TV-Projekt Business Channel. Dieses Frühstücksfernsehen für Manager soll in Schlieren/Zürich hergestellt und während täglich zwei Stunden über den nachmittags und abends vom Abonnementsfernseh-Kanal „Teleclub" benützten Fernmeldesatelliten-Transponder ausgestrahlt werden. An der Business Channel AG sind neben Jean Frey (12,5%) die Filmproduktionsgesellschaft Blackbox AG (in deren „Limelight"-Studios

# Kennzahlen grosser Schweizer Medienunternehmen 1986

| | Umsatz in Mio Fr. | Personal- bestand | Cash Flow in Mio Fr. | Tätigkeit |
|---|---|---|---|---|
| Publicitas | ca. 900 (1) | ca. 1 400 | ca. 10 (2) | Werbegesellschaft (Vermittlung von Werbung für Presse und Lokalradios). Mehrheitsbeteiligungen an Mosse, „Journal de Genève", Minderheitsbeteiligungen an „Basler Zeitung", „St. Galler Tagblatt", „Nouvelliste", Radio Aktuell u.a. |
| SRG | 619,5 | 3 646 | 23,4 (3) | 3 nationale TV-, 9 Radio-Programme, Radio Schweiz International, Minderheitsbeteiligungen an AG für das Werbefernsehen, Pay Sat AG, Télécinéromandie, Teletext (50%), 3 Sat, TV 5 |
| Ringier | 612,1 | 2 958 | 72,4 | „Blick" und seine Sprösslinge, „Schweizer Illustrierte", „Schweizer Woche", „Glückspost", „Tele", „L'Hebdo", „Illustré", LNN, „Natur", „Fliegermagazin", „Alpin", „Emois" u.a.; Druckereien in Zofingen, Adligenswil, USA (Krueger-Ringier, 50%), Hong Kong (50%), Monopole-Pathé, Good News, Rincovision, Zürivision (33%) u.a. |
| Lamunière (4) | ca. 550 | ca. 2 500 | (8) | „Le Matin", „24 heures", Naville-Kioskkette, Buchverlage, Buchgrosshandel und -vertrieb, Kinos, Minderheitsbeteiligungen an Radio L, Téléciné romandie u.a. |
| Nicole (4) | ca. 450 | ca. 2 000 | (8) | „La Suisse", Zeitschriften, Video- und Kommunikationsagenturen, Kiosk AG, Radio Mont-Blanc, Minderheitsbeteiligungen an Telsat Télécinéromandie, Pay Sat u.a. |
| Coninx | 379,3 | 1 465 | 69,8 (5) | „Tages-Anzeiger", „Sonntagszeitung", „Schweizer Familie", „Annabelle", „Spick", „Handel heute", Conzett + Huber Verlag und Druckerei, Zürivision (33%) u.a.; Fortuna Lebensversicherung |
| Jean Frey/Rey | ca. 190 | 1 220 | ca. 14 | „Weltwoche", „Bilanz", „Sport", Tevag/„TR 7" (Minderheit), Business Channel (12,5%), Kinos (nicht in Omni-Holding von Werner K. Rey); Omni Holding: Inspectorate, Swiss Cantobank, Ateliers Vevey u.a. |
| Rediffusion (6) | 166 | 920 | (8) | Kabelnetze in Zürich, Bern, Biel, Olten, St. Gallen, Pay Sat AG (40%), Teleclub AG (60%) u.a. |
| NZZ (7) | 164 | 650 | 27,8 | „Neue Zürcher Zeitung", Buchverlag |
| Curti Medien AG | ca. 87 | ca. 450 | ca. 8 | „Beobachter", „Politik und Wirtschaft" „Züri Woche", „Jardin des Modes", Fach- und Quartierzeitungen, Radio Z (10%), Druckereien in Glattbrugg, Erlenbach, Gelterkinden, Liestal; Lebensmittelhandel: Prodega, PickPay, Howeg, Distributa |

*1) nur Umsatz Schweiz; Umsatz weltweit ca. 1 400 Millionen* das Morgenprogramm gemacht werden soll), die Telekurs AG (im Besitz der grössten Banken und mit der Übermittlung von Börsenkursen u.ä. beschäftigt) und die Technology Transfer AG (Hayek) in ähnlicher Grössenordnung beteiligt. Dazu kommen ausländische Partner (Sat 1, „Handelsblatt" u.a.) mit total 49%.

Eine ähnliche Firmenkonstruktion hatte die Rediffusion AG, die Nummer eins unter den Schweizer Kabelnetzbetreibern, gewählt, als sie 1983 den „Teleclub", ein Abonnementsfernsehen für den deutschsprachigen Raum, startete. Zu den Teilhabern gehörten neben der Rediffusion der deutsche Filmgrosshändler Leo Kirch. Damit stiess die bisher allein im Hardware-Geschäft tätige Rediffusion in den Bereich der Software vor: Sie programmierte erstmals selber ein TV-Angebot, das ausschliesslich für Kabelnetze – die eigenen und die fremden – bestimmt war. Nach Anfangsschwierigkeiten mit hohen Verlusten zählte der „Teleclub" eigenen Angaben zufolge 1987 in der Schweiz rund 50'000 Abonnenten, während das Geschäft in der BRD mangels Verkabelung weiterhin so harzte, dass die Grossverleger Bertelsmann und Springer in diesem Jahr wieder aus dem Pay-TV-Geschäft ausstiegen.

Die 1985 gegründete Helvecom (Schweizerische Vereinigung für elektronische Kommunikation) trat vorderhand lediglich als Lobby zugunsten einer möglichst weitgehenden Liberalisierung und Privatisierung der Telekommunikationsnetze in Erscheinung, nicht aber als ernsthafte medienpolitische Vertreterin der Privat-TV-Initianten. Ob sich die Helvecom, der einige der grössten schweizeri-

---

2) *Reingewinn*

3) *Einnahmenüberschuss*

4) *Die Gruppen Lamunière und Nicole wurden bis Ende 1987 schrittweise entflochten; hier Schätzungen der Anteile gemäss Entflechtung*

5) *„Bruttogewinn"*

6) *inkl. Radio/TV-Fachhandel; Rediffusion gehört den Kabelherstellern Cortaillod (35,4%), Cossonay (33,1%), der ITT-Tochter STR (29,8%) u.a. (1,7%)*

7) *Zahlen ohne NZZ Fretz AG (Druckerei); NZZ AG mit breit gestreuten Namenaktien (vornehmlich in den Händen ausgewählter Freisinniger)*

8) *wegen Verschwiegenheit der Besitzer keine Angaben, auch keine zuverlässigen Schätzungen*

schen Konzerne wie Nestlé, Ciba-Geigy, Bührle, Migros usw. angehören, zum Ziel gesetzt hat, den Einstieg dieser und weiterer medienfremden Firmen ins Geschäft mit Radio und Fernsehen zu forcieren, ist angesichts ihrer diffusen Erklärungen unklar geblieben. Aus dem Helvecom-Umfeld stammt die Firma Helvesat AG des Berner Wirtschaftsanwaltes Max Meyer, die dieser zusammen mit Polivideo-Chef Tazio Tami und Margrith Trappe (ex-Telsat und ex-Sky Channel) gegründet hat. Sitz dieser Firma für Satellitentechnik war bis im Frühjahr 1987 in Biel beim Uhrenkonzern SMH. Die Helvesat reichte im August 1987 ein Konzessionsgesuch für ein europäisches Satellitenfernsehen mit mehrsprachigem Ton ein. Chancen werden dem Projekt freilich nur eingeräumt, wenn die Finanzierung für das waghalsige Vorhaben, beispielsweise dank dem Engagement einer Grossbank, als gesichert gelten kann.

*Familienunternehmen wollen sich dem Publikum öffnen*
Der steigende Kapitalbedarf und das Bedürfnis, sich breiter abzustützen, führt Multi-Media-Unternehmen neuerdings an die Börse: So dachten im Jahr 1987 sowohl Ringier wie Curti öffentlich über ein „Going public", eine Aktienemission, nach. Und Werner K. Rey kündigte die Publikumsöffnung seiner kurz zuvor durch die Jean-Frey-Gruppe ergänzten Omni-Holding an. Doch die Emission wurde – genauso wie eine Kapitalerhöhung von Jean-Claude Nicoles Finanzgesellschaft CI Com SA – wegen des Börsensturzes von Oktober 1987 aufgeschoben, aber nicht aufgehoben. So zeichnet sich für die durchschnittlichen Medienkonsumentinnen und -konsumenten doch eine Möglichkeit ab, sich auch nach der zu erwartenden Entwertung der SRG und ihrer Trägerschaften indirekt am Radio- und Fernseh-Geschehen zu beteiligen: Statt Genossenschafter in einer regionalen SRG-Gesellschaft werden sie dereinst Aktionäre bei RingierTagiReyCurti sein.

Fredi Hänni

# Die heimlichen Programm-Macher
*Wie Kabelnetzbetreiber ihre Monopolstellung ausnützen*

Kaum ein Land in Westeuropa ist so stark verkabelt wie die Schweiz: Rund 60% der Haushalte sind mit einem Kabelanschluss für den Empfang von Radio- und Fernsehprogrammen ausgestattet – nur Belgien und die Niederlande kennen vergleichbar hohe Werte. Sobald auch die beiden Grossstädte Genf und Basel, die aufgrund ihres günstigen Standortes lange ohne Kabel mit den gewünschten ausländischen Fernsehsendern bedient werden konnten, ihre Netze gebaut haben, wird der Verkabelungsgrad in der Schweiz sogar auf über 70% steigen.

Aufgrund dieser eindrücklichen Zahlen ist es nicht verwunderlich, dass Kabelnetzbetreiber eine starke Stellung haben und zwar sowohl gegenüber den Medienkonsumenten wie gegenüber den Programm-Anbietern. Jeder Kabelnetzunternehmer – die meisten Kabelnetze sind in privater Hand, nur eine Minderheit ist in kommunalem Besitz – hat in seinem Verbreitungsgebiet ein unangefochtenes Monopol. Wer einen Kabelanschluss will, ist stets auf das von seiner Gemeine beauftragte Kabel-Unternehmen angewiesen. Gleichzeitig haben auch viele Programm-Veranstalter keine Wahl: Wollen sie ihr Programm in einer bestimmten Region verbreiten, müssen sie sich mit dem dortigen Kabelnetzbetreiber ins Einvernehmen setzen.

Diese Monopolstellung nützen die Kabel-Unternehmer seit jeher zu ihren Gunsten aus. Sie setzen die Tarife fest (die Gemeinden haben im besten Fall das Recht, die Plausibilität einer Erhöhung durch eine externe Treuhandgesellschaft überprüfen zu lassen), zwingen die Mieterinnen und Mieter indirekt zur Bezahlung auch nicht benützter Anschlüsse (Marktleader Rediffusion rechnet nur in seltenen Fällen mit dem einzelnen Fernsehhaushalt, meist aber mit den Hauseigentümern ab) und beeinflussen die Programmierung (viele Gemeinden versäumten es, in den Verträgen mit ihrem privaten Kabelnetzbetreiber ein Vetorecht bei der Aufschaltung neuer Programme zu verankern).

### Die Netze erreichen die Grenze ihrer Kapazitäten

Weil die herkömmlichen Kabelnetze mit ihren Kupferkoaxialkabeln nur rund zwei Dutzend Fernsehprogramme transportieren können, stellten sich mit der zunehmenden Programmflut Mitte der achtziger Jahre Kapazitätsprobleme ein. Würde beispielsweise die Rediffusion in Zürich zusätzlich zu den üblichen 9 bis 12 Programmen der öffentlichen Sender aus der Schweiz und den Nachbarstaaten sämtliche 16, von den Bundesbehörden zur Einspeisung freigegebenen Satellitenprogramme aufschalten, so blieben keine Kanäle mehr für ein späteres Regionalfernsehen oder ein schweizerisches Satellitenprogramm. Die Kabelnetzbetreiber sind also gezwungen, eine Auswahl zu treffen. Sie werden zu den heimlichen Programm-Machern.

Ein knappes Gut muss auch etwas kosten: Nach diesem Motto sind die Kabelnetzbetreiber dazu übergegangen, von Fernsehstationen, die ihr via Satellit übertragenes Programm gerne in helvetische Kabelnetze einspeisen lassen möchten, Gebühren zu verlangen. Solche Verbreitungsgebühren werden von beiden Verkabler-Branchenverbänden empfohlen. Der Verband Schweizerischer Kabelfernsehbetriebe (VSK) kam mit dem amerikanisch-britischen Musiksender MTV Europe grundsätzlich überein, dass in den neunziger Jahren solche Gebühren abgeliefert werden sollen. Und die Rediffusion, mit rund 450'000 Kabelhaushalten in Zürich, Bern, Biel,

Olten und St. Gallen das grösste Kabelnetz-Unternehmen, will beispielsweise vom bundesdeutschen Privat-TV-Sender Sat 1 einen Tribut von 10 Rappen monatlich pro Anschluss verlangen, hat sich aber vorerst mit Sat 1 nicht geeinigt. Mit dem Anzapfen dieser neuen Geldquelle könnte die Rediffusion allein bei Sat 1 eine zusätzliche Einnahme von einer halben Million Franken pro Jahr erzielen — ohne dafür nennenswerte zusätzliche Leistungen zu erbringen: Das Aufschalten neuer Programme verursacht keine wesentlichen Mehrkosten, wenn die Satelliten-Empfangsstation einmal erstellt ist. Der zweitgrösste Kabelnetzbetreiber der Schweiz mit Netzen im ganzen Mittelland, die Autophon AG, verfügte 1987 einen Aufschaltungsstopp. Die Firma will vorerst ein Konzept mit Kriterien für die Auswahl neuer Programme ausarbeiten, schliesst aber die Erhebung von Verbreitungsgebühren nicht aus. (Quelle: Bericht von Radio DRS 2, „Reflexe", von Anfang Februar 1988)

Nach den Vorstellungen der Kabelnetzbetreiber sollen die Einnahmen aus diesen neuen Gebühren nicht direkt den Konsumenten weitergegeben, sondern zur Finanzierung der in den neunziger Jahren fälligen Erneuerung der Netze — dann sollen die leistungsfähigeren Glasfaserkabel kommen — verwendet werden. Umgekehrt haben allerdings die meisten Kabel-Unternehmer die Urheberrechtsgebühren, die in den achtziger Jahren aufgrund eines Bundesgerichtsurteils eingeführt werden mussten, voll auf die Teilnehmerinnen und Teilnehmer überwälzt.

### Immer weniger direkte, dafür versteckte Finanzierung

Für den einzelnen Kabel-TV-Konsumenten wird es immer undurchsichtiger, wer für seine Medien wieviel bezahlt. Erstens sind die Programmkosten für werbefinanzierte Programme in den Preisen für die Produkte des täglichen Verbrauchs und Konsumgüter enthalten. Die Kabel-TV-Gebühr ist zweitens in vielen Haushalten Bestandteil des Mietzinses. Und drittens entsprechen die Tarife der

181

Kabelnetze immer weniger den tatsächlichen Aufwendungen, weil in den Preisen nur noch ein Teil der Kosten berücksichtigt ist; die britische Satelliten-TV-Station Sky Channel hat aus Rücksicht auf ihre Werbekunden ein derart grosses Interesse an der Verbreitung ihres Programms in schweizerischen Kabelnetzen, dass der Sender die gesetzlichen Urheberrechtsentschädigungen gleich selber bezahlt – der Konsument merkt gar nichts davon. Die neuen Verbreitungsgebühren verstärken diesen Trend hin zu immer mehr versteckten Medienkosten.

Das Nachsehen könnte der gebührenfinanzierte öffentliche Rundfunk haben. Die SRG hat nur begrenzte Möglichkeiten, ihre Tätigkeit aus Mitteln zu finanzieren, die für den Gebührenzahler bei der zweimonatlichen PTT-Gebührenrechnung nicht sichtbar sind. Warum, so könnten sich immer mehr Leute fragen, muss ich für die SRG im Jahr 280 Franken (Radio- und TV-Empfangsgebühen, Stand 1988) zahlen, während mich die neuen privaten Stationen zusätzlich nichts kosten? In diesem Licht gewinnt die Forderung nach einer obligatorischen Einführung der individuellen Medienkostenabrechnung an Aktualität. Für alle über das Grundangebot der öffentlichen Sender hinausgehenden Programme muss bei diesem Modell separat abgerechnet werden.

*Eine Lenkungsabgabe statt Vermehrung privater Gewinne*
Wie weit im Kabelnetzgeschäft grosse Gewinne erzielt werden können und ob neue Verbreitungsgebühren einfach der Vergrösserung der Profite dienen, lässt sich solange nicht beantworten, als die Kabelnetzunternehmer ihre Bücher nicht auf den Tisch legen. Immerhin hat die Rediffusion seit 1983 den verlustreichen „Teleclub" massgeblich getragen – vermutlich mit dem im Kabelgeschäft verdienten Geld (Rediffusion hat die hohen Defizite der Startphase verkraftet und ist gleichzeitig noch weiter gewachsen).

Eine Abschöpfung dieser Monopolrenten der privaten Kabelnetzbetreiber ist im Entwurf zu einem Radio- und Fernsehgesetz nicht vorgesehen. Die vom Bundesrat vorgeschlagene Konzessionsabgabe – sie soll die bisherigen PTT-Regalgebühren ersetzen – beträgt nur gerade ein Prozent des Umsatzes, wobei ein Freibetrag in Abzug kommt.

Medienpolitisch sinnvoller wäre es, die Konzessionsabgabe als Lenkungsabgabe auszugestalten, wie dies von medienökologischer Seite, etwa von der Schweizerischen Journalisten-Union (SJU), vorgeschlagen worden ist. Konkret: Alle Veranstalter, die nur einen Teil des verfassungsmässigen Leistungsauftrages erfüllen, also insbesondere die werbefinanzierten Unterhaltungssender, müssen diese Minderleistung mit einer Abgabe abgelten. Ausgehend von den Verbreitungsgebühren bei Kabelnetzen müssten insbesondere die ausländischen Kommerz-Stationen eine solche Abgabe in einen schweizerischen Medienfonds leisten; das Inkasso müssten die Kabelnetze besorgen. Weigert sich ein Sender, solche Medien-Lenkungsabgaben zu leisten, müssten die Behörden die Bewilligung zur Aufschaltung entziehen.

Aus den so geäufneten Geldern könnte der Bund die einheimische Programmproduktion, Projekte in dünnbesiedelten Gebieten ohne genügendes Werbeaufkommen und die Aus- und Fortbildung von Medienschaffenden fördern, ohne dass dafür Steuergelder oder Gebührenanteile in Anspruch genommen werden müssen. Dieses Modell böte Gewähr, dass die neuen Gebühren der Allgemeinheit zugutekommen – und nicht in privaten Kassen verschwinden.

Alfons Croci

# Ernüchterung und Kompromisse
*Lokal- und Regionalfernsehen: Warten auf das Radio/TV-Gesetz*

Regelmässige professionelle Sendebetriebe für Lokal- oder Regionalfernsehen waren in der Schweiz bis weit in die achtziger Jahre hinein unmöglich, weil zu ihrer Finanzierung nur Zuwendungen öffentlicher oder privater Institutionen, nicht aber Werbung erlaubt war. Zwar erteilte der Bundesrat im Juni 1983 im Rahmen der Verordnung über lokale Rundfunkversuche (RVO) sieben Lokalfernseh-Vorhaben und einigen besonderen Rundfunkdiensten (neben insgesamt 36 Lokalradioprojekten) eine Versuchserlaubnis. Doch die wenigen teils schon früher gegründeten Lokalfernseh-Unternehmen fristeten angesichts der schmalen finanziellen Basis ein Schattendasein. Das Zuger Regionalfernsehen zum Beispiel, einer der ältesten lokalen Experimentierkanäle, musste im Jahr 1987 seinen Betrieb einstellen. Das Hasli-TV im Zürcher Unterland hält nur Gratisarbeit, die kostenlose Zurverfügungstellung von Geräten und Beiträge von privater Seite am Leben.

Das Werbeverbot für Lokalfernsehen hat hauptsächlich zwei Gründe: Zum einen werden Verschiebungen der Werbegelder befürchtet, die negative Auswirkungen auf die Einnahmen der Regionalpresse (beim Regionalfernsehen; in den Wirtschaftszentren auch auf die SRG) haben könnten. Zum anderen wären Versuchsprojekte mit professionell hergestellten Programmen kaum mehr rückgängig zu machen; zu aufwendig ist die Infrastruktur für die Produktion und Verbreitung von Fernsehprogrammen. Die laufende Gesetzgebung würde durch die Zulassung der Werbefinanzierung stark präjudiziert.

Deshalb lehnte der Bundesrat eine im Herbst 1985 eingereichte Motion des freisinnigen Nationalrates Ulrich Bremi ab, der „raschmöglichst" die Schaffung von „Rechtsgrundlagen für das Regionalfernsehen in der Schweiz" gefordert hatte. Die klare Mehrheit der grossen Kammer folgte dem Antrag der Regierung und überwies den Vorstoss nicht als verpflichtende Motion, sondern nur als unverbindliches Postulat. Damit ist die Verwirklichung von Regional-TV-Vorhaben auf die Zeit nach Inkrafttreten des Radio/TV-Gesetzes verschoben worden. Zum Lokal- oder Regionalfernsehen äusserten sich im Rahmen der Vernehmlassung zum Bundesgesetz über Radio und Fernsehen im Jahr 1986 die meisten Gruppen positiv; wie gross das Bedürfnis auf seiten des Publikums ist, blieb jedoch vorerst nicht geklärt – eine breite Bewegung für neue, kleinräumige Fernsehprogramme ist jedenfalls nirgends auszumachen.

Trotzdem gibt es eine ganze Anzahl ernstzunehmender Projekte. Sie lassen sich grob in drei Gruppen einteilen:
– privates werbefinanziertes Regionalfernsehen unabhängig von der SRG und als Konkurrenz zu ihr mit eigener Werbeacquisition;
– privates werbefinanziertes Regionalfernsehen in Zusammenarbeit mit der SRG und mit teilweise gemeinsamem Werbezeitverkauf;
– werbefreie oder nicht werbefinanzierte Projekte (meistens als alternativ bezeichnet).

Im folgenden führen wir die uns Ende 1987 bekannten Regional-TV-Projekte aus der Deutschschweiz auf, wobei wir keinen Anspruch auf Vollständigkeit erheben.

*Regional-TV als Konkurrenz zum öffentlichen Fernsehen*
Das bekannteste unter den de facto als Konkurrenz zum öffentlichen SRG-Fernsehen konzipierten Regionalfernseh-Projekten ist die Zürivision. 1985 reichte die Zürivision AG, die zu je einem Drittel den Verlagen Ringier, Coninx („Tages-Anzeiger") und dem Lo-

kalradio-Unternehmer Roger Schawinski (Radio 24) gehört, ein Konzessionsgesuch für ein privates, werbefinanziertes, terrestrisch verbreitetes (ab Uetliberg beispielsweise) Fernsehprogramm in der Agglomeration Zürich ein. Das Vorhaben in Stichworten: tägliches Programm von 19 bis 22 Uhr mit lokalen, regionalen und nationalen Informationen sowie hauptsächlich unterhaltende Sendungen; sechs Werbeblöcke à vier Minuten; Werbeacquisition durch eine eigene Firma; 30 Mitarbeiterinnen und Mitarbeiter; Gesamtkosten 8,6 Millionen Franken pro Jahr. Nach den Berechnungen der Initianten müsste das Projekt auf zehn Jahre angelegt sein, um seine Kosten einzuspielen. In zwei Kurzversuchen stellte sich die Zürivision 1984 und 1986 der Öffentlichkeit vor und sammelte erste Erfahrungen.

Die Zürivision begreift sich zwar nach eigenem Bekunden nicht primär als direkte Konkurrenz zur SRG, könnte aber nach Auffassung vieler Experten auf dem publikums- und werbemässig grössten Schweizer Regionalfernseh-Markt trotzdem langfristig zum Gegenspieler der SRG werden. Weil die Zürivision nur mit einer Änderung der medienrechtlichen Bestimmungen (im Sinn der Motion Bremi) hätte realisiert werden können, ist das Projekt bis auf weiteres auf Eis gelegt worden.

Ebenfalls frei von Verbindungen zur SRG ist die Stiftung TV Tell in Luzern, die ein privatwirtschaftlich geführtes Regionalfernsehen für die Innerschweiz plant. Zu TV Tell gehört unter anderem die Stiftung Lokalradio Luzern (Radio Pilatus) und der Kabelnetz-Unternehmer Leo Fischer. Von den geplanten sechs bis acht täglichen Programmstunden sollen eine bis anderthalb Stunden mit Eigenproduktionen, der Rest mit bei Privaten eingekauften Programmen bestritten werden. Finanzieren wollen die Initianten ihr Fernsehprojekt mit Werbung. Dabei verweist TV-Tell auf die Erfahrungen mit dem Innerschweizer Lokalradio Pilatus, wonach die Einführung von Werbung im Radio die Regionalzeitungen nicht existentiell gefährdet habe.

In St. Gallen plant der Videounternehmer Victor Jenny ein unabhängiges Regionalfernsehen. Im Gegensatz zum Arbeitskreis Regionalfernsehen Ostschweiz, dem die Kafera AG (Radio Aktuell) und Publicitas angehören und der die Zusammenarbeit mit der lokalen SRG-Trägerschaft sucht, strebt Jenny vermehrte Konkurrenz in der Finanzierung an: Zeitungsverleger sollen in seinem Verein für ein unabhängiges Regionalfernsehen höchstens eine Randposition einnehmen; ein Zusammengehen mit der SRG schliesst Jenny freilich nicht ganz aus.

Jene Gruppen, die ein privatwirtschaftliches, SRG-unabhängiges Regionalfernsehen anstreben, haben sich in der Vereinigung für ein privates Regionalfernsehen zusammengeschlossen. Ihr gehören fast ausschliesslich Zeitungsverlage an. Sie fordert unter anderem eine Lockerung der Werbevorschriften. Die AG für das Werbefernsehen (AGW) — sie verwaltet die Werbung auf den SRG-TV-Kanälen — soll bei der Werbeacquisition für die Regional-TV-Sender keine oder nur eine untergeordnete Rolle spielen. Sollte eine Zusammenarbeit mit der SRG (trotz allem) unumgänglich sein, so lässt die Vereinigung weiter verlauten, soll die Federführung auf jeden Fall bei den Privaten bleiben.

*Zusammen mit der SRG: Projekte in Städten und im Berggebiet*
Eine andere Richtung schlägt die Interessengemeinschaft Regionalfernsehen/Vierte Senderkette ein. Sie umfasst die Initianten für privates, werbefinanziertes Regionalfernsehen in Zusammenarbeit mit der SRG. Die Interessengemeinschaft plädiert für eine kooperative Lösung mit einer teilweisen Umverteilung von Werbegeldern unter die diversen Regionen. Die Programme sollen — gleich wie bei den SRG-unabhängigen Projekten — auf der letzten gesamtschweizerisch verfügbaren terrestrischen, der vierten Fernsehsenderkette ausgestrahlt werden (auf den ersten drei Senderketten befinden sich die drei sprachregionalen SRG-Programme von DRS, TSR und

TSI). Mitglieder der Interessengemeinschaft sind (Stand April 1988) der Verein Basler Regionalfernsehen, die Arbeitsgemeinschaft Zürcher Regionalfernsehen (ZRF), die Interessengemeinschaften für Regionalfernsehen in Bern und in der Innerschweiz, der Arbeitskreis Ostschweizer Regionalfernsehen, der Gemeindezweckverband für die Ausstrahlung ausländischer Fernsehprogramme im Oberwallis, die Vereinigung für das Berggebiet und die Schweizerische Arbeitsgemeinschaft für die Bergbevölkerung; nicht als Mitglied, aber als „Partner" mit von der Partie ist die SRG.

Ein 1985 eingereichtes Konzessionsgesuch für ein Basler Regionalfernsehen (Titel: „Vierte Senderkette im Raum Basel") sieht ein nach dem Fenstermodell in ein nationales SRG-Rahmenprogramm eingebautes Vorabendprogramm für die Nordwestecke der Schweiz vor. Als „Basler Modell" wurde dieses Projekt für die Diskussionen über Kooperationsmodelle mit der SRG wegweisend. Vorgesehen ist von Montag bis Freitag ein regionales, dreiviertelstündiges Informationsmagazin, am Samstag gar eine einstündige regionale Informationssendung und am Sonntag eine öffentliche Diskussion mit Publikumsbeteiligung. Der Basler Pilotversuch rechnete 1985 mit 20 Mitarbeitern und einem Aufwand von 8,5 Millionen Franken. Mit der Beschaffung der Mittel aus der Werbung wollen die Initianten die AGW beauftragen.

Die anderen Interessenten für Regionalfernsehen (in Bern, Luzern, St. Gallen, im Oberwallis u.a.) hegen grundsätzlich ähnliche Programmpläne: Regionale Informationssendungen im Vorabendprogramm, vereinzelt grössere Produktionen an Wochenenden oder im Abendprogramm. Die Anlage ist vergleichbar mit den Regionaljournalen von Radio DRS, die inzwischen dreimal täglich ausgestrahlt werden.

Ein erstes Mal wird das „Basler Modell" nicht am Rheinknie, sondern in Bern erprobt: mit einem „Bernsehen"-Kurzversuch an der Ausstellung BEA im Frühjahr 1988 durch die Interessengemeinschaft für ein Berner Regionalfernsehen in Zusammenarbeit mit der SRG.

In Zürich hat die Spaltung zwischen Befürwortern und Gegnern einer Kooperation mit der SRG neben der Zürivision die Arbeitsgemeinschaft Zürcher Regionalfernsehen (ZRF) hervorgebracht. Zu den Gründern gehörten 1985 neben der Jean-Frey-Gruppe, der „Züri Woche" sowie den Film/Video-Produktionsfirmen Blackbox und Condor auch der „Tages-Anzeiger", der dann allerdings zur Zürivision hinüberwechselte. Das ZRF-Konzept sieht eine Zusammenarbeit mit der SRG vor, ist aber für eine erste Phase auf die Ausstrahlung via Kabelnetze angelegt. Das Programm: tägliche Sendungen im Hauptabendprogramm (19 bis etwa 20.30 Uhr) mit Aktualitäten und Servicemeldungen sowie regelmässigen vertiefenden Beiträgen, allenfalls mit Publikumsbeteiligung. Der Gesamtaufwand wurde von den ZRF-Initianten auf 13 Millionen Franken (bei einem Personalbestand von 62) veranschlagt.

Das Kooperationsmodell kommt Vorstellungen entgegen, wie sie von der Programmdirektion des Fernsehens DRS entwickelt worden sind: ein Programm auf zwei Kanälen. Voraussetzung wäre allerdings, dass die SRG zu den Hauptsendezeiten das alleinige Recht auf die vierte Senderkette besässe. Auf dem zweiten Kanal könnte das Fernsehen DRS im Hauptabend Sendungen plazieren, die heute nur einen Platz in den Randzeiten zugeteilt erhalten. Dadurch wäre eine gleichwertige Plazierung von Mehrheits- und qualifizierten Minderheitsprogrammen zu attraktiven Sendezeiten möglich. Der Mehraufwand für die zweite Senderkette, die an das Konzept von FS 2 des Österreichischen Rundfunks anknüpfen könnte, soll sich nach ersten, vorerst unter Verschluss gehaltenen Berechnungen in Grenzen halten.

Mit diesen DRS-Vorstellungen lassen sich die Ideen regionaler Veranstalter gut verbinden, sofern sie sich mit einem Platz im Vorabendprogramm zufrieden geben. Für grossflächigere Regionalsendungen liessen sich auch im Hauptabendprogramm oder zu anderen Tageszeiten zwischendurch Plätze freimachen.

*Alternative Vorhaben*

Das einzige werbefreie Lokalradio, das Alternative Lokalradio Zürich (ALR), ist Vorbild für ein werbefreies Regional-TV-Projekt in Zürich. Ein unter anderem aus dem ALR-Kreis hervorgegangener Verein Alternatives Regionalfernsehen (ARTV, 1985 gegründet) reichte 1986 ein Konzessionsgesuch für ein werbe- und sponsoringfreies, übers Kabel verbreitetes Regionalfernsehen ein. Die Initianten knüpfen an das Konzept des lokalen Bürgermediums an. Sie planen eine Programmstunde pro Tag. Die Sendungen — selber produziert oder von Interessierten zugeliefert — sollen regionalen und lokalen Gruppen, besonders Minderheiten Gehör verschaffen. ARTV rechnet mit lediglich sechs Angestellten. Mit anderen Worten: Die Initianten bauen auf Goodwill-Arbeit interessierter Gruppen und Einzelpersonen. Sie rechnen mit einem jährlichen Betriebsaufwand von nur rund 500'000 Franken. Das nötige Geld soll einerseits von Sympathisanten aufgebracht werden, anderseits rechnet ARTV mit Geldern aus einem noch zu schaffenden Radio- und Fernsehfonds, dem allerdings auf politischer Ebene wenig Chancen eingeräumt werden. Ob damit das Alternative Zürcher Fernsehen bereits gestorben ist, bevor es überhaupt eine Lebenschance hatte, wird sich weisen.

Geografisch und thematisch weniger breit geplant ist der lokale (Zürcher) Kultur-TV-Kanal, dessen vier Vorversuche unter dem Titel „Beck-Stage" auf dem Service-Kanal der Teleziitig ausgestrahlt wurden. Ab 1988 ist ein stufenweise wachsender dreijähriger Versuch vorgesehen, der rund 3,5 Millionen Franken kosten wird. Die noch offene Organisation und Finanzierung wird zeigen, wieweit dieses Vorhaben als alternativ bezeichnet werden kann.

*Euphorie verflogen – Zeit der Kompromisse*

Ernüchterung und Kompromisse: So lässt sich die Situation im Regional-TV-Bereich umschreiben. Ernüchterung hat eingesetzt in bezug auf die wirtschaftliche Seite solcher Projekte. Kurzversuche machten den Beteiligten deutlich, dass das Fernsehen ein sehr teures Medium ist; bei Ringier beispielsweise ist die Euphorie nach den ersten Zürivisions-Versuchen rasch verflogen. Ernüchterung auch in politischer Hinsicht: Der Bundesrat war bisher nicht bereit, vor dem Inkrafttreten des Radio- und Fernsehgesetzes Regionalfernsehen zu bewilligen. Das Parlament ist seinerseits nicht willens, vor diesem Bundesgesetz zusätzliche Präjudizien zu schaffen, wie die deutliche Ablehnung der Motion Bremi gezeigt hat.

Kompromissbereitschaft haben vorerst sowohl die SRG (sie verzichtet im „Basler Modell" auf den alleinigen Anspruch auf die vierte TV-Kette) wie ein grosser Teil der Privaten gezeigt (selbst Urs Lüdi, Präsident der Vereinigung für ein privates Regionalfernsehen, hat eine Zusammenarbeit mit der SRG nie gänzlich ausgeschlossen). Präzise Konzepte für die Machtbalance etwa in einer gemeinsamen Betriebsgesellschaft für die vierte TV-Senderkette hat jedoch keine Seite vorgelegt. Die zentrale Frage, wie viel oder wie wenig die SRG wirklich zu sagen hätte, bleibt so unbeantwortet. Vernebelnde Begriffe wie „Kooperationsmodell" oder „Verbundlösung" tragen wenig zur Klärung bei.

Trotzdem: Die SRG als Unternehmen, das einen öffentlichen Dienst leistet, könnte entscheidend dazu beitragen, dass nicht nur das nationale, sondern auch das regionale Fernsehen nach dem Prinzip des öffentlichen Dienstes realisiert wird. Der Gefahr lokaler Monopole müsste mit einer breiten Abstützung und einer nach SRG-Modell mit regionalen Akzenten versehenen Organisation begegnet werden. Es sollte für die SRG eine Herausforderung sein, bei den künftigen Entwicklungen uneigennützig die nötige Unterstützung zu leisten.

Eine direkte Konkurrenz zur SRG in ihrem angestammten Bereich der sprachregionalen/nationalen Versorgung ist das Regionalfernsehen so lange nicht, als sich private Regionalveranstalter nicht network-artig zusammenschliessen. Dazu lässt der Entwurf zum Radio/TV-Gesetz aber die Tür offen, indem das Parlament die Kompetenz erhalten soll, weitere landesweite oder sprachregionale Veranstalter zu konzessionieren (Art. 31). Allerdings muss beachtet werden, dass mit einem Zürcher Regionalfernsehen auch bereits rund ein Drittel der Deutschschweizer Bevölkerung erreicht werden kann (und erst noch das für die Werbewirtschaft interessante, weil kaufkräftigste Drittel).

Eine mehr oder weniger grosse Konkurrenzierung der SRG bedeuten auch nationale und internationale Projekte, die freilich teilweise nur vage bekannt sind: „Televisier", eine Projektskizze für ein werbe- und sponsoringfinanziertes Privatfernsehen auf der vierten Senderkette (Autorin: Schweizerische Fernseh- und Radio-Vereinigung); Helvesat, ein schweizerisches Satellitenfernsehen mit Parallelton in vier Sprachen (Helvesat AG); das Wirtschaftsmorgenfernsehen Business Channel (Jean Frey, Blackbox, Sat 1 u.a.); Eurosport, ein internationaler Fernsehsportkanal, der ab 1988 zunächst über Kabelnetze verbreitet werden soll (verschiedene nationale TV-Anstalten Europas, Mitglieder der European Broadcasting Union) usw.

In diesem Zusammenhang muss darauf hingewiesen werden, dass Regionalfernsehen nicht nur als „Fenster" in einem SRG-Programm möglich ist, sondern auch als Einschiebsel in einem (ausländischen) Satellitenprogramm, das via Kabelnetze verbreitet wird. Die deutschen Privatfernseh-Veranstalter Sat 1 und RTL plus bieten beispielsweise in verschiedenen deutschen Bundesländern regionalen Anbietern Plätze („Fenster") im Programm an.

Zwei Fragen blieben bei allen bisherigen Diskussionen weitgehend ausgeklammert: Ob das Publikum überhaupt Regionalfernsehen wünscht, und ob genügend Stoff für tägliche Regionalsendungen von immerhin bis zu einer Stunde Dauer vorhanden ist. Zum Vergleich: Beim viel kostengünstigeren Lokalradio werden nur in Ausnahmefällen regionale Informationssendungen von solcher Länge angeboten. Ein publizistisches Bedürfnis scheint bei den Regional-TV-Projekten nur in zweiter Linie bestimmend zu sein. Hauptsächlichstes Motiv ist die Aussicht, neu auch mittleren und regional verankerten Firmen Werbemöglichkeiten im Fernsehen anbieten zu können.

Martin Gollmer

# Das Schweizerhaus im Weltdorf

*Fernsehen in der Schweiz im Jahr 2001*

> Elektrisch zusammengezogen
> ist die Welt nur mehr ein Dorf.
> Marshall McLuhan

Das Schweizer Fernsehhaus steht mitten im elektronischen Weltdorf. Durch seine Fenster sind die Fassaden der Nachbarhäuser sichtbar.

Der Globalisierung des Fernsehens kann sich auch die Schweiz nicht entziehen. Die Lage als Kleinstaat im Zentrum Europas macht nämlich die Schweiz besonders empfänglich für das, was um sie herum geschieht. Die nationalen, landgestützt ausgestrahlten Programme der Nachbarstaaten Bundesrepublik Deutschland, Österreich, Italien und Frankreich gehören sowieso schon seit langem zum traditionellen Fernsehmenu der jeweiligen schweizerischen Sprachregionen. Und dank Satelliten- und Kabeltechnik sind hierzulande seit kurzem auch Programme empfangbar, die in weiter von der Schweiz entfernten Ländern produziert werden.

Die Medienpolitik der grossen Nachbarstaaten der Schweiz ist seit Ende der siebziger Jahre gekennzeichnet durch eine zunehmende Liberalisierung. Zusätzlich zu den Veranstaltern mit gemeinwohl-orientierten Programmaufträgen haben Regierungen und Parlamente auch Anbieter zugelassen, deren Programme allein nach marktwirtschaftlichen Gesetzen zustandekommen. Damit verbunden war in den meisten Fällen auch eine Lockerung der Vorschriften im Bereich der Fernsehwerbung.

Im folgenden soll nun in groben Zügen nachgezeichnet werden, wie der Entwurf für ein neues Radio- und Fernsehgesetz diese ausländischen Entwicklungen aufnimmt, wie die in diesem Entwurf sichtbare Privatisierung und Kommerzialisierung auf die im Jahr 2001 von Schweizer Fernsehveranstaltern angebotenen Programme durchschlagen könnte, und welche möglichen Konsequenzen diese Programme für die schweizerische Gesellschaft haben.

### Die Umrisse des Schweizerhauses

Wie die Nachbargebäude des Schweizer Fernsehhauses im elektronischen Weltdorf noch nicht überall fertig gebaut sind, so ist auch das Schweizerhaus selbst noch nicht vollendet. Die Umrisse sind zwar schon erkennbar, insbesondere der Innenausbau befindet sich jedoch in Planung.

Einigermassen klar ist, dass das Schweizer Fernsehhaus ein dreigeschossiges sein wird. So jedenfalls sieht es der Entwurf für ein neues Radio- und Fernsehgesetz (RTVG) vom 28. September 1987 vor. Danach werden im Erdgeschoss Veranstalter mit lokal-regionalem Verbreitungsgebiet ihr Studio einrichten dürfen. In ihren Programmen sollen sie die Eigenheiten ihres Verbreitungsgebietes berücksichtigen und insbesondere zur Meinungsbildung über Fragen des lokalen und regionalen Zusammenlebens sowie zur Förderung des kulturellen Lebens beitragen. Die programmliche Zusammenarbeit zwischen den verschiedenen lokal/regionalen Veranstaltern ist gestattet, darf aber deren Eigenständigkeit nicht gefährden und auch nicht auf die sprachregionale/nationale Programmversorgung ausgerichtet sein; diese ist den Veranstaltern im 1. Stock des Schweizer Fernsehhauses vorbehalten.

In diesem 1. Stock wird sich gemäss RTVG-Entwurf sicher die SRG niederlassen dürfen. In ihren Programmen — je eines für die Regionen der drei Amtssprachen — muss sie die Eigenheiten der Schweiz und die Bedürfnisse der Kantone berücksichtigen. Einen besonderen Beitrag soll sie leisten zur freien Meinungsbildung, insbesondere durch Information, und zur kulturellen Entfaltung, insbesondere durch Berücksichtigung schweizerischer Eigenleistungen und Filme. Die drei Programme müssen in der ganzen Schweiz verbreitet werden.

Als Bewohner des 1. Stocks des Schweizer Fernsehhauses kommen aufgrund des RTVG-Entwurfs neben der SRG auch noch andere Veranstalter von sprachregional/national ausgerichteten Programmen in Frage. Als Sendemöglichkeit steht ihnen insbesondere die vierte Fernsehsenderkette zur Verfügung (die ersten drei Senderketten sind für die sprachregionalen Programme der SRG reserviert). Allerdings darf dadurch der Programmauftrag der SRG nicht schwerwiegend beeinträchtigt werden. Wohl deshalb sieht der bundesrätliche Entwurf vor, dass die vierte Fernsehsenderkette teilweise auch der SRG für die Übertragung herausragender Ereignisse zur Verfügung gestellt werden könnte. Und wohl deshalb auch unterliegen Konzessionen für sprachregional/national ausgerichtete Nicht-SRG-Veranstalter, die ihre Programme nicht verschlüsseln wollen, oder die Vollprogramme ausstrahlen möchten, der Genehmigung durch die Bundesversammlung.

Der 2. und oberste Stock des Schweizer Fernsehhauses schliesslich ist gemäss Gesetzesentwurf für die Veranstalter von international ausgerichteten und via Satellit verbreiteten Programmen reserviert. Diese Programme sollen zur Präsenz der Schweiz im Ausland, zur Völkerverständigung und zum internationalen Kulturaustausch beitragen.

Zur Finanzierung ihrer Programme können aufgrund des RTVG-Entwurfs alle Veranstalter – unabhängig von ihrem Standort im Schweizer Fernsehhaus – auf Gelder aus der Ausstrahlung von Werbespots sowie auf Zuwendungen Dritter, das Sponsoring, zurückgreifen. Verboten ist allerdings die Werbung für alkoholische Getränke, Tabak und Heilmittel, untersagt ist auch religiöse und politische Werbung. Die Werbung darf in sich geschlossene Sendungen nicht unterbrechen. Zuwendungen Dritter sind im Falle von Sendungen mit politischen Inhalten verboten. Soweit Zuwendungen erlaubt sind, müssen in den unterstützten Sendungen die Spender und allfällig gestellte Bedingungen genannt werden. Die Empfangsgebühren, die jeder Besitzer eines (Radio- oder) Fernsehgerätes entrichten muss, kommen gemäss RTVG-Entwurf in erster Linie der SRG zu. Allerdings können auch lokal/regional ausgerichtete Veranstalter Teile der Empfangsgebühren erhalten, und zwar wenn in ihrem Versorgungsgebiet kein ausreichendes Finanzierungspotential vorhanden ist und an ihren Programmen ein besonderes öffentliches Interesse besteht. Zur Unterstützung von finanziell notleidenden und in programmlicher Hinsicht förderungswürdigen Veranstaltern mit sprachregionaler, nationaler oder internationaler Ausrichtung sollen demgegenüber Gelder aus der Bundeskasse aufgewendet werden.

*Die im Schweizer Fernsehhaus produzierten Programme*
Weil die Bauherren der Nachbarhäuser im elektronischen Weltdorf in einigen Bereichen noch weniger Bauvorschriften zu beachten haben, ist es fraglich, ob das Schweizer Fernsehhaus genau nach dem oben dargestellten Plan vollendet wird. Da die auf Privatisierung und Kommerzialisierung ausgerichteten Interessen im politischen Entscheidungsprozess auf eine solide (bürgerliche) Mehrheit zählen können, ist es nicht auszuschliessen, dass das Schweizer Fernsehhaus im Endausbau den Nachbarhäusern noch mehr gleichen wird als vom Bundesrat 1987 geplant.

Das würde insbesondere heissen, dass die SRG im sprachregionalen/nationalen Bereich von der Nutzung der vierten Fernsehsenderkette ausgeschlossen bliebe und auch im internationalen Bereich kommerziell ausgerichtete Programm-Anbieter den Vorzug erhielten. Das würde aber auch heissen, dass in diesen zwei Bereichen die gegenüber der lokal/regionalen Ebene vergleichsweise hohen inhaltlichen Anforderungen an die Programme tiefer geschraubt werden müssten, jedenfalls so weit, dass sie der umfassenden kommerziellen Verwertbarkeit der Sendungen nicht mehr im Wege stehen. Und genau aus diesem Grund müsste natürlich auch das Verbot programmunterbrechender Werbung fallen.

Angesichts des heute, Ende der achtziger Jahre, herrschenden Nachfrageüberhangs bei der Fernsehwerbung und der sich daraus ergebenden Finanzierungsmöglichkeiten für ein rein werbefinanziertes Fernsehprogramm würde damit unvermittelt der sprachregional/nationale Bereich ins Zentrum des Interesses der potentiellen kommerziellen Anbieter rücken. Ein mögliches Szenario ist deshalb auch dasjenige eines dualen Fernsehsystems mit einem dem Gemeinwohl verpflichteten, mehrheitlich gebührenfinanzierten Programm der SRG einerseits und einem kommerziell ausgerichteten, allein werbefinanzierten Programm andererseits. Eine entsprechende Konstellation ergäbe sich etwa bei Verwirklichung der Projektskizze Televisier der SRG-kritischen Schweizerischen Fernseh- und Radiovereinigung. Wie die Programme in einem solchen dualen Fernsehsystem aussehen, lässt sich in Anlehnung an jüngste Analysen der öffentlichen und privaten Fernsehprogramme in der Bundesrepublik Deutschland wie folgt beschreiben:

Der kommerziell ausgerichtete Programm-Anbieter setzt gezielt auf massenattraktive Sendungen aus dem Bereich Fiktion/Unterhaltung. Gezeigt werden überwiegend leicht konsumierbare Spielfilme und Fernsehserien aus der Sparte Komödien und Abenteuer/Action. Fernsehfilme und -spiele sind in diesem Programm nicht zu finden. Während der Hauptsehzeit (19 bis 23 Uhr) machen die unterhaltenden Sendungen 70% des Angebots aus. Die überwiegende Mehrheit dieser Sendungen wird eingekauft, zumeist in den USA.

Informationssendungen haben während der Hauptsendezeit etwa einen Anteil von 20% am Angebot des kommerziell ausgerichteten Programm-Veranstalters. Allerdings werden in diesen Informationssendungen – man könnte sie auch *news shows* nennen – fast nur Nachrichten vermittelt, neben *hard news* vielfach auch *soft news* ohne vertiefende Hintergrundinformationen. Magazine mit Hintergrundberichten zum politischen und wirtschaftlichen Leben fehlen fast gänzlich, auch ausserhalb der Hauptsehzeit. Ebenso ausgespart bleiben Sendungen kulturellen oder religiösen Inhalts sowie Kinder- und Jugendsendungen.

Die restlichen 10% des Programm-Angebots während der Hauptsehzeit sind beim kommerziell ausgerichteten Veranstalter mehrheitlich mit Sportsendungen ausgefüllt. Schliesslich wird das ganze Programm immer wieder unterbrochen von direkter Werbung – bei Nachrichtensendungen genauso wie etwa bei einer Talkshow mit dem Bundespräsidenten. Und überall schleicht sich indirekte Werbung ein:

– Unterhaltungsshows werden nicht nur von Waschmittelfirmen gesponsert, sondern von diesen gleich konzipiert.

– Ein Getränke-Multi sponsert ein Autorallye, und weil dieses Rallye über weite Strecken fern jeder Zivilisation stattfindet, sponsert er auch die kostenintensive Berichterstattung darüber am Fernsehen. Damit finden Ereignis und Sponsor in hiesigen Breitengraden gleichermassen Beachtung, und diese ist umso grösser, je öfter Bilder von spektakulären Unfällen mit Todesopfern zu sehen sind.

– Kein abendfüllender Film ohne Werbefinanzierung: Selbst bei dem von der Kritik hochgelobten Spielfilm „Paris, Texas" des Regisseurs Wim Wenders bezahlte ein Tabakkonzern fünfstellige Summen dafür, dass ausschliesslich eine bestimmte Zigarettenmarke geraucht wurde. An die ganz bestimmten Accessoires hat sich das Publikum von James-Bond-Produktionen ebenso gewöhnt wie an *cliffhangers*, jene spannungsgeladenen Sequenzen, denen folgend sich Werbeblöcke in den Film einschieben lassen. Wann werden

Filmer vom Format Wenders' ihre ersten für Werbunterbrechungen tauglichen Filme produzieren?

Kennzeichnend für die SRG als Veranstalter mit gemeinwohlorientiertem Leistungsauftrag ist ihre im Vergleich zum kommerziell ausgerichteten Anbieter vielfältigere und ausgewogenere Programm-Struktur, und zwar sowohl im Verhältnis der Bereiche Information, Fiktion/Unterhaltung und Sonstiges als auch jeweils innerhalb dieser Bereiche. Sie bietet dem Zuschauer aktuelle und vertiefende Informationssendungen zu den verschiedensten Gesellschaftsbereichen. Dazu kommen massenattraktive Unterhaltungssendungen sowie eine Mischung aus populären und anspruchsvollen Spielfilmen, Fernsehfilmen und -serien. Schliesslich fehlen weder kulturelle Angebote noch Kinder- und Jugendsendungen, und auch Sportübertragungen haben ihren Platz. Angesichts einer massiven inländischen Konkurrenz wird allerdings auch die SRG gezwungen sein, sich während der Hauptsehzeit vorwiegend auf aktuelle Information, leichte Unterhaltung und Sport zu konzentrieren. Natürlich gibt es auch in diesem Programm Werbung, Sponsorsendungen und Unterbrecherwerbung; diese letztere bleibt jedoch auf Sportübertragungen und Fernsehserien beschränkt.

Das Programm-Angebot der SRG könnte sich unter Umständen noch stärker demjenigen des kommerziellen Veranstalters angleichen. Mit dieser Entwicklung wäre vor allem dann zu rechnen, wenn erhebliche Teile des Gebührenaufkommens zugunsten von lokal/regional orientierten (Radio- und) Fernsehstationen in Gebieten ohne ausreichendes Finanzierungspotential abgezweigt werden. Dann wird nämlich auch die SRG gezwungen, vermehrt werbefreundliche, massenattraktive Sendungen anzubieten, selbst ausserhalb der Hauptsehzeiten. Dann werden all die unsäglichen Show-, Spiel- und Quizsendungen all'italiana oder à la française wohl auch die Schweizer Bildschirme überschwemmen. Und dann wird es auch mit der Zurückhaltung der SRG in Sachen Unterbrecherwerbung, Sponsoring (Fernsehsendungen werden durch Zuwendungen von aussenstehenden Firmen finanziert), Product Placement (werbewirksames Plazieren von Markenartikeln in Fernsehsendungen gegen Bezahlung), Merchandising (Vermarktung von Nebenrechten aus Fernsehsendungen, etwa von Spielen, Leibchen usw.) vorbei sein.

Kommerzielle Fernsehveranstalter, die auf der lokal/regionalen Ebene arbeiten, werden in einem solchen dualen Fernsehsystem übrigens nur noch eine marginale Rolle spielen. Gelder aus nationalen Werbekampagnen dürften ihnen kaum mehr zufliessen, so dass sie sich weitgehend aus dem lokal/regionalen Werbeaufkommen finanzieren müssen. Viel mehr als eine Animationssendung mit lokal/regionalen Nachrichten vor dem Hauptabendprogramm des national orientierten kommerziellen Anbieters lässt sich unter diesen Umständen nicht machen.

Für die internationale Verbreitung über Satellit können in der Schweiz vermutlich nur zielgruppenorientierte Spartenprogramme produziert werden. Ein solches Programm ist der 1987 vorgestellte Business Channel.

Für Vollprogramme à la Super Channel fehlt ein als Startbasis ausreichend grosser (Zuschauer- und Werbe-)Heimmarkt wie ihn etwa die Bundesrepublik Deutschland, Frankreich oder Grossbritannien haben.

*Der Fernsehkonsument im Weltdorf: entmündigt, gleichgeschaltet*
Fernsehprogramme mit Nachrichten, Unterhaltung und Sport als Hauptinhalten sowie Filmen, Serien, Shows, Spielen und Quiz' als Hauptdarstellungsformen, wie sie in Wettbewerbssystemen mit Werbefinanzierung zwangsläufig zu entstehen scheinen, bleiben nicht ohne Konsequenzen für die Zuschauer, die sie sehen, und die Gesellschaften, in denen sie produziert werden. Im Vordergrund stehen die politisch-wirtschaftliche Entmündigung, die kulturelle Verarmung und die Vernachlässigung von Minderheiten.

Informationen werden zwar auch in einem kommerziell ausgerichteten Fernsehsystem angeboten, aber (fast) keine Hintergrundinformationen mehr. Was bleibt sind Nachrichten, Kurzinformationen, meist nicht länger als die programmunterbrechenden Werbespots, über Ereignisse, oft auch über Pseudo-Ereignisse, vielfach aus dem nicht-politischen Bereich, und häufig ohne Hinweise auf Ursachen und Konsequenzen. Wo den Ereignissen zugrundeliegende Strukturen und Prozesse ausgeblendet werden, treten automatisch Personen in den Vordergrund. Bereits hat es ein Schauspieler nicht zuletzt dank seiner fernsehgerechten Kommunikationsfähigkeiten geschafft, Präsident der Weltmacht USA zu werden.

Statt Orientierungswissen für Bürger von demokratisch verfassten und marktwirtschaftlich organisierten Gesellschaften zu liefern, verkommen Informationssendungen in Wettbewerbssystemen mit Werbefinanzierung zu Sensationsreports und Personalityshows.

Mit der politisch-wirtschaftlichen Entmündigung geht die kulturelle Verarmung einher. Die Förderung anspruchsvoller Film-, Theater- und Musikproduktionen muss kürzer treten, weil solche Angebote am Fernsehen nicht mehrheitsfähig und somit zu wenig werbeattraktiv sind. Wo die Förderung dennoch erfolgt, geschieht sie oft nur zu Renommierzwecken. Zur Hauptsache setzen die Programm-Macher in kommerziell ausgerichteten Fernsehsystemen auf die Ausstrahlung seichter — und weil auf einem grossen Heimmarkt bereits amortisiert — billiger Konfektionsware vorwiegend angloamerikanischer Herkunft. So werden weltweit einige wenige und zudem erst noch sehr ähnliche kulturelle Verhaltensmuster verbreitet. Und so werden selbst mehrheitsfähige Produktionen mit einheimischen Problemstellungen ins Abseits gedrängt.

Ins Abseits gedrängt werden in Wettbewerbssystemen mit Werbefinanzierung auch Minderheiten aller Art. Es ist finanziell nämlich wenig erfolgversprechend, ein massenattraktives Programm mit Sendungen für Minderheiten konkurrenzieren zu wollen: Wer mehr Leute hat, wird mehr Werbung haben. Unter diesem „Gesetz" des Fernsehwerbemarktes leiden Junge wie Alte, Traditionalisten wie Avantgardisten. Nicht dass es für diese und andere Minderheiten keine Angebote gibt in kommerziell ausgerichteten Fernsehsystemen, aber es gibt sie oft nur zur Unzeit, oder dann sind sie – nivelliert auf dem die Massen zusammenführenden kleinsten gemeinsamen Nenner – auch noch für andere Zuschauergruppen gemacht.

Im Schweizer Fernsehhaus produzierte Programme könnten mehr sein als nur ein Vehikel, um möglichst viele Zuschauer möglichst vielen Werbespots auszusetzen. Noch können wir entscheiden, ob das Schweizer Fernsehhaus gleich wie die ausländischen Nachbarhäuser im Weltdorf aussehen soll – oder leicht anders.

# Konzepte

- **Ein Kanal, viele Sender:**
  **So entscheidet der Zuschauer mit**

- **Sensationelle Entdeckung im Jahr 1999:**
  **Fernsehen muss nicht ausgewogen sein**

- **4. Kette: Entweder Mut und Phantasie —**
  **oder Liebedienerei und Routine**

- **Ja zur publizistischen Konkurrenz —**
  **Nein zum wirtschaftlichen Wettbewerb**

- **Aktion gegen Langeweile in SRG-Trägerschaften**

Felix Karrer

# Das Modell Mediallmend
*Fortsetzung der direkten Demokratie mit elektronischen Mitteln*

Konkurrenz ist gefragt. Ein bedeutender Teil jener politischen Kräfte, die die SRG massgeblich gestaltet haben und noch immer gestalten, ruft nach „Öffnung", nach „Liberalisierung". Gemeint ist die Okkupierung der elektronischen Medien durch die Marktwirtschaft. Dass diese Art von Öffnung keinen Gewinn an Meinungsvielfalt, an geistiger Substanz, an demokratischem Engagement bringen wird, muss nicht mehr belegt werden. Einschlägige Beispiele – etwa das amerikanische oder italienische Rundfunksystem – zeigen, dass das Gegenteil geschieht: Einheitsbrei auf vielen Kanälen.

Trotzdem fällt es nicht leicht, das „kleinere Übel" SRG zu verteidigen. Ein Monopolmedium passt schlecht in eine demokratische, pluralistische Gesellschaft (und ist schlecht geeignet, diese zu vervollkommnen). Das Monopol – und ein solches bildet die SRG trotz vielfacher ausländischer Konkurrenz auf wesentlichen Gebieten, zum Beispiel der nationalen politischen Berichterstattung – kennt kaum selbstregulierende Kräfte. Diese müssen vielmehr „künstlich" eingebaut werden.

So entstand die SRG, ein unglaublich kompliziertes, in ein dichtes Netz von formellen und informellen Strukturen, von geschriebenen und ungeschriebenen Regulativen und Normen eingebundenes Gebilde:
– Trägerschaften sollen eine demokratische Kontrolle gewährleisten. Weil sie das nicht genügend tun, nimmt die Regierung Einfluss bei der Besetzung ihrer Gremien.

– Eine vom Staat gewährte Konzession postuliert Mindestanforderungen an das Programm.

– Die politischen Parteien handeln die Besetzung massgeblicher Posten aus.

– Ein Generaldirektor ist verantwortlich für eine Vielzahl von Radio- und Fernsehprogrammen.

– Eine Beschwerdeinstanz wacht über die Einhaltung der Konzession.

– Und eine unübersehbare Zahl von internen Weisungen, Richtlinien, bindenden Beschlüssen reglementiert die Arbeit der Programmschaffenden – wer gegen keine Vorschrift verstösst, hat Glück, denn niemand kann sie alle kennen.

All das befördert weder die Meinungsvielfalt noch die Kreativität noch den Mut. Schon eher das Anpassertum. Im besten Fall ermöglicht es eine gewisse Bandbreite der Meinungen um die Mitte herum, eine Bandbreite, die jederzeit geschmälert werden kann. So wurde beispielsweise die Berichterstattung über die Zürcher Jugendunruhen 1980 beim Fernsehen DRS zum „heiklen Thema" erklärt, was zur Folge hatte, dass sämtliche Sendevorhaben zu diesem Thema einer zentralen Kontrolle unterstellt waren.

So wird das SRG-Programm durch zahlreiche Interessen geprägt, offene und undurchsichtige, aber am wenigsten direkt vielleicht durch die Interessen der Konsumenten. Dem Zuschauer bleiben nur zwei Möglichkeiten, „sein" Programm mitzubestimmen: Entweder tritt er den höchst beschwerlichen, langen Marsch durch die Institution Trägerschaft an oder er votiert per Knopfdruck – sprich Einschaltquote.

## Für einen dritten Weg

Die Ausgangslage für die Schaffung einer neuen Medienordnung ist also wenig erfreulich: Zur Wahl stehen ein mehr oder weniger kommerzialisiertes System oder aber die Bewahrung der Monopolinstitution SRG. Aber auch ein allfälliger „Mittelweg" (vorsichtige „Liberalisierung"/Kommerzialisierung bei Schonung der SRG) wird keine entscheidend neuen Impulse bringen, wird nicht mehr Demokratie in die Medienlandschaft bringen, was angesichts der Verarmung im Printsektor möglicherweise bald von vitaler Bedeutung sein kann.

Es stellt sich die Frage nach einem dritten Weg, nach einer Medienordnung, in der die Grundsätze von Demokratie, Liberalität, Pluralismus, Unabhängigkeit und Offenheit besser zum Tragen kommen als beim Kommerzsystem beziehungsweise bei der Monopolinstitution. Es gibt ein Rundfunksystem, das diesen Forderungen weitgehend entgegenkommt. Es hat sich seit Jahrzehnten in seinen Grundzügen bewährt und ist trotzdem wandelbar geblieben. Die Rede ist vom Rundfunksystem in den Niederlanden, einem Staat, der in manchen Belangen mit der Schweiz durchaus vergleichbar ist.

Entstanden war das niederländische Rundfunksystem in den zwanziger Jahren als Spiegel der gesellschaftlichen Realitäten. Holland war damals sehr stark in vier Blöcke oder „Säulen" geteilt: Katholiken, Protestanten, Sozialisten und Liberale. Zusammengehalten wurde der Staat weniger durch Toleranz als durch eine Art Gentlemen's Agreement, die jeweiligen Territorien zu respektieren. Mit dem Aufkommen des Rundfunks entwickelten die gesellschaftlichen Gruppierungen je eigene Programm-Anstalten, die ihnen als Sprachrohr dienten.

In den sechziger Jahren unterliefen Piratensender die Rundfunkordnung des Staates, der mittlerweile auch längst nicht mehr so stark segmentiert, „versäult" war. Eine Reorganisation des Rundfunksystems drängte sich auf. Sie führte zu so tiefgehenden Meinungsverschiedenheiten, dass 1965 die Regierungskoalition daran zerbrach. Nach jahrelangem Tauziehen entstand dann eine Neuordnung, die auf der folgenden „Medienphilosophie" basiert:

Die Regierung verteilt die beschränkten Sendemöglichkeiten gerecht; sie gewährleistet auch im Rundfunk das Prinzip der freien Meinungsäusserung und der freien Information; sie macht den Rundfunk zu einem wertvollen Instrument für die Vermittlung von Kultur, Bildung und Unterhaltung.

An dieser Philosophie hat sich bis heute trotz mehrerer Regierungswechsel prinzipiell nichts geändert. Wenn heute bestimmte Kreise an diesem System rütteln, dann nicht, weil es sich nicht bewährt hätte. Es stehen die gleichen wirtschaftlichen und politischen Interessengruppen dahinter, die auch andernorts die Kommerzialisierung der Rundfunksysteme anstreben.

*Zugang zum Rundfunk für repräsentative Gruppen*

Neben den traditionellen Anstalten erlaubte das neue holländische Rundfunkgesetz weiteren Interessenten den Zugang zu Radio und Fernsehen, und zwar unter folgenden Voraussetzungen: Die Anstalten dürfen nicht gewinnorientiert sein; sie müssen repräsentativ für eine bestimmte gesellschaftliche, kulturelle, religiöse oder weltanschauliche Strömung sein oder sie müssen eine Mindestzahl von Anhängern nachweisen, die die Zielsetzung der Anstalt durch beitragspflichtige Mitgliedschaft unterstützen; sie sind verpflichtet, ein „Vollprogramm" anzubieten mit einem „angemessenen Verhältnis" von Information, Kultur, Bildung und Unterhaltung.

Einen Sonderstatus hat die Anstalt NOS (in etwa mit der SRG vergleichbar). Sie produziert die tagesaktuelle Basisinformation, überträgt Sportprogramme, Grossanlässe, Eurovisionssendungen. Ferner stellt sie die technische Infrastruktur für sämtliche Anstalten zur Verfügung und koordiniert die Programme.

Finanziert wird das System durch Gebühren und Werbung, wobei die Werbung für das ganze System durch eine unabhängige Gesellschaft analog zur schweizerischen AG für das Werbefernsehen zentral acquiriert wird. Die Anstalten erhalten je nach Mitgliederzahl einen Anteil der Gelder und der Sendezeit.

*Das erste Jahr mit Mediallmend*

Ich werde im folgenden ein kleines Szenario entwerfen, in dem das niederländische Rundfunksystem an die schweizerischen Verhältnisse adaptiert wird. Untersucht wird das Fernsehen im Raum DRS von 1991 an, dem ersten Jahr des Inkrafttretens von *Mediallmend*.

Die SRG gibt es noch, allerdings in reduzierter Form. Sie produziert „Tagesschau" und Nachrichtensendungen, sie überträgt Skirennen, Papstreisen und Krönungsfeiern. Nach dem neuen Radio- und Fernsehgesetz hat sie ferner den Auftrag, subsidiär Programme für Minderheiten zu gestalten, die von den anderen Anstalten nicht genügend berücksichtigt werden.

Zur vierten Senderkette: Sie steht für die Ausstrahlung subregionaler Teilprogramme zur Verfügung. Diese müssen sich durch Gebühren, Beiträge, öffentliche Zuschüsse usw. selber finanzieren. Werbung ist ausgeschlossen. Ein Medienfonds des Bundes ermöglicht den Lastenausgleich zugunsten finanzschwacher Gebiete. Auf ähnlicher Basis können Lokalprogramme über Kabel verbreitet werden.

In die Sendezeit der ersten drei Ketten teilen sich die SRG (mit Information, Sport usw.) und beliebig viele weitere konzessionierte Veranstalter. Eine Konzession erhält der Bewerber folgendermassen: Er muss seine gesellschaftlich-politischen Zielvorstellungen in einer programmatischen Erklärung umschreiben. Diese legt er dem „Fernsehrat" zur formellen Prüfung vor. (Zu den Anfangsschwierigkeiten des neuen Systems gehörte es, die Kriterien der formellen Prüfung zu präzisieren. So bewarben sich auch recht absonderliche Gruppierungen, zum Beispiel die Briefmarkenfreunde, deren Programm in der „Förderung der Völkerverständigung durch Verbreitung des philatelistischen Gedankenguts" bestand. Der Entscheid des Fernsehrats war negativ. Bei einigen heikleren Grenzfällen kam es zu öffentlichen Auseinandersetzungen. In bisher zwei Fällen wurde die Rekursinstanz, das Bundesgericht, angerufen).

Nach positiver Prüfung des Gesuchs muss der Bewerber Unterschriften von in der Schweiz wohnhaften Personen über 18 Jahren beibringen, die die Erklärung unterstützen und als beitragspflichtige Mitglieder einem entsprechenden Verein beitreten. In der Deutschschweiz sind 7000 Mitglieder nötig, im Welschland 5000, in der italienischen Schweiz 3000. Nach erfolgreicher Unterschriftensammlung beziehungsweise Vereinskonstitution erhält der Bewerber Kandidatenstatus, das heisst während zwei Jahren Anrecht auf eine halbe Stunde Sendezeit pro Woche und das dazu nötige Geld aus den Mitteln der SRG. Spenden und andere materielle Unterstützungen – mit Ausnahme der Mitgliederbeiträge – dürfen weder die Kandidaten noch die bereits konzessionierten Anstalten entgegennehmen. Der Fernsehrat wacht über die Einhaltung dieser Vorschrift und verfügt nötigenfalls Sanktionen, bis hin zum Entzug der Konzession.

Im ersten Übergangsjahr reduzierte die SRG ihr Programm zugunsten der Kandidatensendungen um rund ein Drittel. Dann wurde die erste der von da an jährlich stattfindenden Publikumsabstimmungen durchgeführt. Der Modus dieser Abstimmungen ist denkbar einfach: Auf der Rückseite des Einzahlungsscheins für die Konzessionsgebühr muss die gewählte Anstalt angekreuzt werden, wobei auch Mehrfachnennungen möglich sind.

## 1991: zwölf Anstalten neben der SRG

Im Raum DRS gab es am 1. Januar 1991 neben der SRG zwölf Anstalten. Die höchste Stimmenzahl erhielt der Sender *Freie Schweiz* (365'000 Stimmen). Präsidentin ist alt Bundesrätin Elisabeth Kopp. Der wesentliche Programmpunkt: die „Erhaltung und Weiterentwicklung der freien und sozialen Marktwirtschaft". Am zweitbesten schnitt *DAF* ab („Das andere Fernsehen", 310'000 Stimmen), das vom linken, linksliberalen und progressiv-kirchlichen Teil des gesellschaftlichen Spektrums getragen wird. *Freie Schweiz* und

*DAF* haben A-Status, das heisst Anrecht auf acht Sendestunden pro Woche.

B-Status (200'000 bis 300'000 Stimmen) erreichten die Kandidaten *PROFIL* („Für echte Leistung, gegen Gleichmacherei") und *TELEMMA* (Frauensender, „für Solidarität und echte Gleichstellung der Geschlechter"). B-Anstalten können fünf Stunden pro Woche senden.

C-Status (100'000 bis 200'000 Stimmen, je drei Wochenstunden) erhielten *YUPPIE!* (anarchistisch, experimentell, „für Beschränkung des Stimmrechtsalters auf 10- bis 30jährige", entstanden im Gefolge der Jugendunruhen 1989 in Basel), *SENIOR* („für Aufwertung des 3. Lebensalters") und *Eidgenossen* (SVP-nahe, präsidiert von Walther Hofer).

D-Status schliesslich (50'000 bis 100'000 Stimmen, wöchentlich eine Sendestunde) erhielten *Greenpower* (militante Umweltschützer), *Grüne Heimat* (Präsident Valentin Oehen), *GAY* (Homosexuelle, „gegen Diskriminierung von Minderheiten"), *Paternoster* (traditionalistische Katholiken) und *Ausland-Schweiz* („für gegenseitige Achtung von Schweizern und Ausländern"). Die Sendeplätze der verschiedenen Anstalten werden jährlich von einem Koordinationsgremium neu verteilt (vgl. Programmschema 1991).

Der Leistungsauftrag im Radio- und Fernsehgesetz ist relativ weit gefasst. Er verlangt einen angemessenen Anteil an Information, Kultur, Unterhaltung und Bildungsprogrammen (D-Anstalten sind von dieser Bestimmung ausgenommen). Mindestens 50 Prozent aller Sendungen müssen von der jeweiligen Anstalt selbst oder in ihrem direkten Auftrag produziert sein. Die Hauptsprache muss deutsch (bzw. französisch bzw. italienisch) sein. Bei der Anstalt *Ausland-Schweiz* gestattete der Fernsehrat eine Ausnahme: Deutsche Untertitelung der Aufzeichnungen und deutsche Zusammenfassung der Studiogespräche genüge, entschied er.

Es dauerte einige Jahre, bis sich *Mediallmend* konsolidiert hatte,

# Mediallmend Programmschema 1991

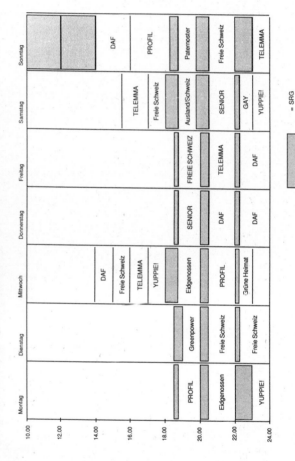

= SRG

## Mediallmend in Stichworten

*Voraussetzungen für Kandidatenstatus*
– Programmatische Erklärung mit gesellschaftlich-politischen Zielvorstellungen.
– Formelle Prüfung durch den Fernsehrat.
– Unterschriften/Beitrittserklärungen von in der Schweiz wohnhaften Personen über 18 Jahren (DRS 7000, SR 5000, SI 3000). Die Unterschrift verpflichtet zum beitragspflichtigen Vereinsbeitritt. Kollektivmitgliedschaft ist ausgeschlossen.

*Kandidatenstatus*
Anrecht auf 30 Minuten Sendezeit pro Woche während höchstens zwei Jahren. Werden nach zwei Jahren nicht 50'000 Publikumsstimmen erzielt, so erlischt der Kandidatenstatus. Finanzierung aus SRG-Mitteln.

*Konzessionierte Anstalten*
A-Status: über 300'000 Publikumsstimmen          8 Sendestunden/Woche
B-Status: 200'000 bis 300'000 Publikumsstimmen   5 Sendestunden/Woche
C-Status: 100'000 bis 200'000 Publikumsstimmen   3 Sendestunden/Woche
D-Status: 50'000 bis 100'000 Publikumsstimmen    1 Sendestunde/Woche

*SRG*
Grundversorgung mit täglicher nationaler und internationaler Information. Sportberichterstattung. Gottesdienstübertragungen. Grossanlässe. Eurovision. Subsidiär Programme für Minderheiten.
Koordination der konzessionierten Anstalten. Bereitstellung der Produktionsmittel.

*Leistungsauftrag*
– Angemessener Anteil an Information, Kultur, Unterhaltung, Bildungsprogrammen (wird für D-Anstalten nicht verlangt).
– Mindestens 50% der Programme selbst oder im direkten Auftrag produziert.
– Sprachregionale Ausrichtung des Programms.
– Hauptsprache deutsch bzw. französisch bzw. italienisch.

*Kontrollinstanz*
Fernsehrat (unabhängiges Gremium mit Sanktionsmöglichkeiten).
Rekursinstanz: Bundesgericht.

*Finanzierung*
Anteilmässig durch Gebühren und Werbung. Materielle Zuwendungen (ausser Mitgliederbeiträge) und Verwendung von Mitteln für andere als Programmzwecke sind untersagt.

das heisst, bis sich insbesondere eine gewisse Praxis in den Entscheiden des Fernsehrats herausgebildet hatte. Die Rechtssicherheit nahm zu, ohne dass die Flexibilität des Systems gelitten hätte. So fusionierte beispielsweise schon nach einem Jahr *Greenpower* mit *TELEMMA* zur neuen Anstalt *SOLIDAR, YUPPIE!* wurde gemässigter und rutschte in den D-Status ab, *Grüne Heimat* verschwand nach dem geräuschvollen Rücktritt Oehens vom Bildschirm.

*Mittwoch, der 26. Juni 1991 — ein Fernsehtag*
Zum Abschluss nun noch ein ganz gewöhnlicher Fernsehtag. Es ist Mittwoch, der 26. Juni 1991. Um 14 Uhr beginnt unser Programm mit der Sendung „Kind und Tod" des Senders *DAF*. Um 15 Uhr folgt *Freie Schweiz* mit der Trickfilmserie „Onkel Dagobert". Anschliessend: „Berufe stellen sich vor", heute: der Programmierer. Den Schluss der heutigen Sendungen von *Freie Schweiz* bildet „Unser Schachwettbewerb". Um 16 Uhr meldet sich *TELEMMA* mit der Aufklärungssendung „Liebe undsoweiter". Daran anschliessend „Rotznase — die Mecker-Ecke für diskriminierte Zuschauer Innen". Um 16.50 Uhr: 10 Minuten „Shiatsu mit Ursi". Um 17 Uhr folgt *YUPPIE!* mit „Telebrecher — Sounds & Flips". Lassen Sie sich überraschen! Um 18 Uhr bringt die SRG das „Kinderjournal", die „Tagesschau" für die Junioren. 18.30 Uhr: SRG-Nachrichten. Um 18.45 Uhr sehen Sie die neue Folge „Luegit von Bärge und Tal" unseres Senders *Eidgenossen* — ein Magazin mit Volksmusik, Information und Filmbeiträgen. Gleich anschliessend: „Klar + wahr" — die „Wochenschau aus unserer Sicht", präsentiert von Walther Hofer. Um 20 Uhr die „Tagesschau" der SRG und um 20.15 Uhr der Spielfilm „Rambo VII" im Unterhaltungsprogramm von *PROFIL*. Um 22 Uhr meldet sich noch einmal die „Tagesschau", und um 22.15 Uhr folgt die Diskussionssendung „Der grüne Kreis", heute zum Thema: „Organische Marktwirtschaft im Zei-

chen der Schöpfung". Gesprächsleitung: Valentin Oehen. Gleich anschliessend: „Der Briefkasten – besorgte Bürger fragen, Valentin Oehen antwortet". Um 23.15 Uhr beschliessen die Nachrichten der SRG den heutigen Sendetag. Wir wünschen Ihnen gute Unterhaltung!

PS. Man verzeihe die Blässe der Imagination eines langjährigen SRG-Mitarbeiters. Die Realität wird die Fiktion weit hinter sich lassen!

Urs Meier

# Fernsehen im Interesse der Öffentlichkeit

*Für wirklichkeitsnähere, kontroversere, lebendigere Programme*

Fernsehen ist in erster Linie Unterhaltung. Seine Kritiker haben ihm das immer wieder vorgeworfen und oft den Schluss daraus gezogen, etwas Vernünftiges lasse sich mit diesem Medium nicht anstellen. Umgekehrt entschuldigen sich Fernsehverantwortliche gelegentlich mit dem Verweis auf dessen Unterhaltungscharakter und versuchen, allzu hohe Ansprüche ans Programm als nicht mediengemäss abzuwehren. So pauschal der kulturkritische Vorwurf, so bequem ist die Bescheidung der Macher. Die Feststellung, Fernsehen mache aus allem Fernsehen (und damit eben Entertainment), ist nur die halbe Wahrheit. Der Tatbeweis ist zur Genüge erbracht, dass dieses oft gescholtene Medium auch zu publizistischen und künstlerischen Leistungen imstande ist. Es kommt allerdings darauf an, sie vom Programm zu fordern und mit einer entsprechenden Politik die Bedingungen dafür zu schaffen.

Der heimische Bildschirm ist für einen grossen Teil der Benützerinnen und Benützer zum Kiosk mit ein oder zwei Dutzend gleichzeitigen Angeboten geworden, und es sollen in absehbarer Zeit noch mehr werden. Die wachsende Zahl ist von Vorteil, sofern sie den Medienkonsumenten tatsächlich eine grössere Auswahl zwischen unterschiedlichen Programmen verschafft. Diese positive Aussicht wird sich jedoch als trügerisch erweisen, wenn die Entwicklung des Mediensystems einseitig den Kräften des Marktes überlassen werden sollte. Die Kommerzialisierung drängt zwar auf eine quantitative Ausweitung (jedenfalls solange, als zusätzliche

Programme einen wirtschaftlichen Ertrag versprechen), bewirkt aber vor allem im Fernsehen eher eine Angleichung der Angebote. Für den Benützer ergibt sich das paradoxe Bild, dass die Zahl der Kanäle wächst, die qualitative Auswahl aber schrumpft.

Das Phänomen der Angleichung der Programminhalte unter dem kommerziellen Erfolgsdruck ist nicht auf den ersten Blick sichtbar. Vordergründig kann es durchaus den Anschein machen, als ob das Bild bunter werde. Der international liberalisierte Fernsehmarkt wird wohl dazu führen, dass sich auf den Schweizer Bildschirmen eines Tages neuartige Angebote finden werden: Ein Kanal wird vielleicht täglich 24 Stunden Nachrichten senden, ein anderer wird unter Umständen pausenlos Sport anbieten, weitere Sender könnten sich auf Spielfilme, Videoclips und andere Zielgruppen-Programme festlegen, und einige Kanäle schliesslich dürften Mischprogramme nach Art von Sat 1, RTL plus und Super Channel liefern. Vordergründig wird also durchaus mehr Vielfalt herrschen. Erst bei näherem Zusehen wird man feststellen, dass die Angebote in Machart und Habitus praktisch gleich sind, dass die Bandbreite der Meinungen überall etwa dieselbe ist und dass minoritäre Sparten trotz der Ausweitung des Angebots mehr und mehr verschwinden. Wie weit die schweizerischen Programme sich dem neuen internationalen Muster werden anpassen müssen, hängt stark von den gegenwärtigen medienpolitischen Weichenstellungen ab.

Wer zusätzliche Fernsehprogramme verkaufen will, wird kaum je darum verlegen sein, entsprechende Publikumsinteressen vorweisen zu können. Je grösser der Markt, desto breiter kann das Angebot gefächert sein. Doch die existierenden wirtschaftlich liberalisierten Fernsehsysteme zeigen, dass die Summe der sich auf dem Markt behauptenden Medienprodukte nicht automatisch eine gesamtgesellschaftlich erwünschte Programmleistung ergibt. Die Bedürfnisse, die sich nicht auf kommerziell interessante Weise befriedigen lassen, kommen in einem freien Medienmarkt früher oder später unter die Räder. Übergreifende kulturelle, soziale und politische Gesichtspunkte der öffentlichen Kommunikation sind bei einer rein marktorientierten Betrachtungsweise gar nicht im Blickfeld.

*Freier Markt oder Leistungsauftrag im Sinne der Verfassung*
Zu Beginn des nächsten Jahrtausends wird die Schweiz möglicherweise ein weitgehend kommerzialisiertes Mediensystem haben, in dem der heute der SRG anvertraute Kommunikationsauftrag mit seinen kulturellen und föderalistischen Leistungen allenfalls noch als Restbestand figurieren wird. Die offizielle Schweizer Medienpolitik enthält starke Komponenten, die eine solche Entwicklung begünstigen. Vor allem aber der westeuropäische Trend und die innenpolitischen Kräfteverhältnisse lassen die Variante Kommerzialisierung als realistisches Szenario erscheinen.

Doch es muss nicht so kommen. Der geltende Verfassungsartikel über Radio und Fernsehen und auch der Entwurf für das Radio- und Fernsehgesetz stellen nämlich mit dem Gedanken des gesellschaftlichen Leistungsauftrags des Rundfunks eine politische Forderung auf, die eine unbeschränkte Kommerzialisierung klar verbietet. Hier soll deshalb eine Entwicklungsvariante skizziert werden, die auf der Annahme beruht, der Verfassungsauftrag werde in der Medienpolitik nicht nur formell zur Not erfüllt, sondern in seiner Intention respektiert und in Praxis umgesetzt. Dieses Kapitel stellt Voraussetzungen und Konsequenzen einer solchen politischen Option zur Diskussion.

Hinter dem Gedanken des Leistungsauftrags steht ein Konzept von gesellschaftlicher Kommunikation, das die Leitvorstellung der Demokratie mit den historischen Voraussetzungen des schweizerischen Staates verbindet. Der Leistungsauftrag ermöglicht zunächst materiell und organisatorisch die mediale Präsenz der vier Sprach-Kulturen in der ganzen Schweiz (mindestens beim Fernsehen ist es eine beinahe lückenlose landesweite Versorgung mit allen drei Ketten). Zudem verlangt der Staat von Radio und Fernsehen die Erfüllung bestimmter Programmleistungen etwa in der Berücksichtigung von Minderheiten oder in kulturellen Belangen. Mit diesen Anforderungen wird das Recht der SRG auf Konzessionsgebühren begründet. Schliesslich — und dies ist vielleicht das Wichtigste — setzt der Leistungsauftrag generell strenge Massstäbe für die Programme von Radio und Fernsehen. Die Qualitätsanforderungen spiegeln eine durchdachte Vorstellung von mündigen Medienbenützern und demokratischer Gesellschaft. Demgegenüber werden die Begriffe Mündigkeit und Demokratie in der Medienpolitik leider oft ideologisch als Rechtfertigung von Anbieter-Interessen missbraucht.

In den Leistungsanforderungen für Radio- und Fernsehprogramme ist die dialektische Spannung enthalten, die den Begriffen der Mündigkeit und der Demokratie eigen ist. Beides existiert im vollen Sinn nur als Entwurf. Die Wirklichkeit der mündigen Person und der demokratischen Öffentlichkeit bleibt stets hinter der Idee zurück. Doch die unvollkommene Realisierung macht mündiges und demokratisches Verhalten nicht sinnlos, wie sie auch das vorauseilende Konzept wahrer Mündigkeit und Demokratie nicht gegenstandslos macht. Diesem dialektischen Verständnis trägt die Leistungsanforderung an Programme Rechnung, indem sie mündige Bürgerinnen und Bürger voraussetzt und gleichzeitig die Förderung mündigen Denkens und Verhaltens verlangt.

Das gleiche gilt für den Beitrag, den Radio und Fernsehen an die Konstituierung von Öffentlichkeit zu leisten haben: Die Programme sollen darauf abstellen, dass die gesellschaftliche Kommunikation nach demokratischen Regeln verläuft, und sie müssen gleichzeitig mithelfen, die Gesellschaft zu demokratisieren. Solche Dialektik ist der Versuch, prozesshaft zu denken, also gewissermassen das Denken so in Bewegung zu versetzen, dass es Entwicklungen zu erfassen und zu verstehen vermag.

Dialektische Vorstellungen von Mündigkeit und Demokratie und die davon abgeleiteten Ansprüche an die Programmleistungen von Radio und Fernsehen geraten deswegen mit einer gewissen Zwangsläufigkeit in Konkurrenz zu den Kräften, die das Gesetz der Entwicklung ganz der technisch-wirtschaftlichen Dynamik anheimgeben wollen. Die Verfechter einer technokratisch-ökonomistischen Medienpolitik wollen deshalb plausibel machen, die an die Medien zu stellenden Anforderungen hätten sich einzig an der gesellschaftlichen *Wirklichkeit* zu orientieren. Nach der im Leistungsauftrag repräsentierten Auffassung hingegen sollen die für die Medien gültigen Massstäbe die *Dialektik von Wahrheit und Wirklichkeit* mitreflektieren.

Die marktwirtschaftliche Medienpolitik ist ein typisches Kurzzeit-Konzept. Es profitiert von einer plakativen Argumentation und passt gut zum modisch-populistischen Stil des Politisierens. Demgegenüber verlangt dialektisch bewegtes Denken die Mühe der Differenzierung und die Bereitschaft zur Langzeit-Verantwortung. Soll sie wahrgenommen werden, so braucht es eine geistige Anstrengung grossen Ausmasses.

## Was das Fernsehen leisten soll

Das Fernsehen hat wie jedes Medium seine spezifischen Eigenschaften. Sie ergeben sich aus der technischen Konfiguration, aus den in wenigen Jahrzehnten gefestigten Programm-Stereotypen und Publikumserwartungen, aber auch aus der beispiellosen Breite und Intensität der Nutzung. Fernsehen ist zu einem wichtigen Teil der Alltagskultur geworden. Deshalb ist zu überlegen, wie seine kommunikative Charakteristik am besten zugunsten der Öffentlichkeit genutzt werden kann.

Grob gesprochen hat das Medium Fernsehen zwei grundlegende Stärken. Es ist erstens ein gutes Geschichten-Medium. Dank seinem ausgesprochenen Erzähltalent versteht es sich darauf, mit einem Ensemble von Figuren in abgegrenzten Zeiten und Räumen mehr oder weniger komplexe Handlungen von einem Anfang zu einem Ende zu entwickeln. Das Fernsehen ist zweitens ein Fenster zur Welt und macht es möglich, live dabeizusein bei Prinzenhochzeit und Staatsbegräbnis, Länderspiel und Unterhaltungsshow, Krieg und Katastrophe, Parlamentsdebatte und Prominentenklatsch. Zu den medialen Eigenarten des Fernsehens gehört die Tendenz, das Interesse stets auf Personen zu lenken. Es folgt den Spuren der Prominenten und ist selbst imstande, Menschen Prominenz zu verleihen. Abstraktionen und Einblick in grössere Zusammenhänge sind nicht eben Stärken des Mediums Fernsehen. Hingegen schafft es durch Sympathie und Identifikation emotionale Beteiligung und die Möglichkeit der Einfühlung.

Die *fiktionalen Formen* sind deshalb zum Kernbestand eines Programms zu rechnen. Fernsehspiele, Serien und Spielfilme sollen Themen aufgreifen, welche die Zuschauerinnen und Zuschauer real etwas angehen. Es ist möglich, Geschichten so zu erzählen, dass sie die Menschen empfindlicher, wahrhaftiger und stärker machen. Dazu aber ist es notwendig, dass die Erzähler denen nahe sind, für die sie ihre Geschichten erfinden. Internationale Dutzendproduktionen werden diesem Anspruch kaum gerecht. Deshalb muss verlangt werden, dass eine Fernsehanstalt ihre fiktionalen Programmteile zu einem wesentlichen Teil selbst produziert oder bei einheimischen Produzenten in Auftrag gibt. Gutes Fernsehen ist (unter anderem deswegen) teuer, und man soll es nicht billig machen wollen. In der Schweiz ist ein Programm, das solchen Ansprüchen genügt, nur möglich durch eine Konzentration der Ressourcen und Mittel auf die Bereiche, die zur Erfüllung des Leistungsauftrags unabdingbar nötig sind.

Wie die Fiktion ist auch die *Dokumentation* ein erzählerisches und deshalb fernsehgeeignetes Genre. Reports, Porträts, Langzeitbeobachtungen usw. sind wichtige Programmleistungen, die unter anderem fähig sind, vergessene Menschen und Themen präsent zu machen. Es braucht Fernsehschaffende, die viel Zeit haben, an einer Sache zu bleiben und denen auch genügend Sendezeit gegeben wird, um Themen zu vertiefen. Die Langsamkeit muss ihren Platz trotz allgemeiner Beschleunigung behalten, denn es sind häufig die besonders wichtigen Kommunikationsvorgänge, die nur in behutsamen Schritten vorankommen.

*Exkurs: Die Bedeutung von Formen und Strukturen*
An dieser Stelle ist ein kleiner Exkurs über Formen von Sendungen und Strukturen von Fernsehanstalten nötig. Für die Qualität einer Sendung ist die Gestaltung so wichtig wie der Inhalt. Zum guten Fernsehen gehören die souveräne Handhabung des „klassischen" Formenrepertoires von Film und Fernsehen und der Mut zu formalen Experimenten. Der bewusste Umgang mit der Form gehört zur Verantwortung der Macher im Einweg-Medium und bedeutet überdies ein Stück Kommunikationskultur. In grösseren Fernsehanstalten wächst die Tendenz, Programmverantwortung als Konfliktvermeidung zu praktizieren. So entsteht ein Klima, in dem journalistische Risikobereitschaft und gestalterische Experimentierfreude eher bestraft als belohnt werden. Von daher wären kleinere Einheiten vorzuziehen, die sich nicht auf die Bandbreite der politischen Konkordanz abstimmen müssten (dies eine der Stärken von *Mediallmend*, einem in diesem Band vorgestellten Modell). In grossen Anstalten ist das Problem nur aufzufangen, wenn die konkrete Programmverantwortung im Sinn der inneren Medienfreiheit bei den Journalistinnen und Journalisten liegt.

Die *Information* ist ein Programmbereich, der im Fernsehen eher aufgrund der Wichtigkeit des Mediums als wegen besonderer medialer Eignung einen hohen Stellenwert hat. Die Gefahren sind offensichtlich und umso brennender, wenn ein Programmveranstalter rein kommerziell ausgerichtet ist: Sachfragen werden allzu sehr personalisiert, die Politik erscheint nur als Show, und die Politiker suchen und finden Wege, das Medium für ihre Zwecke zu vereinnahmen. Als besondere Gefahr ist die Vermengung von Werbung und Programm zu betrachten — eine Tendenz, die bei kommerziellen Veranstaltern nicht zu übersehen ist und die beim Sponsoring faktisch zum Konzept erhoben wird! Solchen Verfälschungen kann nur mit eindeutigen gesetzlichen Regelungen und mit einem klaren Programmauftrag gewehrt werden, aus dem sich die nötigen Auflagen und Absicherungen herleiten lassen.

Die Fernsehinformation bietet aber auch grosse Chancen. Sie liegen in der Popularisierung von Wissen, das die Bürgerinnen und Bürger für ihre (politische) Orientierung brauchen. Dieses Wissen beruht nicht allein auf Information im Sinn von News, sondern ebenso sehr auf der Kenntnis von Zusammenhängen. Obschon es dem Fernsehen von seiner kommunikativen Eigenart her nicht leicht fällt, muss es sich um solche vertiefende Information bemühen und mithelfen, die Dimension des Historischen im pausenlosen Jetzt der Aktualität bewusst zu machen.

Bei allem, was Fernsehen zu bieten hat, spielt der Guckkasteneffekt mit: Die Television ist immer auch ein Jahrmarkt der Kuriositäten. Die bewegten Bilder faszinieren als Phänomen nach wie vor. Bei *Spiel, Show und Liveübertragung* lässt das Fernsehen zuschauen um des Zuschauens willen, was zumindest durch die Masse der Bild-Ereignisse eine Revolutionierung der Alltagskultur ausgelöst hat. Es fällt auf, dass im definierten Programmbereich der „reinen" Unterhaltung erstaunlich wenig gestalterische Phantasie am Werk ist. Fernsehunterhaltung scheint sich in einigen weltweit erprobten Grundmustern zu erschöpfen. Fast jeder Sender hat eine grosse Show als Flaggschiff des Programms laufen. Im Sinne der bereits genannten Konzentration der Mittel ist in den kleinräumigen Schweizer Verhältnissen das Mithaltenwollen in diesem Prestigekampf verfehlt. Umso bedeutsamer wäre die Freisetzung kreativer

Kräfte und der Mut zu Experimenten gerade in dieser Programmsparte. Neben der absichtslosen Unterhaltung, die ihre selbstverständliche Berechtigung hat, sollten vermehrt Versuche gemacht werden, publizistische Arbeit in unterhaltenden Formen zu realisieren – von der Satire bis zur thematisch ausgerichteten Unterhaltungsshow.

## Entertainment und Publizistik

Fernsehen ist, wie wir gesehen haben, ein Medium, das beides kann: unterhalten um der Unterhaltung willen und publizistisch an der Schaffung von Öffentlichkeit mitwirken. Unter dem Druck wirtschaftlicher Konkurrenz neigt es dazu, den Entertainment-Aspekt zu bevorzugen oder ihm das Feld mehr oder weniger zu überlassen. Zwar kann auch ein kommerzialisiertes Fernsehen publizistische Leistungen erbringen, aber es wird immer unter dem Zwang stehen, den Unterhaltungsbedürfnissen der Einzelnen den Vorrang zu geben vor dem Informationsbedürfnis der Öffentlichkeit. Aus diesem Grund ist es notwendig, die publizistischen Funktionen des Fernsehens zu stärken, indem man die entsprechenden journalistischen Beiträge von ihm fordert. Fernsehen soll den Anspruch nicht aufgeben, ein aufklärerisches Informationsinstrument zu sein und daran festhalten, dass die Erhellung von Sachverhalten, die Einsicht in Ursachen und Zusammenhänge, das Durchschauen von verdeckten Interessen und wenn nötig auch das Aufdecken öffentlich bedeutsamer Missstände die eigentliche Profession auch des Fernsehjournalisten ausmachen.

Die publizistischen Leistungen des Fernsehens in der deutschsprachigen Schweiz leiden unter anderem darunter, dass die Verantwortlichen dem Programm eine weitgehende Meinungsabstinenz auferlegt haben. Aus der Monopolstellung, die das Fernsehen DRS in der Innenpolitik faktisch einnimmt, ist bisher der verhängnisvolle Schluss gezogen worden, man müsse einen meinungsneutralen

Journalismus betreiben. Hinter diesem Verdikt steht die Angst vor der Indoktrination der Zuschauer — ein Gespenst, das durch medienwissenschaftliche Untersuchungen längst entzaubert ist. Fernsehen ist nicht in der Lage, politische Einstellungen der Zuschauer zu manipulieren. Hingegen kann und soll es den Menschen Anregungen zu ihrer eigenständigen Meinungsbildung geben. Dazu braucht es zum einen ein verlässliches Informationsangebot, zum anderen aber auch die Gelegenheit zur Auseinandersetzung mit verschiedenen politischen Ansichten.

Meinungsbildung geschieht nicht ohne die Herausforderung durch Meinungen. In dieser Hinsicht muss das Schweizer Fernsehen mehr tun. Die publizistische Gattung des Kommentars im Sinn einer Eigenleistung des Fernsehens fehlt fast ganz. Die journalistische Meinungskultur ist in der Schweiz allgemein schwach entwickelt. Die Kunst des Kommentierens, die darin besteht, mit transparenter Argumentation klare Positionen zu beziehen und faire Auseinandersetzungen zu führen, würde gerade einer direkten Demokratie wohl anstehen.

Im Fernsehen könnte die erwünschte Meinungsvielfalt durchaus im Rahmen der heutigen SRG gewährleistet sein (so dass auch ein pointierter Kommentar sich mit der monopolartigen Stellung des Senders ohne weiteres vertragen würde). Es wäre ebenso gut denkbar, die Meinungsvielfalt durch eine Pluralität von Programmveranstaltern zu gewährleisten (vgl. dazu das genannte Modell *Mediallmend*).

Meinungsjournalismus kommt nicht nur dem einzelnen Medienbenützer zugut, sondern ist auch gesellschaftlich nötig. Öffentlicher Diskurs entsteht ja nicht allein durch sachliche, das heisst möglichst meinungsindifferente Information, sondern wesentlich auch durch Debatten um Werte und Ziele des gesellschaftlichen Handelns. Nur eine Medienpolitik, die sich an den Leitbildern der kritischen Öffentlichkeit und der kommunikativen Gesellschaft orientiert, kann die Bedingungen schaffen für wirklichkeitsnäheres, kontroverseres, lebendigeres und demokratischeres Fernsehen.

Antonio Riva

# Kooperation als Chance
*Organisation und Programm einer vierten TV-Kette*

Seit Jahrzehnten gibt es in der Schweiz regionales Fernsehen — in der italienischen Schweiz nämlich. Zunächst einmal, dann zweimal wöchentlich und nun seit zehn Jahren täglich wird der „Regionale", nunmehr „Quotidiano" genannt, vor der Hauptausgabe des „Telegiornale" ausgestrahlt — mit gleich hoher Beachtung wie die „Tagesschau". Trotz dieser täglichen TV-Sendung aus der Region und für die Region wird tagsüber das Radioangebot überdurchschnittlich beachtet und die Gesamtauflage der sieben Tessiner Tageszeitungen steigt konstant.

Seit Jahren setzt die SRG bei längerdauernden sportlichen Grossereignissen eine sogenannte „Sportkette" ein. Sie ist heute mit dem Nachteil verbunden, dass in jeder Sprachregion das TV-Programm einer der beiden anderen Sprachregionen ausfällt. Bemerkenswert ist aber trotzdem ihre Publikumsresonanz.

Diese Erfahrungen sind im Hinblick auf die Schaffung einer vierten TV-Kette relevant. Doch geht es dabei um weit mehr als bisher, nämlich um den sinnvollen Ausbau von Fernsehangeboten aus der Schweiz und ihren Regionen. Dafür sind eine langfristige und eine kurzfristige Perspektive sowie angemessene Rahmenbedingungen nötig, die durch das Parlament im Radio- und Fernsehgesetz verankert und durch den Bundesrat als Konzessionsbehörde konkretisiert werden müssen.

Die langfristige Perspektive bezüglich der Fernsehangebote ist bekannt: Über Glasfaserkabel werden die Haushalte mit einer Zentrale verbunden, bei der die gewünschten gespeicherten oder gerade verbreiteten aktuellen Fernsehprogramme in hoher Qualität frei oder gegen Bezahlung abgerufen werden können. Es ist für ein Land wie die Schweiz zur Behauptung seiner vielfältigen Identität unumgänglich, in diesem tendenziell grenzenlosen Angebot mit möglichst zahlreichen, gespeicherten, aber auch mit aktuellen, publikumsbezogenen Programmen präsent zu sein, die zu günstigen Bedingungen abgerufen werden können. Die kurzfristige Perspektive muss in diese langfristige harmonisch einmünden.

Mit dem französischsprachigen Teil Belgiens steht die Schweiz heute schon in Europa punkto Anzahl und Nutzung empfangbarer ausländischer und internationaler Kanäle an der Spitze. Die neueren und zukünftigen Angebote auf diesen Kanälen werden vor allem kommerziell sein, das heisst, in Abhängigkeit von der Finanzierungsart werden sie primär der Werbung ein massenattraktives Umfeld anbieten wollen oder aber segmentspezifische Programme offerieren (Kinderkanal, Sportkanal usw.). Inhaltlich ist somit zu erwarten, dass vor allem internationale oder zumindest sprachraumspezifische „Populärkultur", sprich Fernsehunterhaltung aller Art verbreitet wird.

So lautet die Herausforderung an unser Land, in diesem Umfeld mit eigenen publikumsnahen, aber nicht banalen Angeboten seine Präsenz zu behaupten, audiovisuelle Produkte zu schaffen und optimal anzubieten, die den exklusiven Nahbezug haben und Anlass zu Erlebnis und Gespräch sein können. Konkret: Es geht um mehr gute audiovisuelle Produkte schweizerischer Provenienz.

Nun ist heute unser Land in diesem Bereich nicht unterentwikkelt: Trotz beschränkter Werbung ist es dank Emfangsgebühren möglich, täglich auf drei TV-Kanälen insgesamt rund zwölf Stunden Schweizer Produktionen zu verbreiten. Wäre die Drei-, ja Viersprachigkeit nicht gegeben, so wären zwei landesweite Kanäle möglich, die, wie in Österreich, mehr und aufwendigere Inlandproduktionen enthalten und regionale Artikulationswünsche besser berücksichtigen könnten. Eine vergleichbare Entwicklung ist auch in der Schweiz möglich, wenn einerseits zusätzliche Werbemittel für die Produktion freigemacht werden in dem Ausmass, dass dies keine Bedrohung der Presse bedeutet, und diese Mittel anderseits sinnvoll eingesetzt werden.

Dafür muss allerdings ein politischer Wille vorhanden sein. Wird nämlich bei der Konzessionierung von neuen Fernsehveranstaltern wie bei der Bewilligung von Lokalradios vorgegangen, dürfte nur die Versorgung einiger weniger Agglomerationen ansteigen, indem neue Programme nur dort ihren Lokalbezug suchen, wo dies am werbewirksamsten ist. Zur Vervollständigung des Angebotes kämen neben regionalen Sendungen vor allem international eingekaufte oder vom Ausland übernommene Programme zum Einsatz.

Wird hingegen ein neues Fernsehprogramm realisiert, das zum einen aus regionalen, von neuen Veranstaltern verantworteten und zum andern aus national/sprachregionalen SRG-verantworteten Sendungen besteht, so ergibt sich die Möglichkeit, sämtliche Chancen auszuspielen:

– regionale Sendungen nicht nur in den grossen Agglomerationen,
– optimale Plazierung von sprachregionalen und nationalen SRG-Sendungen,
– Entfaltung von dezentralen privaten Produktionsbetrieben,
– Finanzierung durch beschränkte regionale und (teilweise umverteilte) nationale Werbung.

Ein Modell, das in diese Richtung weist, wurde von der Interessengemeinschaft Regionalfernsehen/4. TV-Kette ausgearbeitet; es wird von der SRG als sinnvoll erachtet. Würde mit der terrestrischen Verbreitung in nicht verkabelten Gebieten begonnen und würden mittels Kabelverbreitung die dafür bereits ausgerüsteten Gebiete bedient, könnte innert kurzer Zeit ein hoher Anteil der Schweizer Haushalte mit dem neuen Programmkonzept bedient werden.

Doch nun zur eigentlichen Frage: Als besonders geeignet für regelmässige regionale Sendungen im Rahmen zweier harmonisierter Programme dürfte sich der Vorabend erweisen. Hier gilt es, entsprechende Konzepte – primär von den Regionalveranstaltern – auszuarbeiten. Der Hauptabend dagegen sollte der SRG ermöglichen, parallel zum ersten Programm Sendungen für unterschiedlich profilierte Publika zu programmieren: solche, über die sie schon heute verfügt, und Sendungen, die von privaten Produktionsfirmen produziert würden. Die SRG will und kann nämlich ihren eigenen Produktionsapparat nicht ausbauen. Weiter entstehen tagsüber und spätabends zahlreiche Programmierungsmöglichkeiten, die sowohl von regionalen Veranstaltern wie von der SRG genutzt werden können.

Dies alles bedeutet zwar noch keine ganzheitliche Programmvision – aber die notwendigen Voraussetzungen, die Chancen dazu. Visionen müssen letztlich von den Programmschaffenden und Autoren selbst konkretisiert werden – doch dürften erst bei einem solchen Modell die notwendigen Mittel und die nötige Sendezeit dafür verfügbar sein.

Regionales Fernsehen bietet die Chance, Kristallisationspunkt des audiovisuellen Schaffens einer Region zu werden, ein Ort also, wo eine neue Professionalität und Werke entstehen, die im Idealfall Lokalbezug und universelle Gültigkeit vereinen. Dies mag – angesichts der internationalen Kommerzialisierungswelle – idealistisch tönen. Der Markt allein wird es jedoch ohne politischen Gestaltungswillen nicht schaffen.

Im Klartext: Einerseits müssen Empfangsgebühren bleiben, um die Radio- und Fernseh-Grundversorgung im Sinne des Auftrages der SRG in allen Sprachregionen zu sichern. Andererseits müssen die Möglichkeiten der Finanzierung durch Werbung, Sponsoring und Teilnehmerentgelte so gesteuert werden, dass ihr Einsatz für alle Regionen, die Gesamtheit des Landes und des Publikums sinnvoll ist.

Franz Hagmann

# Für straffere Organisation
## Die SRG-Trägerschaft in einer veränderten Medienlandschaft

Viele in der SRG-Trägerschaft Engagierte stellen sich angesichts des bevorstehenden Erlasses eines Radio- und Fernsehgesetzes grundsätzliche Fragen zu ihrer Aufgabe. Als nach der Delegiertenversammlung 1986 in den Gremien der Regionalgesellschaft und der Mitgliedgesellschaften DRS eine breite Diskussion über das Rollenverständnis der Trägerschaft geführt wurde, zeigte sich neben Ansätzen zu einer aktiveren medienpolitischen und medienpädagogischen Tätigkeit auch Verunsicherung über die Rolle der Basis der Trägerschaft in der SRG: mehr Kompetenzen und Identifikation oder grössere Distanz und Unabhängigkeit, bindende Verpflichtungen der Mitglieder gegenüber der Institution SRG oder völlige Offenheit der Trägerschaft − diese Fragen wurden in den Stellungnahmen fast aller Gremien angesprochen. Die Antworten auf einen Nenner zu bringen, ist allerdings schwierig. Das Bedürfnis nach Neuorientierung besteht; irgendwie haben viele begriffen, dass die tradierten Formen der Trägerschaftstätigkeit nicht mehr ganz auf die veränderte Situation der SRG in der Medienentwicklung passen.

Man kann die Entwicklung der elektronischen Medien in der Schweiz und die sich abzeichnenden Trends für die Zukunft verschieden deuten und werten. Entsprechend unterschiedlich werden die Folgerungen sein, die man daraus zieht für die immer noch wichtigste schweizerische Institution im Bereich der elektronischen Medien, die SRG, respektive für Aufbau und Tätigkeit ihrer Trägerschaft.

Wir müssen in den kommenden Jahren auch in der Schweiz mit einer Zunahme des Programm-Angebotes rechnen, vor allem mit mehr Programmen aus dem Ausland. Die meisten dieser Programme werden inhaltlich als Sparten- oder Zielgruppen-Programme stärker profiliert sein. Dies wiederum wird nicht ohne Einfluss bleiben auf die Inhalte der sogenannten Vollprogramme der nationalen Anstalt. Es gilt vermehrt zwischen verschiedenen möglichen Konzepten für solche Vollprogramme zu entscheiden. Zwei Beispiele: Das Vorhandensein eines TV-Sportkanals wird den Auftrag für die Sportberichterstattung beeinflussen; das Aufkommen regionaler Fernsehangebote muss sich in den sprachregionalen Programmen auswirken auf Umfang und Inhalt der Berichte aus den Regionen, wie dies beim Radio durch die Einführung der Lokalsender geschehen ist.

Für die Trägerschaft von Belang ist ausserdem die Erwartung, dass die Bindung des Publikums an die traditionellen Leitprogramme abnehmen wird, nicht nur wegen der Vermehrung des Angebots, sondern auch infolge technischer Erleichterung der Selektion. Die Gebührenfinanzierung zu legitimieren wird zunehmend schwieriger sein. Der institutionelle Hintergrund eines Programms wird kaum noch eine Rolle spielen gegenüber dem momentanen Reiz des Angebots.

*Auf nationaler Ebene: quasi öffentlich-rechtliche Konstitution*
Zwar kann in der deklarierten Politik der massgeblichen gesellschaftlichen Kräfte mit anhaltender, angesichts der inhaltlichen Dürftigkeit der allgemeinen Programmflut sogar mit zunehmender Zustimmung zur Idee eines nationalen, sozial und regional integrierenden Programm-Angebotes gerechnet werden, mit Unterstützung also der Idee SRG. Die Auffassungen über die Realisierung dieser Idee werden aber immer stärker auseinandergehen, ebenso die schon heute kontroverse Kritik am tatsächlichen Angebot der

SRG. Verfechter der Idee werden teilweise resignieren, ihre Hoffnung ganz auf den regulierenden Markt setzen oder auftragsbezogenen Modellen ohne Realisierungschancen nachhängen. Die Rekrutierung einer repräsentativen Basis, welche die SRG in der Öffentlichkeit verankert, wird eher noch schwieriger werden. Eine solche Entwicklung muss selbstverständlich Konsequenzen haben für Organisation und Arbeitsweise der Trägerschaft der nationalen Programm-Institution.

Auf nationaler Ebene ist das wichtigste Gremium der Trägerschaft, der Zentralvorstand, durch die in der Konzession verankerte Ernennungskompetenz des Bundesrates für annähernd die Hälfte der Mitglieder und den Präsidenten faktisch weitgehend öffentlich-rechtlich konstituiert. Die Arbeitsweise, die sich dieses Gremium in der Aera Schürmann zulegte, dürfte auch für kommende Entwicklungen wegweisend sein: Die professionelle Führungsspitze, die Generaldirektion, unterbreitet Grundlagen für strategische unternehmenspolitische Entscheidungen; die gesellschaftspolitische Instanz, der Zentralvorstand, erhebt diese zum Beschluss, setzt besondere Akzente oder weist zurück. In ihrer ritualisierten Rolle verharren wird wohl weiterhin die nationale Delegiertenversammlung, nachdem bei der letzten Statutenrevision keine Änderungen durchgesetzt werden konnten.

*Neudefinition der Kompetenzen in den Sprachregionen*
Die Konzentration auf strategische Entscheidungen fehlt bisher noch auf der sprachregionalen Ebene, wo die Programmpolitik entschieden wird. Aus der Medienentwicklung wird sich in vermehrtem Masse die Notwendigkeit für Entscheidungen dieser Qualität ergeben: Welches sind aufgrund des Konzessionsauftrages die wichtigsten programmlichen Aufgaben im bestehenden Umfeld? Was ist an diesen Aufgaben zentral? Welches sind die Stärken, die „Erfolgspositionen", die es zu nutzen gilt? Diese und ähnliche Fra-

gen müssen klar beantwortet und die einmal gewählte Strategie in konsistenter Weise durchgesetzt werden. Dies wird nur möglich sein durch einen Abbau an demokratischer Mitwirkung bei operativen Entscheidungen, mit einer starken Führung, die nach innen und nach aussen Handlungsspielraum hat, also auch Entscheidungen fällen kann, für die sie allein die Verantwortung wahrnimmt und die nicht in allen Einzelheiten die Zustimmung der Gremien finden.

Für die Trägerschaft auf sprachregionaler Ebene, in erster Linie für den Regionalvorstand, bedeutet dies: Mitwirkung bei der Festlegung der programmpolitischen Strategie und bei der Wahl der wichtigsten Personen, die mit ihrer Verwirklichung beauftragt sind. Im übrigen soll die Trägerschaft nicht direkt in die Verantwortung eingebunden sein, sondern als qualifizierte Publikumsvertretung wirken, als kritische Instanz, die in sich auch widersprüchlich sein kann. Der Spielraum für Kritik und Anregung wird dadurch grösser, bei aller Loyalität zur Idee SRG und zur mitbeschlossenen Strategie.

Die wichtigsten Kompetenzen des Regionalvorstandes sind heute die Wahl der Direktoren und der Abteilungsleiter sowie der Entscheid über die Programm-Strukturpläne. Beide Kompetenzen können im Kern beibehalten, allenfalls konzentriert und der Dynamik der Entwicklung entsprechend neu definiert werden: Wahl der Direktoren und, sofern dessen Stellung so zentral ist wie heute beim Fernsehen DRS, des Chefredaktors, Genehmigung der Ernennungen bei den Abteilungsleitern (im Sinne einer Stärkung der Führungskompetenz der Direktoren); jährliche Genehmigung der programmpolitischen Zielsetzungen mit den wichtigsten Strukturplan-Änderungen, eventuell nach Diskussion in der Delegiertenversammlung. Das schon heute sehr hilfreiche kritisch-loyale Gespräch über die Realisierung der Programmziele sollte nach wie vor in der Programmkommission stattfinden, die Ergebnisse müssten allerdings stärker in die programmpolitischen Entscheidungen des Regionalvorstandes einfliessen.

*Mitgliedgesellschaften als allgemeine Mediengesellschaften*
Welches sind nun die Konsequenzen dieser Überlegungen für die
Mitgliedgesellschaften, die Basis der SRG-Trägerschaft? Die Mitgliedgesellschaften sind heute offen für jedermann. In den wenigsten Gesellschaften gibt es rechtliche Hindernisse für einen Beitritt,
auch nicht für Leute, welche die SRG ganz anders wollen, als sie
auftragsgemäss sein soll, oder welche sie gar schwächen wollen. Die
Mitgliedgesellschaften haben heute auch wenige Kompetenzen. Sie
haben Entsendungsrechte in die sprachregionalen und nationalen
Gremien und sie haben eine Art Vetorecht bei der Ernennung des
Verantwortlichen für die subregionalen Radiosendungen.

Ein Abbau dieser Kompetenzen würde, ohne nennenswerte
Vorteile, das Minimum an förderalistischer Prägung der SRG-Trägerschaft zum Verschwinden bringen und ist deshalb abzulehnen.
Ein Ausbau, wie ihn einzelne programmpolitische Interessengruppen wünschen, ist aber ebensowenig zu begrüssen. Die Mitgliedgesellschaften sollten, gerade wegen ihres uneinheitlichen Willens, der
eine Folge ihrer Offenheit ist, frei bleiben von der Verpflichtung,
ihre Mitglieder auf eine einheitliche Unternehmens- und Programmpolitik festzulegen. Ihre rechtlich bindenden Kompetenzen
müssen deshalb eng begrenzt sein.

Das Ziel der Mitgliedgesellschaften sollte es sein, jene zu sammeln, die sich für die Medien, ihre Aufgaben und ihre Wirkungen
interessieren, die sich sorgen um unsere publizistische und populär-
kulturelle Umwelt; sie sollten in ihrem Tätigkeitsgebiet Forum sein
für diese Kräfte. Dass die Mitglieder zumindest mehrheitlich auch
die Idee SRG stützen und eine ehrliche Realisierung dieser Idee fördern, muss eine Hoffnung bleiben, für die mit Berufung auf die Tradition dieser Gesellschaften zu kämpfen ist. Sie statutarisch absi-
chern zu wollen, ist, abgesehen von Durchsetzungsproblemen, eine
Kapitulation vor der Mühsal der Demokratie und ein Liebäugeln
mit der Diktatur der Tugend.

# Die SRG-Trägerschaft (Stand 1988)

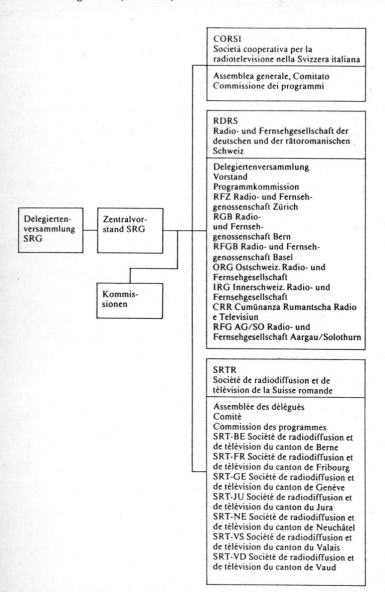

CORSI
Società cooperativa per la
radiotelevisione nella Svizzera italiana

Assemblea generale, Comitato
Commissione dei programmi

RDRS
Radio- und Fernsehgesellschaft der
deutschen und der rätoromanischen
Schweiz

Delegiertenversammlung
Vorstand
Programmkommission
RFZ Radio- und Fernseh-
genossenschaft Zürich
RGB Radio-
und Fernseh-
genossenschaft Bern
RFGB Radio- und Fernseh-
genossenschaft Basel
ORG Ostschweiz. Radio- und
Fernsehgesellschaft
IRG Innerschweiz. Radio- und
Fernsehgesellschaft
CRR Cumünanza Rumantscha Radio
e Televisiun
RFG AG/SO Radio- und
Fernsehgesellschaft Aargau/Solothurn

SRTR
Société de radiodiffusion et de
télévision de la Suisse romande

Assemblée des délégués
Comité
Commission des programmes
SRT-BE Société de radiodiffusion et
de télévision du canton de Berne
SRT-FR Société de radiodiffusion et
de télévision du canton de Fribourg
SRT-GE Société de radiodiffusion et
de télévision du canton de Genève
SRT-JU Société de radiodiffusion et
de télévision du canton du Jura
SRT-NE Société de radiodiffusion et
de télévision du canton de Neuchâtel
SRT-VS Société de radiodiffusion et
de télévision du canton du Valais
SRT-VD Société de radiodiffusion et
de télévision du canton de Vaud

Delegierten-
versammlung
SRG

Zentralvor-
stand SRG

Kommis-
sionen

Das Tätigkeitsspektrum der Mitgliedgesellschaften kann das einer allgemeinen Mediengesellschaft sein: Sie ist aktiv in der Medienpolitik und innerhalb der SRG in der Programmpolitik, entfaltet medienpädagogische Tätigkeiten, nimmt Informationsaufgaben für ihre Mitglieder wahr, betreibt Programmförderung. Eine Anpassung der Strukturen wird sich an diesen kleinen Zielen orientieren und je nach Situation einer Gesellschaft unterschiedlich sein.

Bleibt die Frage der Unterwanderung: Es ist denkbar, dass Kräfte in der SRG Einfluss nehmen wollen, die der Idee SRG, wie sie in der Tradition gewachsen ist und wohl auch im kommenden Radio- und Fernsehgesetz Eingang finden wird, entgegenwirken wollen. Dagegen gibt es letztlich nur ein Mittel: Der Bundesrat hat die Möglichkeit, über die Konzession auf die Zusammensetzung der entscheidenden Gremien der Trägerschaft Einfluss zu nehmen, wie er das heute schon beim Zentralvorstand und in beschränktem Mass bei den Regionalvorständen tut. Hier besteht eine Sicherung, die eine schrittweise Überführung der SRG in einen faktisch öffentlich-rechtlichen Status ermöglicht. Es wird von der künftigen Tätigkeit der Mitgliedgesellschaften abhängen, ob sie auf diesem Wege an Bedeutung verlieren oder ob es ihnen gelingt, ihre Rolle in der künftigen schweizerischen Medienlandschaft zu spielen.

Edwin Knuchel

# Nicht nur Fan-Clubs
*Trägerschaften als Stützpfeiler des Modells SRG*

Nicht jeder Medienkonsument und jede Medienkonsumentin, welche Radio- und Fernsehprogramme empfängt und dafür Gebühren bezahlt, ist automatisch Trägerschaftsmitglied der Schweizerischen Radio- und Fernsehgesellschaft. Trägerschaftsmitglied wird erst, wer eine Beitrittserklärung ausfüllt oder einen Genossenschaftsanteilschein zeichnet. Denn die SRG-Gesellschaften sind als Vereine oder Genossenschaften konstituiert.

Erst durch den Beitritt auf unterster Ebene entstehen Mitwirkungsrechte in den Regionalgesellschaften (zum Beispiel in der Region DRS) oder in der SRG, dem nationalen Dach, selbst. Dieser Aufbau mit Trägerschaften ist rein historisch bedingt. 1922 begannen im Radioclub Zürich zusammengeschlossene Radio-Pioniere mit Versuchssendungen, die sie über den Flugplatzsender Kloten ausstrahlten. Daraus entstand die Radiogenossenschaft Zürich. Sie erhielt eine Sendekonzession. Als weiterer Träger einer Konzession bildete sich 1925, in Zusammenarbeit mit der Marconi Gesellschaft, die Radiogenossenschaft Bern. Ein Jahr später wurde in Basel die Radiogenossenschaft gegründet, die vom Flugplatzsender aus Radioprogramme ausstrahlte. Dazu kam 1930 in St. Gallen die Ostschweizerische Radiogesellschaft. Ziel all dieser und weiterer Gründungen in der Westschweiz und im Tessin war es, die Mittel für den Bau und den Betrieb von Radiostationen bereitzustellen.

1930 schlossen sich die bestehenden Radio-Trägerschaften zur Schweizerischen Radiogesellschaft (SRG) zusammen. Sie betrieb die neuen Landessender, welche die Versuchssender ersetzten. Die Sendekonzessionen blieben jedoch bei den ursprünglichen Trägern. Das Programm für die Deutschschweiz setzte sich aus Anteilen der drei Studios Zürich, Bern und Basel zusammen. Die Sendungen unterschieden sich unter anderem durch Pausenzeichen, deren Melodie auf Volksliedern der entsprechenden Region beruhten.

Bereits zu jener Zeit wurden nationale Gremien geschaffen, die sich aus Vertretern der einzelnen Gesellschaften und Genossenschaften rekrutierten. 1937 stärkten die Bundesbehörden bei einer Konzessionserneuerung erstmals ihre Position: Der Bundesrat konnte von nun an die Mehrheit der Mitglieder des SRG-Zentralvorstandes ernennen und in den neugeschaffenen Programm-Kommissionen sassen gleich viele Bundes- wie Mitgliedgesellschafts-Vertreter.

### Die Bundesbehörden nehmen Einfluss

Ihre Konzessionsrechte verloren die Mitgliedgesellschaften in den sechziger Jahren. Die Einführung des Fernsehens (Versuchsbetrieb ab 1953), die rasante technische Entwicklung und der damit zusammenhängende steigende Finanzbedarf zwangen zu einer Reorganisation. Innerhalb der SRG waren aber die Mitgliedgesellschaften nicht bereit, auf ihre Vorrechte zu verzichten – eine Einigung war deshalb nicht möglich. Dies veranlasste den Bundesrat, der SRG Ende 1959 den Auftrag zu geben, erstens „eine Reorganisation durchzuführen, mit dem Ziel einer Zusammenfassung der bestehenden Mitgliedgesellschaften eines Sprachgebietes in eine einzige Gesellschaft, die sowohl für das Radio wie für das Fernsehen des Sprachgebietes zuständig wäre"; und zweitens „die Neuverteilung der Programmaufgaben so vorzunehmen, dass die Radiostudios in denjenigen Städten, die nicht Standort von Fernsehstudios sind, einen bedeutenderen Anteil an den Radiosparten haben als die übrigen Radiostudios".

Die bundesrätliche „Wegleitung" zuhanden der SRG, die volle 13 Seiten umfasste, enthielt ausserdem die Forderung, „für jedes Sprachgebiet eine Radiodirektion und eine Fernsehdirektion zu schaffen". Konkret: „In diesem Falle wäre in der deutschen Schweiz wohl richtigerweise Zürich die Fernsehdirektion, Basel die Radiodirektion, Bern die Leitung der Information und vielleicht auch des Kurzwellendienstes zu übertragen; in der französischen Schweiz würde Genf der Sitz der Fernsehdirektion, Lausanne Sitz der Radiodirektion."

Mit der Genehmigung von neuen Statuten waren vier Jahre später, am 20. Dezember 1963, diese Schritte vollzogen. Erst darauf verzichteten die Mitgliedgesellschaften auf ihren Konzessionsanteil, was den Weg frei machte für die Gründung der Radio- und Fernsehgesellschaft der deutschen und rätoromanischen Schweiz (DRS). Obwohl die Trägerschaften auf der untersten SRG-Ebene ihre eigentliche Aufgabe durch die Abtretung der Konzession und den Verlust der Kompetenzen bei der Programm-Gestaltung verloren hatten, blieben die Mitgliedgesellschaften bestehen. Auch Diskussionen über eine erneute Reorganisation in den siebziger Jahren brachten keine Änderung (als Folge der Einführung der kleinräumigeren Berichterstattung mit den „Regionaljournalen" erhielten die Mitgliedgesellschaften allerdings neue Aufgaben). Einen gewissen Verlust an Einfluss brachte zusätzlich die Schaffung einer unabhängigen Beschwerdeinstanz auf Bundesebene anfangs der achtziger Jahre, die vom Parlament als Antwort auf die heftige Kritik an den SRG-Programmen beschlossen wurde.

Aus drei Gründen bin ich einleitend auf die SRG-Geschichte eingegangen. Erstens hat das Unbehagen, welches sich seit den siebziger Jahren gegenüber der SRG manifestiert, nicht allein mit dem Programm-Angebot, den Inhalten zu tun, sondern auch mit der falschen Vorstellung, eine Trägerschaft bei Radio und Fernsehen versage in ihrer Aufgabe, in der Wahrnehmung ihrer Kompetenzen.

Die von den Bundesbehörden verlangten Reorganisationsschritte der sechziger Jahre sind ausserhalb der SRG nie in ihren Konsequenzen wahrgenommen worden. Zweitens haben die Trägerschaften selbst durch die Art, wie sie neue Mitglieder werben – zum Beispiel mit dem Versprechen auf Mitwirkung – ihr herkömmliches Bild zu erhalten gesucht. Und drittens zeigt die Geschichte der SRG und ihrer Mitgliedgesellschaften deutlich, dass ursprünglich nur jene Leute Mitglieder der Trägerschaft wurden, die ganz klar am Aufbau eines Radiosystems interessiert waren und daran mitarbeiten wollten. Also: Es gab keine Mitglieder, die von innerhalb gegen die Organisation wirken wollten. Heute ist dies nicht mehr durchwegs so (Beispiele: die Beitrittswelle bürgerlicher Kreise in der Zürcher SRG-Mitgliedgesellschaft zur Verhinderung der Wahl des Journalisten Balz Hosang als Zürcher „Regionaljournal"-Leiter und die nachfolgende Umorientierung der Trägerschaft oder das Drängen des „Hofer-Clubs" auf neue rechtsbürgerliche Mehrheiten in den Trägerschaften Bern, Aargau/Solothurn und Ostschweiz anfangs 1988).

*Programm-Beobachtung: Verfassungsauftrag erfüllt?*
Die SRG schafft sich mit ihren Programmen die Trägerschaft selbst: ihre Fan-Clubs, die aus Leuten bestehen, die für die SRG wegen ihres Programm-Angebotes einstehen. Aber braucht die SRG eine Trägerschaft in diesem Sinn noch? Die Frage akzentuiert sich, wenn man berücksichtigt, dass Radio und Fernsehen mit dem neuen Radio/TV-Gesetz noch stärker unter die Kontrolle von Bundesrat und Parlament gelangen könnten.

Ich möchte gerade deshalb im jetzigen Augenblick nicht auf eine Trägerschaft verzichten. Die SRG braucht die Mitgliedgesellschaften, wenn das eidgenössische Parlament sich noch intensiver mit der SRG befassen sollte, um sie zu schwächen oder um den Boden für die Privatisierung zu ebnen. Dabei ist meiner Ansicht nach klar zwischen den Bereichen *Unternehmenspolitik* (Finanzen, internationale Zusammenarbeit, nationale Koordination, Personalpolitik usw.) und *Programmpolitik* zu unterscheiden. Für die Unternehmenspolitik braucht es einen Verwaltungsrat, der nach sprachregionalen Gesichtspunkten zusammengesetzt werden sollte und in dem alle gesellschaftlichen Gruppen repräsentiert sein müssten.

Wichtiger ist mir aber die Trägerschaft für Programmfragen. Ihre Aufgabe wäre die mittel- und langfristige Programmpolitik (Strukturpläne, neue Sendungen usw.). Diese Trägerschaft müsste auch Stellung beziehen können zu finanzpolitischen Entscheiden, die unmittelbar auf die Programme durchschlagen, zum Beispiel wenn finanzielle Mittel von der sprachregionalen auf die nationale oder von der nationalen auf die internationale Ebene verschoben werden, oder wenn die Werbezeit ausgedehnt werden soll.

Diese Trägerschaft müsste ausserdem eine neue Art von Programm-Beobachtung aufnehmen – weg von der Beobachtung einzelner Sendegefässe und den Inhalten von ausgestrahlten Sendungen. Sie müsste das Programm-Angebot – im Hinblick auf den Verfassungsauftrag und damit auf die mittel- und langfristige Programmpolitik – auf Lücken hin untersuchen, also auf Gebiete, die nicht oder zu wenig abgedeckt werden. Diese Beobachtung könnte zur Grundlage für die Gespräche und Diskussionen mit der Programm-Institution, aber auch mit der Unternehmensführung werden. Diese Neuorientierung wäre die Konsequenz aus dem Respekt vor der Freiheit des Programmschaffens einerseits und andererseits aus der Tatsache, dass heute eine unabhängige Beschwerdeinstanz arbeitet, die eigentlich die Massstäbe für die Programmarbeit setzt. Selbstverständlich könnte diese Trägerschaft auf Wunsch der Programm-Institution hin auch Programm-Beobachtungen im bisherigen Sinne durchführen. Dadurch, dass diese Beobachtung auf Wunsch der Programm-Institution erfolgen würde, ergäbe sich eine Entkrampfung in den Gesprächen zwischen Trägerschaft und Programmschaffenden.

*Eine Vertretung für jedes Zielpublikum*

Programmarbeit wird auf sprachregionaler Ebene geleistet und hier liegt auch eine Programm-Autonomie. Deshalb müsste die neue Trägerschaft für Programmaufgaben in den Sprachregionen verankert werden. Ich könnte mir folgendes Modell vorstellen: 20 Hörerinnen und Hörer von Radio DRS 1, 20 Hörerinnen und Hörer von DRS 2, 20 Hörerinnen und Hörer von DRS 3 plus 60 Personen, welche das Fernsehpublikum repräsentieren, bilden den neuen Programmrat für die Region DRS. Diese Zusammensetzung hätte den Vorteil, dass die unterschiedlichen Zielpublika vertreten wären, was Auswirkungen unter anderem auf die altersmässige Zusammensetzung des Gesamtgremiums hätte. Gleichzeitig wäre für eine repräsentativere Vertretung aller Bevölkerungsgruppen als bisher gesorgt. Die einzelnen Programm-Verantwortlichen hätten einen direkten, kompetenten Gesprächspartner.

Zur Behandlung von Fragen, die das gesamte Angebot betreffen, müssten die vier Gruppen zusammengefasst werden. Umgekehrt könnten die einzelnen Mitgliedgesellschaften neue Aufgaben wahrnehmen, wenn sie sich der mittel- und langfristigen Programmpolitik in ihrer eigenen Region annehmen: Dabei ginge es einerseits um das eigene „Regionaljournal", andererseits um die regionale Berichterstattung von Radio und Fernsehen im nationalen Programm. Dazu müsste jede Mitgliedgesellschaft ein eigenes Programm-Gremium schaffen. Jede Mitgliedgesellschaft hätte das Recht, je eine Person, die klar einem bestimmten Publikum angehört, in die übergeordneten Gremien (DRS 1, 2 und 3 sowie TV) abzuordnen.

Mit diesem Modell läge die Priorität weniger auf Parteien-Proporz als auf Vertretung möglichst aller Publikumssegmente. Klar ist für mich, dass es dabei Beschränkungen der Wählbarkeit geben müsste (zum Beispiel für Mitglieder von kantonalen Parlamenten, Regierungen und der Bundesversammlung). Offen ist die Frage, wie die übrigen, nicht von den Mitgliedgesellschaften besetzten Sitze in den regionalen Programm-Gremien besetzt würden. Wer will den Vorschlag weiterdenken?

### Eine neue Struktur für die SRG-Trägerschaft am Beispiel der Region DRS

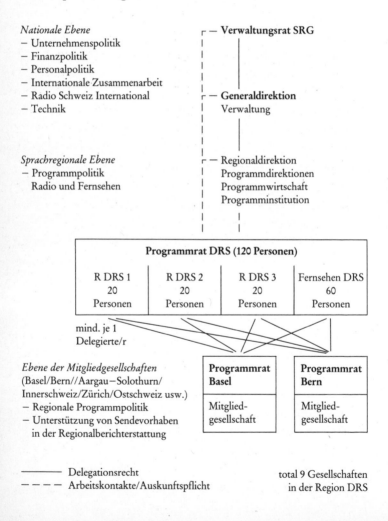

*Nationale Ebene*
- Unternehmenspolitik
- Finanzpolitik
- Personalpolitik
- Internationale Zusammenarbeit
- Radio Schweiz International
- Technik

┌ — **Verwaltungsrat SRG**

┌ — **Generaldirektion**
│  Verwaltung

*Sprachregionale Ebene*
- Programmpolitik
  Radio und Fernsehen

┌ — Regionaldirektion
│  Programmdirektionen
│  Programmwirtschaft
│  Programminstitution

**Programmrat DRS (120 Personen)**

| R DRS 1 20 Personen | R DRS 2 20 Personen | R DRS 3 20 Personen | Fernsehen DRS 60 Personen |
|---|---|---|---|

mind. je 1 Delegierte/r

*Ebene der Mitgliedgesellschaften*
(Basel/Bern//Aargau–Solothurn/
Innerschweiz/Zürich/Ostschweiz usw.)
- Regionale Programmpolitik
- Unterstützung von Sendevorhaben
  in der Regionalberichterstattung

**Programmrat Basel**

Mitglied-gesellschaft

**Programmrat Bern**

Mitglied-gesellschaft

———— Delegationsrecht
– – – – Arbeitskontakte/Auskunftspflicht

total 9 Gesellschaften
in der Region DRS

Peter Bichsel

# Das desinteressierte Interesse
*Gefragt sind bewegte Bilder, nicht Programme*

Ich lasse mich nicht gern als Fernsehzuschauer ansprechen. Ich schaue zwar Fernsehen, aber das macht mich noch lange nicht zum Fernsehzuschauer. Ich bin ein Mensch, ich bin ein Mann, ich bin ein Bürger, ich bin ein Schweizer – all das zwar, ob ich will oder nicht, aber wenn mich jemand als Steuerzahler oder Stimmbürger bezeichnet, dann bin ich beleidigt; ich habe den Eindruck, es reduziert mich zum gewöhnlichen staatspolitischen Gebrauchsgegenstand; Ähnliches empfinde ich, wenn mich jemand als Fernsehzuschauer bezeichnet. Ich gehöre dann plötzlich einer Gruppe an, die dieses will und jenes will und jenes nicht will.

Vorerst also mal meine unsinnige Behauptung: Es gibt keine Fernsehzuschauer – das Fernsehen produziert für niemanden, weil es für alle produziert, weil es für alle produzieren will oder muss – man könnte den Begriff Fernsehzuschauer oder Fernsehzuschauerin einfach durch den Begriff Leute ersetzen.

Es gibt andere Bezeichnungen, die ich mir gern gefallen lasse. Ich bin zum Beispiel ein Leser. Ich kann nicht leben, ohne Buchstaben vor den Augen zu haben, und ich lese alles, was mir vor die Augen kommt. Es gibt so etwas wie eine Internationale der Leser – der Bücherleser –, zu dieser gehöre ich gern, und wir erkennen uns sozusagen auf der Strasse. Wir Leser freuen uns, wenn wir andere Leser treffen. Wir sind gleichzeitig traurig darüber und stolz darauf, dass wir wenige sind, wir sind Verschworene.

Meine Zeitung und meine Zeitungen bezeichnen mich als Leser.

Ich kenne meine Zeitung, weiss aus welcher Ecke sie kommt (oft aus fast gar keiner), und die Produzenten dieser Zeitung haben eine Vorstellung von einer Leserschaft. Dass sie ihre Bezüger als Leser bezeichnen, hat seine Gründe. Der Bezüger einer Zeitung tut etwas Aktives. Er liest. Wenn er die Zeitung benützt, benützt er sie intensiv.

Trotzdem, ich habe noch nie gehört, dass jemand gesagt hätte: „Die Donnerstagsausgabe war aber sehr schwach — die Mittwochzeitung war hervorragend, in der Samstagszeitung war wieder mal nichts los." Ist das etwa ein Beweis dafür, dass Zeitungsleser unkritisch wären?

Die „Leute" sagen: „Das Fernsehen war am Mittwoch schlecht — heute ist wieder nichts am Fernsehen." Ist das etwa ein Beweis dafür, dass die „Leute" kritisch sind, kritischer als Zeitungsleser? Wohl kaum! Es lässt schliesslich auch nicht auf kritisches Verhalten der Leute schliessen, wenn sie feststellen, dass das Wetter heute schlecht und gestern gut war. Und um gleich bei diesem Vergleich zu bleiben: Wer Fernsehprogramme dem demokratisierten Geschmack überlassen will, hat dieselben Schwierigkeiten, wie wenn er Wetter machen könnte und müsste für eine Mehrheit.

Dass sich Zeitungen eine Leserschaft vorstellen können, wenn auch nur vage, und dass das Fernsehen gleich für alle zu produzieren hat, das hat überhaupt nichts damit zu tun, dass die Zeitung ein Konkurrenzmedium ist und das Fernsehen ein Monopolmedium. Konkurrenzierendes Fernsehen ändert daran nichts. Fernsehen wird immer versuchen, für alle, für die „Leute", zu produzieren, ob es nun privatwirtschaftlich, halbstaatlich oder staatlich organisiert ist. Es gibt Leser der Zeitung, die den Sportteil überspringen, und es gibt Leser, die den Wirtschaftsteil überspringen. Diese Leser werden von der Redaktion nie verlangen, dass der Sport so dargestellt wird, dass er ihnen auch gefällt, und dem Wirtschaftsredaktor wird nicht vorgeworfen werden, dass es ihm nicht gelinge, Wirt-

schaft so ungerecht und spannend und einseitig darzustellen wie der Sportredaktor seinen Fussballbericht.

Das hat wohl auch seinen Grund darin, dass Fernsehen-schauen vorerst einmal nichts anderes ist als Fernsehen-schauen. Ich erinnere mich an mein grosses Entsetzen, als meine Mutter mir gestand, wie sehr sie Boxveranstaltungen am Fernsehen liebe. Das passte in nichts zu ihr. Sie wusste überhaupt nichts von Sport, hatte nie eine Sportveranstaltung besucht, bestimmt nie eine Zeile im Sportteil der Zeitung gelesen. Sie wurde auch nicht durch das Fernsehen zum Boxsportfan. Sie interessierte sich weiterhin nicht fürs Boxen, für keine Ranglisten, für keine Meisterschaften. Sie meinte mit ihrem Geständnis etwas ganz anderes. Sie meinte eigentlich: Es stört mich eigenartigerweise nicht, wenn Boxen am Fernsehen kommt, denn in Wirklichkeit schaute sie nämlich gar nicht Boxen, sie schaute „nur" Fernsehen.

Dass mein Vater plötzlich von Dingen sprach, die ihn überhaupt nicht interessierten — mein Vater war sonst ein sehr interessierter Mann — das machte mich richtig traurig. Er sprach nun plötzlich von Fussball und war entsetzt über die Leistung des Schiedsrichters, der über Regeln zu entscheiden hatte, die meinem Vater nicht nur unbekannt waren, sondern ihn ganz und gar nicht interessierten. Das war vor vielen Jahren, als noch nicht alle Fernsehen hatten. Inzwischen ist solches Verhalten selbstverständlich für alle geworden.

Offensichtlich kann Fernsehen kaum Interessen wecken, es kann nur Leute zu Scheininteresse verführen — und dieses Scheininteresse halten sie plötzlich für ihr eigenes Interesse.

Ich meine das nicht als Beitrag zur lächerlichen Diskussion „Fernsehen — ja oder nein". Es gibt Fernsehen, und es gehört ganz selbstverständlich in unser Leben. Diese Selbstverständlichkeit, die Selbstverständlichkeit des desinteressierten Interesses macht jedes Programmschaffen fraglich. Gefragt sind bewegte Bilder, nicht Programme. Wer kein Programm will — das heisst, wer sich fürchtet vor engagierten Programmen —, der hat nur auf die Bedürfnisse der „Leute" zu verweisen. Er wird das rein zufällige Boxen-schauen meiner Mutter als erhöhte Einschaltquote feststellen, und die Sache ist in Ordnung. Die demokratische Entscheidung über das Wetter von morgen würde schliesslich auch zu einem so durchschnittlichen Wetter führen, dass man es gar nicht mehr als Wetter bezeichnen könnte.

Das macht Einschaltquoten unbrauchbar für die Feststellung des eigentlichen Interesses der Zuschauer. Fernsehen an und für sich genügt ihnen. Die Faszination der bewegten Bilder ist gross genug, dass auch die schlechtesten Programme denselben Absatz von Fernsehgeräten bewirken würden.

Das meine ich, wenn ich behaupte, dass es keine Fernsehzuschauer gibt. Es gibt nur Leute, die „Fernsehen haben", und das sind sozusagen alle.

Im Restaurant Steinbock läuft das Fernsehen den ganzen Tag; wenn es jemanden interessiert, dann mit Ton — wenn es nicht interessiert, dann ohne Ton. Interesse heisst hier Dringlichkeit, und dringlich ist eigentlich nur Sport. Ansonsten ist es ein Wandschmuck wie die anderen Bilder auch, mit der einzigen Ausnahme, dass sich hier das Bild bewegt. Hätten wir in unseren Wohnungen wirklich solche Bilder, wir würden sie als Kitsch bezeichnen. Das Fernsehbild ist in vielen Wohnungen Ersatz für Wandschmuck, es bringt wirklich Farbe in die Wohnung.

Ich sehe im Restaurant Steinbock eine halbe Stunde lang eine Geigerin, ich höre keinen Ton, aber es ist spannend, ihr zuzuschauen: eine feine, sensible Geigerin hier unter den Trinkern. Alle schauen ab und zu mal hin, keiner reklamiert, niemand verlangt, dass das Bild abgeschaltet wird — hätte es einen Ton, man würde reklamieren.

Ich meine damit — oder besser, ich behaupte damit —, ein Interesse an Programm besteht für die sogenannten Leute nicht, es gibt nur ein Interesse an der technischen Faszination des Fernsehens. Das Fernsehen hat nur Fernsehen zu liefern, das ist alles.

Und das ist traurig; und das wissen kommerzielle Stationen, und das ist leider ab und zu ein Grund dafür, dass nichtkommerzielle vergessen, was früher einmal Programm hiess. Wer hier auf Konkurrenz gehen will, wer nichts anderes will als die Nachfrage befriedigen, der hat nur Fernsehen zu liefern – das ist einfach.

Und jene Politiker, die sich vor Programmen fürchten, die haben nichts anderes zu gestatten als Fernsehen. Sie geben zwar vor zu glauben, dass Konkurrenz die Programme verbessere, aber im Grunde genommen wissen sie, dass es im Konkurrenzkampf nicht um die Qualität der Programme gehen wird, sondern um die Quantität der Zuschauer; wer die buntesten, die wildesten, die bewegtesten Bilder liefert, hat gewonnen.

Das alles spricht nicht etwa gegen das Medium Fernsehen, und ich meine es auch nicht so – im Gegenteil, gerade weil dieses Medium an und für sich schon fasziniert, schon rein technisch und durch seine Existenz schlechthin, hätte es die Möglichkeit, auch weniger zugängliche Themen, weniger Spektakuläres zu liefern. Als Beispiel für einmal nicht meine Mutter, die sich Boxen gefallen lässt, oder meinen Vater, der sich Fussball gefallen lässt: Ich selbst bin kein intensiver Fernsehbenützer, ich bin ein Radiohörer und kann mir Leben ohne Radio kaum mehr vorstellen. Mein Fernsehkonsum ist zufällig, aber er wird augenblicklich zur Sucht, wenn ich beginne – ich kann dieses Gerät, einmal eingeschaltet, kaum mehr ausschalten, das heisst, auch ich konsumiere am Fernsehen Dinge, die mich ganz und gar nicht interessieren. Das ärgert mich zwar und ist verschwendete Zeit, aber ich komme so zu Informationen ausserhalb meines Interesses, ich lerne und weiss so, was es sonst noch so gibt, für was sich andere interessieren. Ich kann zum Beispiel auch mit meinem Nachbarn über Dinge sprechen, die mich kaum interessieren, Eishockey zum Beispiel – das heisst, ich kann mit ihm sprechen. Gerade die Dinge, die mich nicht interessieren, geben mir die Möglichkeit, mit meiner Umwelt zu kommunizieren.

Hätte ich hingegen die Möglichkeit, mein eigenes Wunschprogramm zusammenzustellen, ich wäre zwar von der Qualität meines Programms überzeugt, aber ich glaube, ich würde es nicht anschauen. Ich bin also unfähig, meine Wünsche zu formulieren, und meine persönliche Einschaltquote hat weder mit Interesse noch mit Befriedigung zu tun. So bin ich also einer, der Programm so wenig nötig hat wie alle anderen – auch mich verärgert man nicht, wenn man mir Dinge liefert, die ausserhalb meines Interesses liegen.

So wird Programmgestaltung zu etwas, das nichts mit den Gesetzen des Markts zu tun hat. Programmgestaltung ist sozusagen freiwillig, eine zusätzliche Leistung der Fernsehschaffenden, sie könnten es sich leichter machen, wenn sie nur das Bedürfnis der Benützer befriedigen würden, einfach nur Fernsehen liefern würden.

Ich glaube, genau diese Freiwilligkeit stört einige Politiker. Wer etwas freiwillig tut, der muss eine Absicht haben, eine pädagogische Absicht oder gar eine missionarische. Er oder sie meint etwas, und genau das möchten jene Politiker nicht, dass etwas gemeint ist, dass etwas Meinung hat – Fernsehen hat nur Fernsehen zu sein und damit basta. (Nebenbemerkung: Unter den Repressionsfällen gegen Lehrer in den letzten Jahren gibt es keinen einzigen Fall von einem Lehrer, dem nicht grosser persönlicher Einsatz und Fleiss attestiert wurde. Gerade das sprach gegen ihn, er meinte wohl etwas, und Schule hat nur Schule zu sein und damit basta.)

Würde Konkurrenz die Programme verbessern, sie müssten schon eine hohe Qualität haben, denn Konkurrenz gibt es auf den Kabeln genug. Aber wenn es die Konkurrenz nicht schafft, dann soll es der Markt schaffen, dann soll halt das Gewinnstreben der Senderbesitzer das Fernsehen verbessern. Eigentlich wissen alle, dass dies nicht der Fall sein wird. Wer die Leute dauernd am Fernsehen haben will, der wird kein Verständnis haben für die „freiwillige" Programmarbeit von Journalisten, die etwas meinen.

Der einzige Grund übrigens, weshalb wir Fernsehen haben, ist, dass Fernsehen technisch möglich und ökonomisch durchführbar ist — erst hinterher ist es auch so etwas wie eine Notwendigkeit geworden. Das Programm kam hinterher dazu, und irgendwie störte es immer. Nun soll es offensichtlich endgültig weg, um den Weg frei zu machen für Technik und Markt.

Ich erinnere mich, wie ich als Jüngling in Olten nachts zum Sälischlössli hinaufgestiegen bin mit ein paar Freunden. Dort oben hatte ein Radiohändler einen Fernseher aufgestellt, und wir sahen begeistert, dass er funktionierte. Wir sprachen noch wochenlang davon. An das Programm erinnere ich mich nicht mehr, nur noch an ein Pausenbild — ein Aquarium mit schwimmenden Fischen. Ich weiss nicht, ob es stimmte, aber der Radiohändler erklärte uns, dass das Pausenbild beweglich sein muss, damit sich das Bild nicht in die Bildröhre einbrennt. Ich weiss nicht, ob das so ist — aber hie und da habe ich den Eindruck, Programm ist nur dazu da, damit sich das Bild bewegt und nicht einbrennt.

# Anhang

## Der Radio/Fernsehartikel in der Bundesverfassung

*Artikel 55bis* (angenommen vom Schweizer Volk am 2. Dezember 1984)

1) Die Gesetzgebung über Radio und Fernsehen sowie über andere Formen der öffentlichen fernmeldetechnischen Verbreitung von Darbietungen und Informationen ist Sache des Bundes.

2) Radio und Fernsehen tragen zur kulturellen Entfaltung, zur freien Meinungsbildung sowie zur Unterhaltung der Zuhörer und Zuschauer bei. Sie berücksichtigen die Eigenheiten des Landes und die Bedürfnisse der Kantone. Sie stellen die Ereignisse sachgerecht dar und bringen die Vielfalt der Ansichten angemessen zum Ausdruck.

3) Die Unabhängigkeit von Radio und Fernsehen sowie die Autonomie in der Gestaltung von Programmen sind im Rahmen von Absatz 2 gewährleistet.

4) Auf Stellung und Aufgabe anderer Kommunikationsmittel, vor allem der Presse, ist Rücksicht zu nehmen.

5) Der Bund schafft eine unabhängige Beschwerdeinstanz.

# Der Entwurf zum Bundesgesetz über Radio und Fernsehen (RTVG)

Auszüge aus einer Pressemitteilung des Eidg. Verkehrs- und Energiewirtschaftsdepartementes (EVED) zur Botschaft über das RTVG vom 28. September 1987

Das RTVG ist als Rahmengesetz konzipiert. Es soll die bisherigen befristeten und sektoriellen Lösungen mit Bundesbeschlüssen, Verordnungen und Konzessionen durch eine umfassende und dauerhafte rechtliche Regelung ersetzen. Diese soll der bisherigen Entwicklung von Radio und Fernsehen in der Schweiz Rechnung tragen und eine taugliche Grundlage für die Bewältigung der technischen und politischen Medienprobleme der Zukunft bilden.

Das Gesetz orientiert sich am *Leistungsauftrag* nach Absatz 2 des Verfassungsartikels, der unter anderem die Funktionen benennt, die von den elektronischen Massenmedien für den Einzelnen und die Gesellschaft zu erfüllen sind. Angesprochen sind damit nicht nur die einzelnen Veranstalter, sondern zunächst auch der Gesetzgeber. Seine Aufgabe ist es, durch geeignete gesetzliche Normen optimale Voraussetzungen für die Erbringung der geforderten Leistungen zu schaffen.

In diesem Sinn erachtet der Bundesrat das *Ebenenmodell* als das geeignete ordnungspolitische Instrument für die Konkretisierung des verfassungsrechtlichen Leistungsauftrags. Es ermöglicht differenzierte Lösungen auf der lokal/regionalen, der sprachregional/nationalen und der internationalen Ebene.

Zentrales Element des Ebenenmodells ist die *besondere Stellung der SRG auf der sprachregional/nationalen Ebene*. Sie hat Anspruch auf eine Konzession für die Veranstaltung von nationalen und sprachregionalen Radio- und Fernsehprogrammen sowie von internationalen Radioprogrammen. Im Verhältnis zur SRG kommt anderen Veranstaltern auf der nationalen bzw. sprachregionalen Ebene eine ergänzende Funktion zu. So geniesst die SRG bei der Zuweisung der technischen Verbreitungsmöglichkeiten und der Finanzmittel Vorrang. Weiter können nach Artikel 31 RTVG andere Veranstalter auf dieser Ebene nur zugelassen werden, wenn dadurch die Möglichkeiten der SRG, ihren umfassenden Programmauftrag zu erfüllen, nicht schwerwiegend beeinträchtigt werden; die Finanzierung durch Empfangsgebühren und Finanzhilfen des Bundes ist ausgeschlossen. Konzessionen, die keine Verschlüsselung des Programms vorschreiben oder die den Programminhalt nicht beschränken (Vollprogramm), unterliegen der Genehmigung durch die Bundesversammlung. Damit wird der besonderen medienpolitischen Bedeutung einer solchen Konzessionserteilung Rechnung getragen.

Im *lokal/regionalen Bereich* trägt das RTVG den Ergebnissen der Versuche im Rahmen der Verordnung über lokale Rundfunk-Versuche (RVO) Rechnung, wonach offensichtlich ein Bedürfnis nach Lokalprogrammen besteht, die sich in der Regel auch durch Werbung finanzieren lassen. Da dies in wirtschaftlich starken und bevölkerungsreichen Regionen der Schweiz wesentlich einfacher ist als in den Rand- und Berggebieten, enthält das RTVG bei den Finanzierungsbestimmungen entsprechende Ausgleichsmöglichkeiten (Gebührensplitting).

Auch auf der *internationalen Ebene* sieht das Gesetz keine Beschränkung der Veranstalter vor. Die spezifischen Wettbewerbsbedingungen dieses Marktes, die grosse finanzielle Mittel erfordern, machen allerdings eine Bündelung der in der Schweiz beschränkt vorhandenen Ressourcen wahrscheinlich. Adäquate Organisationsformen sind aufgrund des RTVG möglich.

Neben den bestehenden Senderketten, welche die drei Fernsehprogramme der SRG übertragen, stehen der Schweiz auf absehbare Zeit nur noch Frequenzen für eine weitere Kette zur Verfügung. Im Hinblick auf die Nutzung dieser *vierten Fernsehsenderkette* geht das RTVG vom Grundsatz aus, dass kein Veranstalter, sei es auf der lokal/regionalen oder auf der sprachregional/nationalen Ebene einen exklusiven Anspruch auf die vierte Kette oder Teile davon (einzelne Frequenzen) geltend machen kann. Das Gesetz enthält deshalb die Grundlagen für ein flexibles ebenenübergreifendes Nutzungskonzept, für das nach Ansicht des Bundesrates medienpolitische, wirtschaftliche und frequenzökonomische Gründe sprechen. Dieses Konzept sieht vor, dass die Nutzung der vierten Kette bzw. einzelner Frequenzen auf verschiedene Interessenten aufgeteilt wird. Das Gesetz lässt die Frage offen, wer auf der vierten Kette ein nationales oder allenfalls mehrere sprachregionale Rahmenprogramme veranstalten soll. Absatz 3 von Artikel 31 RTVG lässt eine Priorität zugunsten der SRG erkennen, die sich aus ihrem besonderen und umfassenden Versorgungsauftrag ergibt. Wird ein anderer Veranstalter konzessioniert, kann die Konzession zusätzliche Auflagen über eine Minderheitsbeteiligung der SRG und die Nutzung der vierten Kette für die Übertragung herausragender Ereignisse enthalten.

Im Bereich der *Finanzierung* sind explizit Empfangsgebühren, Werbung, Zuwendungen Dritter (Sponsoring) und Finanzhilfen der öffentlichen Hand geregelt. Daneben ist z.B. auch die Finanzierung über Teilnehmerentgelte (Pay TV) sowie Mitglieder- und Gönnerbeiträge zulässig. Da in diesen Fällen privatrechtliche Normen und Vereinbarungen zur Anwendung gelangen, besteht kein Regelungsbedarf.

Bei den *Empfangsgebühren* ist vorgesehen, dass neu auch lokale und regionale Veranstalter Anteile erhalten können, wenn in ihrem Versorgungsgebiet kein ausreichendes Finanzierungspotential vorhanden ist und an der Veranstaltung ein besonderes öffentliches Interesse besteht. Beim sogenannten Gebührensplitting geht es um die Förderung des kommunikativen Ausgleichs zwischen städtischen Agglomerationen und dünn besiedelten Rand- und Bergregionen. Die SRG darf dadurch in der Erfüllung ihres gesetzlichen Versorgungsauftrages jedoch nicht beeinträchtigt werden.

Die Bestimmungen über die *Werbung* entsprechen weitgehend der Regelung, wie sie in den Weisungen über die Fernsehwerbung, der Rundfunkverordnung und der Teletext-Konzession enthalten ist. Auf Gesetzesstufe verankert werden namentlich die klare Abgrenzung der Werbung vom übrigen Programm, das Unterbrechungsverbot und das Blockprinzip. Aus gesundheitspolitischen Gründen wird Werbung für Medikamente, Tabakwaren und alkoholische Getränke nicht zugelassen; beibehalten wird auch das Verbot der politischen und religiösen Werbung. Das Gesetz räumt dem Bundesrat das Recht ein, Werbezeitbeschränkungen zum Schutz der anderen Medien, vor allem der Presse zu erlassen. Da sich die Situation auf dem Werbemarkt laufend verändert und die Schweiz auch von der Entwicklung im benachbarten Ausland unmittelbar betroffen ist, wird aus Gründen der Flexibilität darauf verzichtet, konkrete Beschränkungen auf Gesetzesstufe zu verankern.

Als Neuerung im Bereich der Finanzierungsmittel sieht das Gesetz *Zuwendungen Dritter (Sponsoring)* vor. Ausländische Erfahrungen zeigen, dass durch diese Finanzierungsart Programme bereichert werden können, da besonders aufwendige Produktionen oft überhaupt nur mit Unterstützung von Sponsoren realisiert werden können. Um die Informations- und Meinungsbildungsfreiheit der Zuhörer und Zuschauer zu schützen, sind politische Nachrichtensendungen sowie Sendungen, die im Zusammenhang mit der Ausübung politischer Rechte stehen, vom Sponsoring auszunehmen.

Das RTVG regelt nicht nur die Veranstaltung, die aktive Seite des Rundfunks, sondern auch die passive Seite, den *Empfang und die Weiterverbreitung* von Radio- und Fernsehprogrammen. Von Bedeutung ist schliesslich, dass das Gesetz alle Aspekte des Rundfunks erfasst, also auch die technischen, die bisher im Bundesgesetz betreffend den Telegrafen- und Telefonverkehr (TVG) geregelt waren. Die *Technik* ist für die Rundfunkveranstaltung von zentraler Bedeutung, weshalb eine Regelung der technischen, programmlichen, organisatorischen und finanziellen Aspekte im gleichen Gesetz zweckmässig ist.

Die bisher von den Konzessionären an die PTT-Betriebe zu bezahlenden Regalabgaben werden durch eine Konzessionsabgabe ersetzt, deren Ertrag zweckgebunden für die Aus- und Weiterbildung von Programmschaffenden sowie für die Medienforschung zu verwenden ist.

# SRG-Konzession

Auszüge aus der Konzession für die SRG vom 5. Oktober 1987, erteilt durch den Bundesrat als Konzessionsbehörde

*Art. 2* (Art und Anzahl der Programme)

1) Die SRG veranstaltet:

a. je drei Radioprogramme für die deutsche, französische und italienische Sprachregion;

b. ein Radioprogramm für die rätoromanische Sprachregion;

c. Kurzwellenprogramme für das Ausland;

d. ein Fernsehprogramm für jede Sprachregion; sie berücksichtigt die Belange der rätoromanischen Schweiz in den Fernsehprogrammen der anderen Sprachregionen.

2) Die SRG besorgt den Programmdienst des Telefonrundspruchs.

3) Die SRG kann im Radio und Fernsehen gemeinsame nationale Programme sowie im Radio sprachregionale und regionale Teilprogramme veranstalten.

4) Die SRG kann sich mit Genehmigung der Konzessionsbehörde an der Veranstaltung internationaler Radio- und Fernsehprogramme beteiligen. Die Genehmigung wird erteilt, wenn:

a. die Beteiligung die Veranstaltung der Programme nach Absatz 1 nicht beeinträchtigt; und

b. die internationalen Programme der Präsenz der Schweiz im Ausland dienen.

*Art. 4* (Programmauftrag)

1) Die Programme sollen insgesamt die kulturellen Werte des Landes wahren und fördern sowie zur geistigen, sittlichen, religiösen, staatsbürgerlichen und künstlerischen Bildung beitragen, Informationen zur freien Meinungsbildung vermitteln und das Bedürfnis nach Unterhaltung befriedigen. Sie sind so zu gestalten, dass sie den Interessen des Landes dienen, die nationale Einheit und Zusammengehörigkeit stärken und zur internationalen Verständigung beitragen. Die Kurzwellenprogramme sollen insbesondere die Bindungen zwischen den Auslandschweizern und der Heimat enger gestalten und die Geltung der Schweiz im Ausland fördern.

2) Ereignisse sind sachgerecht darzustellen, und die Vielfalt der Ansichten ist angemessen zum Ausdruck zu bringen. Ansichten müssen als solche erkennbar sein; für Berichterstattung und Kommentare gelten die anerkannten Regeln der journalistischen Berufsausübung.

3) Unzulässig sind Sendungen, welche die innere oder äussere Sicherheit des Bundes oder der Kantone, ihre verfassungsmässige Ordnung oder die völkerrechtlichen Verpflichtungen der Schweiz gefährden.

*Art. 8* (Organisation/Grundsatz)

1) Die SRG ist ein Verein gemäss Artikel 60 ff. ZGB. Sie setzt sich als nationales Rundfunkunternehmen aus den drei Regionalgesellschaften der vier Sprachregionen zusammen:

a. Radio- und Fernsehgesellschaft der deutschen und der rätoromanischen Schweiz (RDRS);

b. Société de radiodiffusion et de télévision de la Suisse romande (SRTR);

c. Società cooperativa per la radiotelevisione della Svizzera italiana (CORSI).

2) Die Regionalgesellschaften können sich in Mitgliedgesellschaften untergliedern.

3) In der RDRS handelt die Cumünanza rumantscha radio e televisiun (CRR) für die Belange ihrer Sprache und Kultur wie eine Regionalgesellschaft nach den Statuten der SRG.

4) Die Statuten der SRG bedürfen der Genehmigung durch die Konzessionsbehörde.


## Art. 10 (Verantwortung)

Die Statuten der SRG regeln die Verantwortung der Organe wie folgt:

a. der Generaldirektor trägt die Verantwortung für die Geschäftsführung des Unternehmens und die Gesamtleitung der Programme;

b. der Zentralvorstand und die nationale Delegiertenversammlung beaufsichtigen die Geschäftsführung und wirken bei geschäftspolitischen Grundsatzentscheiden mit;

c. die statutarische Kontrollstelle oder eine beauftragte externe Revisionsstelle kontrollieren das Rechnungswesen;

d. die Regional- und Mitgliedgesellschaften vertreten die Anliegen des Publikums bei der SRG und die der SRG gegenüber dem Publikum; sie wirken bei programmpolitischen Grundsatzentscheiden mit.


## Art. 11 (Wahlen)

1) Die Konzessionsbehörde wählt:

a. den Zentralpräsidenten, neun Mitglieder und vier Ersatzmitglieder des Zentralvorstandes;

b. die Hälfte der Mitglieder der Programmkommission für Schweizer Radio International;

c. bis zu einem Fünftel der Vorstandsmitglieder der Regionalgesellschaften.

2) Bei diesen Wahlen berücksichtigt sie die verschiedenen Bevölkerungskreise, welche die geistigen und kulturellen Eigenarten des Landes verkörpern und die Landesteile vertreten.

3) Die Gewählten üben ihr Mandat ohne Instruktionen aus.

4) Die Wahl des Generaldirektors der SRG bedarf der Genehmigung durch die Konzessionsbehörde.


## Art. 12 (Personal/Anstellung)

1) Die SRG achtet darauf, überwiegend Personal schweizerischer Nationalität zu beschäftigen und fähige Anwärter aus allen Landesteilen zu berücksichtigen.

2) Bei statutarisch festgelegten Wahlverfahren sind in erster Linie die Anträge der zuständigen Direktion in Betracht zu ziehen.

3) Der Zentralvorstand wählt auf Vorschlag des Generaldirektors die Direktoren

der Generaldirektion. Er genehmigt, auf Antrag des Generaldirektors, die Wahl von Direktoren in den Sprachregionen.
4) Arbeitgeber des Personals ist der Verein SRG.

*Art. 13* (Gehalts- und Zulagenwesen)
1) Über Forderungen der Personalverbände, die wesentliche Elemente der allgemeinen Arbeitsbedingungen betreffen, ist die Aufsichtsbehörde vor Beginn der Verhandlungen zu orientieren.
2) Gehalts- und Zulagenordnungen sowie deren Änderungen sind vor Inkraftsetzung der Aufsichtsbehörde zur Genehmigung zu unterbreiten. Unter Gehalts- und Zulagenordnung im Sinne dieser Bestimmung sind die Gehaltsskala des Gesamtarbeitsvertrages, die Gehaltsskala für Direktoren (Überklasse), die Funktionsklassifikation, die Repräsentations- und Kaderzulagen zu verstehen.

*Art. 23* (Finanzkontrolle)
1) Die Zusammensetzung der statutarischen Kontrollstelle oder die Bezeichnung der externen Revisionsstelle bedarf der Zustimmung des Departements.
2) Im Auftrag des Departements und nach Massgabe der Konzessionsbestimmungen überprüft die Eidgenössische Finanzkontrolle die Rechnungsführung und erstattet darüber dem Departement Bericht.
Die Revisoren sind jederzeit berechtigt, Einsicht in die Buchführung der SRG und die zugehörigen Belege zu nehmen. Vorbehalten bleibt die Programmautonomie gemäss Artikel 55bis der Bundesverfassung.

*Art. 25* (Massnahmen)
1) Gibt es Hinweise auf eine Verletzung von Artikel 4 Absätze 1 und 2 dieser Konzession, so kann das Departement die entsprechende Sendung bei der unabhängigen Beschwerdeinstanz für Radio und Fernsehen beanstanden.
2) Stellt das Departement eine Verletzung der übrigen Konzessionsbestimmungen fest, so kann es die SRG zur Behebung des Rechtsmangels auffordern. Es räumt ihr dafür eine angemessene Frist ein. Nach abgelaufener Frist hat die SRG dem Departement Bericht zu erstatten.
3) Sind die von der SRG getroffenen Massnahmen nicht geeignet, den Rechtsmangel zu beheben, oder liegt ein Antrag nach Artikel 22 Absatz 2 des Bundesbeschlusses vom 7. Oktober 1983 über die unabhängige Beschwerdeinstanz für Radio- und Fernsehen vor, so kann das Departement die SRG durch Verfügung verpflichten, zusätzliche Massnahmen zu treffen.
4) Bleibt eine Verfügung des Departements nach Absatz 3 erfolglos, so kann es bei Vorliegen schwerwiegender Gründe der Konzessionsbehörde beantragen, die Überweisung des Anteils an den Gebühreneinnahmen ganz oder teilweise einzustellen oder die Konzession zu widerrufen. (...)

# Aufgaben der SRG-Trägerschaft

Auszüge aus den Statuten der Radio- und Fernsehgesellschaft der deutschen und der rätoromanischen Schweiz (DRS)


*Art. 5* (Aufgaben der Regionalgesellschaft)

1) Die Regionalgesellschaft erfüllt durch ihre Organe und mit Hilfe ihrer Mitgliedgesellschaften die Aufgabe der Trägerschaft ihrer Sprachgebiete. Vorbehalten bleibt die in Art. 7 festgehaltene besondere Stellung der Cumünanza Rumantscha Radio e Televisiun.

2) Mit Bezug auf die Programme hat sie insbesondere zur Aufgabe:
   a. die professionelle Organisation zu beraten;
   b. Vorschläge für regionale Programmaktivitäten zu entwickeln;
   c. grundsätzliche Programmfragen zu behandeln und die lang- und mittelfristigen Programmpläne zuhanden der übergeordneten Stellen zu behandeln und zu genehmigen;
   d. die regionalen Programme mit Hilfe ihrer Programmkommissionen zu überwachen.

3) Die Regionalgesellschaft entscheidet im Rahmen des regionalen Programmauftrages über grundsätzliche Fragen, welche sämtliche Lokalprogramme betreffen; sie hat dabei die Mitgliedgesellschaften anzuhören.

4) Die Regionalgesellschaft hat die Aufsicht über den Betrieb der Studios und der Programmstellen von Radio und Fernsehen ihrer Sprachregion.

5) Die Regionalgesellschaft koordiniert die Tätigkeit ihrer Mitgliedgesellschaften. Sie nimmt deren Vorschläge und Anträge entgegen und vertritt diese in den Organen der SRG.

6) Die Regionalgesellschaft wählt die Direktoren und Kader ihrer Region unter Vorbehalt der Mitwirkungsrechte gemäss den SRG-Statuten sowie gemäss den vorliegenden Statuten.

7) Bei der Wahl ihrer Vertreter in die Organe der SRG hat die Regionalgesellschaft für eine angemessene Berücksichtigung ihrer Mitgliedgesellschaften zu sorgen und in der Regel deren Nominationen zu übernehmen.


*Art. 6* (Zweck und Aufgaben der Mitgliedgesellschaften)

1) Die Mitgliedgesellschaften unterstützen die Regionalgesellschaft in ihrer Tätigkeit und entfalten eigene Aktivitäten.

2) Sie haben insbesondere zur Aufgabe, in ihrem Tätigkeitsgebiet:
   a. die Interessen der verschiedenen Gruppen der Bevölkerung bei der professionellen Organisation wahrzunehmen und sich für die Anliegen der professionellen Organisation in der Öffentlichkeit einzusetzen;
   b. den engen Kontakt zwischen der professionellen Organisation und den Zuhörern und Zuschauern sicherzustellen;
   c. die Programmarbeit der Region durch Feststellungen, Vorschläge und Anregungen zu unterstützen;

d. Programmquellen zu ermitteln und dafür zu sorgen, dass Wesen und Eigenart ihres Tätigkeitsgebietes in den Programmen Ausdruck finden;

e. im Rahmen der Entscheide der Regionalgesellschaft grundsätzliche Fragen der Lokalprogramme zu behandeln und zu beschliessen, sowie bei deren Gestaltung beratend mitzuwirken und sie zu überwachen;

f. bis zum Zeitpunkt der Übernahme durch die SRG ihre Studios der Regionalgesellschaft gegen Entgelt zur Verfügung zu stellen und an deren Erweiterung und Ausbau mitzuwirken;

g. ihre Voranschläge und ihre Rechnungen zu erstellen.

3) Die Mitgliedgesellschaften bilden Kommissionen, vor allem solche, die sich mit den Programmen und mit den Öffentlichkeitsbeziehungen befassen.

# Literaturhinweise

Urs Alter: Ein verunsichertes System kämpft ums Überleben. Reaktionen der SRG auf das Auftreten privater Anbieter. In: „Rundfunk und Fernsehen" 33/1985, 3—4, 494—500.

Jean Belot: Télévisions françaises: La soupe est servie. In: „L'Hebdo", 17 décembre 1987.

Klaus von Bismarck, Günter Gaus, Alexander Kluge, Ferdinand Sieger: Industrialisierung des Bewusstseins. Eine kritische Auseinandersetzung mit den „neuen" Medien. Mit einer Einführung und einem dokumentarischen Anhang von Ernst Reinhard Piper, Serie Piper Bd. 473, München 1985.

Gabriele Bock und Siegfried Zielinski: Der britische Channel 4. Ein TV-Veranstalter im Spannungsverhältnis von privatwirtschaftlicher Basis und kulturellem Auftrag. In: „Media Perspektiven" 1/1987, 38—53.

Botschaft zum Bundesgesetz über Radio und Fernsehen vom 28. September 1987.

Michael Buss: Die Vielseher. Fernseh-Zuschauerforschung in Deutschland. Theorie — Praxis — Ergebnisse. Schriftenreihe Media Perspektiven Bd. 4, Frankfurt am Main 1985.

Umberto Eco: Nachschrift zum Namen der Rose, München/Wien 1984.

Erwin Faul: Ordnungsprobleme des Fernsehens in nationaler und europäischer Perspektive. In: „Publizistik" 32/1987, 1, 69—92.

Lutz Franke (Hrsg.): Die Medienzukunft. 13 Beiträge nach der Sendereihe „Heidelberger Studio" des Süddeutschen Rundfunks, GEP-Medien-Dokumentation 11, Frankfurt am Main 1983.

Miklos Gimes: Die RAI hat sich unter Konkurrenzdruck angepasst. In: „Tages-Anzeiger", 6. November 1987.

Michael Haller, Max Jäggi, Roger Müller (Hrsg.): Eine deformierte Gesellschaft. Die Schweizer und ihre Massenmedien, Basel 1981.

Fredi Hänni: Die neuen Monopolisten. Der Raubzug der privaten Kabelnetz-Betreiber. In: Jürg Frischknecht (Hrsg.): Kalte Kommunikation. Der Millionen-Poker um Videotex und andere Neue Medien, Basel 1985.

Wolfgang Hoffmann-Riem: Kulturelle Identität und Vielfalt im Fernsehen ohne Grenzen? Zur Diskussion um die Sicherung der Vielfalt im internationalisierten Rundfunk. In: „Media Perspektiven" 3/1985, 181–190.

Wolfgang Hoffmann-Riem: Internationale Medienmärkte – Nationale Rundfunkordnungen. In: „Rundfunk und Fernsehen" 1/1986, 5–22.

Peter Hunziker, Horst Willi Schors: Lokales Bürgerfernsehen. Die Wil-Studie. Beiträge zur Kommunikations- und Medienpolitik Bd. 2, Aarau 1983.

Regine Igel: Die Show mit Dash und Dixan. Immer mehr TV-Sendungen werden von Firmen gekauft und zu Werbeveranstaltungen umfunktioniert. In: „Die Zeit", 27. November 1987.

Die neuen Informations- und Kommunikationstechniken. Chancen, Gefahren, Aufgaben verantwortlicher Gestaltung. Eine Studie der Kammer der Evangelischen Kirche in Deutschland für soziale Ordnung und der Kammer der Evangelischen Kirche in Deutschland für publizistische Arbeit, Gütersloh 1985.

Felix Karrer: Mediallmend: Alternative zu SRG und Kommerz. In: „Zoom" 20/86, 18–24.

Marie-Luise Kiefer: Konsumentensouveränität versus Öffentliche Aufgabe. Thesen zum „Wettbewerb" privatwirtschaftlich-kommerziellen und öffentlich-rechtlichen Rundfunks. In: „Media Perspektiven" 1/1985, 15–23.

Udo Michael Krüger: „Soft news" – kommerzielle Alternative zum Nachrichtenangebot der öffentlich-rechtlichen Rundfunkanstalten. Sat 1, RTL plus, ARD und ZDF im Vergleich. In: „Media Perspektiven" 6/1985, 479–490.

Udo Michael Krüger: Qualitätsschere im Fernsehangebot. Ergebnisse eines Programmvergleichs zwischen ARD, ZDF, Sat 1, RTL plus, 3Sat und Eins plus. In: „Media Perspektiven" 9/1987, 549–562.

Karl-Heinz Ladeur: Rundfunkverfassung für die „Informationsgesellschaft"? Selbstorganisation von „taste communities" als Alternative zum Markt und zur öffentlich-rechtlichen Integration. In „Publizistik" 31/1986, 1–2, 147–164.

Holde Lhoest: Les multinationales de l'audiovisuel en Europe, Paris 1986.

Matthias Loretan: Der Mensch im Spiegel des Fernsehens. In: Paul Müller, Maja Svilar (Hrsg.): Das heutige Menschenbild. Entwürfe und Ansätze, Bern 1988.

Matthias Loretan: Der Turm zu Babel. Wirtschaftliche Interessen am Computer-Netzwerk. In: Jürg Frischknecht (Hrsg.): Kalte Kommunikation, Basel 1985.

Zur Entwicklung der Massenmedien. Thesen der Kirchen 1983. Hrsg. vom Vorstand des Schweizerischen Evangelischen Kirchenbundes, von der Konferenz der Römisch-katholischen Bischöfe der Schweiz und vom Bischof und Synodalrat der Christkatholischen Kirche der Schweiz.

Medien-Gesamtkonzeption. Bericht der Expertenkommission für eine Medien-Gesamtkonzeption, hrsg. vom Eidgenössischen Justiz- und Polizeidepartement, Bern 1982.

Werner A. Meier: Unter dem Primat der Ökonomie: Transnationale Informations- und Datenflüsse ignorieren nationale Souveränität und kulturelle Identität. In: Florian H. Fleck, Ulrich Saxer, Matthias F. Steinmann: Massenmedien und Kommunikationswissenschaft in der Schweiz, Zürich 1987.

Wulf Meinel: Die Rundfunkstruktur in Italien. Ein zur Ruhe gekommener freier Markt? In: „Media Perspektiven" 6/1985, 401–411.

Laurence Mermoud: Petit Télévisionnaire Illustré. In: „L'Hebdo", 17 décembre 1987.

Jürgen Prott: Die zerstörte Öffentlichkeit, Göttingen 1986.

Hans Peter Riese: Der Griff nach der vierten Gewalt, Köln 1984.

Hermann Ringeling, Maja Svilar (Hrsg.): Die Welt der Medien. Probleme der elektronischen Kommunikation. Referate einer Vorlesungsreihe des Collegium generale der Universität Bern. Berner Universitätsschriften Heft 31, Bern 1984.

Holger Rust: Die Zukunft der Mediengesellschaft. Ein ethnologischer Essay über Öffentlichkeit und Kommunikation. Beiträge zur Medientheorie und Kommunikationsforschung 23, Berlin 1984.

Ulrich Saxer: Führt ein Mehrangebot an Programmen zu selektivem Rezipientenverhalten? Thesen zu gesellschaftlichen Folgen erhöhter Publikumsselektivität. In: „Media Perspektiven" 6/1980, 395–406.

Herbert I. Schiller: Die Verteilung des Wissens. Information im Zeitalter der grossen Konzerne, Frankfurt 1984.

Matthias Steinmann, Erwin Weibel: Reaktionen des Publikums auf private Rundfunk-Anbieter in der Schweiz. In: „Rundfunk und Fernsehen" 33/1985, 3–4, 480–493.

George Wedell, Georg-Michael Luyken: Media in Competition. The Future of Print and Electronic Media in 22 Countries. Euromedia Indicator No 1, Manchester 1986.

Klaus Wenger: Medienmacht und Medienmarkt. Zur Veränderung der Medienstrukturen in Frankreich. In: „Media Perspektiven" 8/1987, 517—527.

Zwischenbericht der Arbeitsgruppe RVO-Begleitforschung am Seminar für Publizistikwissenschaft der Universität Zürich zu Handen des Eidgenössischen Verkehrs- und Energiewirtschaftsdepartementes EVED, Zürich/Bern August 1987.

# Zeitschriften

**Babylon**
Bulletin der Arbeitsgemeinschaft für Kommunikationskultur (AfK), erscheint vierteljährlich (Jahresabonnement Fr. 15.—: Jungstrasse 9, 8050 Zürich)

**Comdoc-Newsletter**
Hrsg.: Verein zur Förderung von Comnet in der Schweiz (VFCS) mit Hinweisen auf laufende und abgeschlossene medienwissenschaftliche Projekte, erscheint zweimal jährlich (nur für Mitglieder: c/o Seminar für Publizistikwissenschaft der Universität Zürich, Postfach 201, 8035 Zürich)

**Communications**
Die Europäische Zeitschrift für Kommunikation (deutsch, französisch und englisch), Verlag Peter Lang, erscheint dreimal jährlich (Einzelnummer Fr. 42.—, Jahresabonnement Fr. 99.—: Jupiterstrasse 15, 3000 Bern 15)

**Klartext**
Das Schweizer Medien-Magazin, herausgegeben von der Stiftung Klartext, die 1984 von der Schweizerischen Journalisten-Union (SJU) gegründet worden ist, erscheint sechsmal jährlich (Jahresabonnement Fr. 58.—: Postfach 425, 4009 Basel)

**Media Perspektiven**
Zeitschrift für Medienfragen, insbesondere Entwicklungen im Rundfunk, herausgegeben von der Arbeitsgemeinschaft Rundfunkwerbung, erscheint monatlich (für Medienschaffende und weitere Interessierte gratis: Am Steinernen Stock 1, D-6000 Frankfurt am Main 1)

**Medium**
Zeitschrift für Hörfunk, Fernsehen, Film, Presse, herausgegeben vom Gemeinschaftswerk der Evangelischen Publizistik e.V., erscheint vierteljährlich (Jahresabonnement DM 36.—: Friedrichstr. 2—6, D-6000 Frankfurt am Main 1)

**Neue Medien**
Branchenmagazin und Newsletter, herausgegeben von der Videomarkt Verlag GmbH, erscheint monatlich (Jahresabonnement DM 788.—: Milchstr. 1, D-2000 Hamburg 13)

**Publizistik**
Zeitschrift für die Wissenschaft von Presse, Rundfunk, Film, Rhetorik, Öffentlichkeitsarbeit, Werbung, Meinungsbildung, erscheint vierteljährlich im Universitätsverlag Konstanz GmbH (Jahresabonnement ca. DM 106.—: Postfach 6632, D-7750 Konstanz)

**Rundfunk und Fernsehen**

Forum der Medienwissenschaft und Medienpraxis, herausgegeben vom Hans-Bredow-Institut an der Universität Hamburg, Nomos Verlagsgesellschaft Baden-Baden, erscheint vierteljährlich (Jahresabonnement DM 89.—: Waldseestr. 3—5, D-7570 Baden-Baden)

**Zoom**

Zeitschrift für Film, TV, Radio, herausgegeben vom Verein für katholische Medienarbeit und vom Evangelischen Mediendienst, erscheint halbmonatlich (Jahresabonnement Fr. 50.—: Stämpfli + Cie AG, Postfach 2728, 3001 Bern)

# Abkürzungsverzeichnis

ABC      American Broadcasting Companies (TV-Network der USA)

AfK      Arbeitsgemeinschaft für Kommunikationskultur

AFN      American Forces Network (US-Soldatensender)

AGW      Aktiengesellschaft für das Werbefernsehen

ALR      Alternatives Lokalradio (Zürich)

ARD      Arbeitsgemeinschaft der öffentlich-rechtlichen Rundfunkanstalten der Bundesrepublik Deutschland

ARTV      Verein Alternatives Regionalfernsehen (Zürich)

A2      Antenne 2, zweite (staatliche) TV-Kette Frankreichs

BBC      British Broadcasting Corporation

BR      Bayerischer Rundfunk

BZ      Berner Zeitung

CBC      Canadian Broadcasting Corporation

CBS      Columbia Broadcasting System (TV-Network der USA)

CLT      Compagnie Luxembourgeoise de Télédiffusion

CORSI      Società cooperativa per la radiotelevisione della Svizzera italiana

CNN      Cable News Network (TV-Nachrichtensender aus den USA)

CRR      Cumünanza rumantscha radio e televisiun

CTV      Canadian Television Network

CVP      Christlichdemokratische Volkspartei der Schweiz

EBU      European Broadcasting Union (= UER)

EG      Europäische Gemeinschaft

ESA      European Space Agency (Raumfahrtagentur)

| | |
|---|---|
| EVÉD | Eidgenössisches Verkehrs- und Energiewirtschaftsdepartement |
| FCC | Federal Communications Commission (US-Behörde) |
| FDP | Freisinnig-Demokratische Partei der Schweiz |
| FR3 | France Régions 3, dritte (staatliche) TV-Kette Frankreichs |
| IBA | Independent Broadcasting Authority (britische Aufsichtsbehörde) |
| ITV | Independent Television (britisches Privat-TV-System) |
| MTV | Music Television |
| NBC | National Broadcasting Company (TV-Network der USA) |
| NOS | Nederlandse Omroep Stichting (niederländische Radio/TV-Anstalt) |
| NRK | Norsk Rikskringkasting (norwegische Radio/TV-Anstalt) |
| NZZ | Neue Zürcher Zeitung |
| ORF | Österreichischer Rundfunk |
| PBS | Public Broadcasting Service (nichtkommerzielles USA-Fernsehen) |
| PKS | Programmgesellschaft für Kabel- und Satellitenrundfunk |
| PTT | Post-, Telefon- und Telegrafenbetriebe |
| RAI | Radiotelevisione Italiana |
| RDRS | Radio- und Fernsehgesellschaft der deutschen und der rätoromanischen Schweiz |
| RTE | Radio Telefis Eirann (TV-Anstalt Irlands) |
| RTVG | Bundesgesetz über Radio und Fernsehen |
| RTL | Radio-Télé-Luxembourg |
| RTP | Radiotelevisao Portuguesa |
| RVO | Verordnung über lokale Rundfunkversuche |
| SES | Société Européenne de Satellites |
| SFRV | Schweizerische Fernseh- und Radio-Vereinigung („Hofer-Club") |

| | |
|---|---|
| SJU | Schweizerische Journalisten-Union |
| SOI | Schweizerisches Ost-Institut |
| SP | Sozialdemokratische Partei (der Schweiz) |
| SRG | Schweizerische Radio- und Fernsehgesellschaft |
| SRTR | Société de radiodiffusion et de télévision de la Suisse romande |
| SSR | Société suisse de radiodiffusion et télévision<br>Società svizzera di radiotelevisione |
| SUISA | Schweizerische Gesellschaft für die Rechte der Urheber musikalischer Werke |
| SVP | Schweizerische Volkspartei |
| SVT | Sveriges Television Ab (schwedische TV-Anstalt) |
| SW(F) | Südwestfunk |
| SZV | Schweizerischer Verband der Zeitungs- und Zeitschriftenverleger |
| TA | Tages-Anzeiger |
| TF1 | Télévision Française, erste (privatisierte) TV-Kette Frankreichs |
| TSI | Televisione della Svizzera italiana |
| TSR | Télévision de la Suisse romande |
| TV DRS | Fernsehen der deutschen und der rätoromanischen Schweiz |
| UBI | Unabhängige Beschwerdeinstanz |
| UER | Union Europäischer Rundfunkorganisationen/Union Européenne de Radiodiffusion (= EBU) |
| VSK | Verband Schweizerischer Kabelfernsehbetriebe |
| WF | Gesellschaft zur Förderung der schweizerischen Wirtschaft („Wirtschaftsförderung") |
| WDR | Westdeutscher Rundfunk |
| ZDF | Zweites Deutsches Fernsehen |
| ZGB | Zivilgesetzbuch |

# Die Autorinnen und Autoren

**Jürg Altwegg** (1951), Journalist in Genf. Tätigkeit für deutsche und Schweizer Zeitungen — mit dem Schwerpunkt Frankreich (Kultur und Politik). Autor verschiedener Bücher, unter anderem „Die Republik des Geistes", „Leben und Schreiben im Welschland", „Frankreich" sowie — zusammen mit Aurel Schmidt — „Perspektive Schweiz" und „Französische Denker der Gegenwart".

**Peter Bichsel** (1935), Schriftsteller in Solothurn. „Eigentlich möchte Frau Blum den Milchmann kennenlernen" (1964), „Die Jahreszeiten" (1967), „Des Schweizers Schweiz" (1969), „Kindergeschichten" (1969), „Geschichten zur falschen Zeit" (1979), „Der Leser. Das Erzählen" (1982), „Der Busant" (1982).

**Alfons Croci** (1940), Leiter der katholischen Arbeitsstelle Radio- und Fernsehen (ARF) in Zürich. Seine Spezialgebiete sind Medienpädagogik und Medienpolitik.

**Willi Egloff** (1949), Rechtsanwalt in Bern. Er befasst sich vor allem mit Fragen des Medien-, Arbeits- und Ausländerrechts. Er veröffentlichte mehrere Zeitschriftenaufsätze zu diesen Themen sowie ein „Handbuch des Radio- und Fernsehrechts" (1983).

**Martin Gollmer** (1954), Volkswirtschafter und Medienanalytiker, arbeitet als Medienredaktor beim „Tages-Anzeiger" in Zürich. Sein Interesse gilt besonders Fragen der Medienpolitik und der Medienökonomie. Er ist Mitautor der Bücher „Lokale Rundfunk-Versuche" (1983) und „Massenmedien und Kernenergie" (1986).

**Franz Hagmann** (1941), Verwaltungsdirektor der Hochschule St. Gallen für Wirtschafts- und Sozialwissenschaften. Nebenamtlich ist er in verschiedenen Funktionen in der SRG-Trägerschaft tätig: als Mitglied des Zentralvorstandes der SRG, Vizepräsident der Regionalgesellschaft DRS und Präsident der Ostschweizerischen Radio- und Fernsehgesellschaft (ORG).

**Ueli Haldimann** (1953), seit 1986 Mitglied der Wirtschaftsredaktion des Fernsehens DRS. Vorher war er während 8 Jahren als freier Journalist mit Schwerpunkt Medien tätig.

**Fredi Hänni** (1955), Journalist in Bern. Er war bis April 1988 Sekretär der Schweizerischen Journalisten-Union (SJU). Mitherausgeber des Buches „Finanzaffäre im Staate Bern" (1986), Mitautor von „Kalte Kommunikation" (1985) und „Blick — immer dabei" (1984).

**Urs Jaeggi** (1941), Redaktor der ökumenischen Medienzeitschrift „Zoom". Er beschäftigt sich besonders mit medienpolitischen Fragen in der Schweiz und in Ländern der Dritten Welt sowie mit dem Film. Er ist Mitautor verschiedener Publikationen, unter anderem von „Film in der Schweiz" (1978) und „Solothurner Filmtage 1966–1985" (1985).

**Max Jäggi** (1944), Journalist in Bern, Redaktor des Schweizer Medien-Magazins „Klartext". Mitherausgeber des Buches „Eine deformierte Gesellschaft" (1981). Herausgeber von „'Ein Chaos wollen wir nicht' – 18 Gespräche im Klartext zur Schweizer Medienpolitik" (1985).

**Rolf Käppeli** (1944), Medienpädagoge und Schulleiter in Zug. Er war während sechs Jahren Medienkritiker bei den „Luzerner Neusten Nachrichten" und beim „Tages-Anzeiger".

**Felix Karrer** (1942), Redaktor/Realisator beim Fernsehen DRS. Seit 1963 Reporter bei innenpolitischen Sendungen, Leiter „Bericht vor 8" und „Blickpunkt". Heute Dokumentarfilmautor und -redaktor.

**Edwin Knuchel** (1934), Sekretär der Sozialdemokratischen Partei des Kantons Bern, 1967 bis 1980 Zentralsekretär, ab 1980 Zentralpräsident des Arbeitnehmer Radio- und Fernsehbundes der Schweiz (Arbus), zahlreiche Ämter in der SRG-Trägerschaft, unter anderem Delegierter in den Delegiertenversammlungen DRS und SRG und Vorstandsmitglied der Radio- und Fernsehgenossenschaft Bern (RGB).

**Matthias Loretan** (1953) studierte Theologie und Publizistik an der Universität Freiburg i.Ue. Er ist Redaktor bei der ökumenischen Medienzeitschrift „Zoom" und Mitarbeiter an der katholischen Arbeitsstelle für Radio und Fernsehen (ARF).

**Frank Matter** (1964), freier Journalist in Basel. 1986–1987 auf der Redaktion der „Tessiner Zeitung" in Locarno tätig.

**Urs Meier** (1947), Theologe. Nach achtjähriger Gemeindepraxis übernahm er 1980 das Amt des Fernsehbeauftragten der Evangelischen Kirchen der Deutschschweiz. Er gehört der Redaktion der Zeitschrift „Reformatio" an und ist Mitautor von „Kalte Kommunikation" (1985).

**Werner A. Meier** (1948), Kommunikationswissenschafter, Lehrbeauftragter an der Universität Zürich. Forschungsschwerpunkte: Internationale Kommunikation, Europäische Medienpolitik, ökonomische Aspekte neuer Medien, Policy Research, Theorien der Informationsgesellschaft.

**Antonio Riva** (1935) war Chefredaktor beim Radio und Fernsehen der italienischen Schweiz und dann Direktor Programmdienste bei der Generaldirektion der SRG. Seit 1.1.1988 ist er deren Generaldirektor.

**Michael Schanne** (1948), wissenschaftlicher Mitarbeiter der Arbeitsgruppe RVO-Begleitforschung am Seminar für Publizistikwissenschaft der Universität Zürich. Veröffentlichungen zu „Journalismus als Beruf", „Wissenschaftsjournalismus", „Lokalradios".

**Eva Wyss** (1952), Ökonomin, ist seit 1987 Medienredaktorin bei Radio DRS. Zuvor arbeitete sie als Journalistin und Redaktorin beim „Tages-Anzeiger" und bei der „Berner Zeitung". Mitautorin der Bücher „Finanzaffäre im Staate Bern" (1986) und „Hoffnungswahl" (1987).

## In der gleichen Reihe erschienen:

„Jürg Bürgi zeigt — kurzweilig und seriös — viel von der Struktur des Blattes, wobei er keine Pauschalurteile vermitteln will, sondern durch unterschiedliche Urteilswesen Freiraum für eigene Meinungsbildung lässt und darüber hinaus für Spannung sorgt.

Ein Buch, das jeder Zeitungsleser in die Hand nehmen sollte, das vielen Spass machen wird und für jeden Journalisten Pflichtlektüre ist."

*(Schweizer Bibliotheksdienst, Bern)*

280 Seiten
Fr. 32.—/DM 34.—

„Die hier vorliegende 'Bestandesaufnahme über den Zustand der Schweizer Medienlandschaft' hält, was sie verspricht: Die drei Herausgeber legen das umfassendste Werk vor, das in der Schweiz aus einer fortschrittlichen medienpolitischen Perspektive heraus je geschrieben worden ist. Für alle, die nicht in politische Abstinenz flüchten wollen, sondern auch medienpolitisch Widerstand leisten wollen (gegen private Radio- und Fernsehstationen, gegen privates Satellitenfernsehen, für demokratische Medien), ist dieses Buch unentbehrliches Hilfsmittel. Und jenen, die bislang um die Medienpolitik einen grossen Bogen gemacht haben, erleichtert das Buch den Einstieg in die Diskussion."

*(AZ)*

348 Seiten
Fr. 32.—/DM 34.—

Die in den meisten Fällen munter geführten und mitunter spannend zu lesenden Gespräche profitieren zweifellos von der Polarität der Gesprächspartner. Allenthalben spürbar ist das Bemühen der Journalisten, die Befragten zu Auskünften zu verlocken, die über die bekannten offiziellen Verlautbarungen hinausgehen."
(Medien-Wissenschaft)

224 Seiten
Fr. 25.–/DM 32.–

„Nicht ideologisches Blabla war das Ziel der Autoren, sondern das Aufzeigen von Fakten. Dafür haben sie viel recherchiert, vor allem bei jenen, die tief im Geschäft mit den neuen Medien drinstecken, angefangen bei den PTT über die Computer- und Fernmeldeindustrie bis hin zu den Banken. Das gibt dem Buch eine Dichte, die beim gegenwärtigen Boom von Medienbüchern fast Raritätswert hat."
(Tages-Anzeiger)

256 Seiten
Fr. 32.–/DM 34.–

# In der gleichen Reihe erschienen:

"In übersichtlicher Anordnung liefert das Handbuch eine bunte Palette von Informationen, die alles in allem nützlich sind, sowohl für Berufsanfänger als auch für Berufserfahrene.
Es liefert Anregungen, wie sich Freie ihren Arbeitsalltag gestalten, allenfalls vereinfachen könnten, und es summiert Alltagserfahrungen. Es zeigt, wie der Markt des freien Anbietens etwa läuft oder eben nicht läuft und was in diesem Fall zu tun wäre."
*(Tages-Anzeiger)*

288 Seiten
Fr. 36.–/DM 38.–

"Dass ein Sachbuch sich spannend liest wie ein Kriminalroman, dürfte nicht alle Tage vorkommen. Es geht um Druck der zahlungskräftigen Inseratekundschaft schweizerischer Tages- und Wochenzeitungen auf den Text-Teil ebendieser Blätter. Und was Haldimann, freier Journalist in Zürich, zwischen zwei Buchdeckel gepresst hat, lässt dem Leser tatsächlich die Haare zu Berge stehen. (...) Was daran spannend sein soll? Vor allem die Aussichten sind es, die einem Angst machen können. Statt zur Meinungsbildung beizutragen, verkümmert die Presse zum blossen Werbeträger. (...) Es wird erschreckend deutlich, wie weit die Abhängigkeit des Journalisten von den Kapitalinteressen des Inserenten gediehen ist."
*(Schaffhauser Nachrichten)*

180 Seiten
Fr. 22.–/DM 24.–

„Die Nützlichkeit dieses Buches liegt vor allem darin, dass es den Praktiker die Erkundungsmöglichkeiten unterscheiden lehrt, sie für den journalistischen Alltag benennbar macht und somit die kollegiale Verständigung erleichtert."
*(Bücherpick)*

„Eine hervorragende Anleitung für die journalistische Recherche. Das Buch eignet sich aufgrund seiner hervorragenden didaktischen Konzeption auch sehr gut für die Bildungsarbeit."
*(Spitze Feder)*

2. erweiterte Auflage
280 Seiten
Fr. 32.–

„Zweifellos: Michael Haller hat ein zweitesmal ein wichtiges journalistisches Lehrbuch veröffentlicht. Es durchzuarbeiten lohnt sich nicht bloss für den journalistischen Nachwuchs: Gewinn daraus zieht zweifellos ebenso jeder gestandene Medienschaffende, der das journalistische Handwerk des Reportageschreibens nicht nur ausüben, sondern verstehend beherrschen möchte."
*(Telex)*

Mit Beiträgen von Barbara Bürer, Peter-Matthias Gaede, Jürgen Leinemann, Sibylle Krause-Burger, Herbert Riehl-Heyse, Cordt Schnibben, Hermann Schreiber, Bernd Schwer und Margrit Sprecher.

332 Seiten
Fr. 34.–